社会工作硕士（MSW）系列教材

社会工作伦理案例分析

Case Studies for Ethical Practice in Social Work

主　编　张会平
副主编　祝玉红　刘晨男

中国人民大学出版社
·北京·

本成果得到中国人民大学2018年度
“中央高校建设世界一流大学（学科）和特色发展引导专项资金”支持

序　言

21世纪以来，基于国家的大力支持和解决社会问题的迫切需要，中国社会工作教育得到了迅猛发展。《国家中长期人才发展规划纲要（2010—2020年）》专门强调了社会工作人才队伍建设的重要性，2009年国务院学位委员会审批通过了社会工作硕士（MSW）专业学位教育，过去五年，高等学校培养MSW的总体规模在逐年扩大。MSW教育是实施人才强国战略的重要措施，肩负着为我国培养高素质社会治理人才的历史重任。

社会工作是一门源于实践又用于实践的学科，因此，以培养社会管理和社会服务领域高层次、高素质的应用型人才为目标的社会工作专业硕士教育是否贴近社会实践，培养出来的学生是否具有应对快速变化的环境及解决实际问题的能力，应当是衡量社会工作专业硕士教育水平高低的主要标准。强化教学管理，注重教学管理质量与效果是保障MSW培养质量的重要途径。除了社会工作理论知识和技巧之外，专业伦理是社会工作专业硕士教学的核心内容之一。

过去十年，我国社会工作理论和方法在本土化过程中取得了重要成绩，但是社会工作伦理的本土化却远远落在后面，一线社会工作服务在解决伦理困境方面迫切需要理论和实践指导。根据国内外专业硕士学位发展相对成熟的工商管理和公共管理两个学科的经验，案例教学已经成为专业学位教育的一种标志性教学和研究方法。中国社会工作教育协会也在大力倡导和推动各高校加强案例教学在MSW人才培养中的应用。社会工作伦理课程采用案例教学的一大优点，是能将枯燥的专业守则和职业道德融入生动有趣的案例之中，预先设想了学生在今后的社会服务和管理工作中可能会遇到的各种情况。尽管西方国家设立 MSW 项目的历史较悠久，但是它们的案例与我国现阶段社会发展的实际情况相去甚远。

作为 MSW 教育的一线教师，笔者自 2011 年开始承担“社会工作伦理”课程的教学工作，深感当前严重缺乏符合我国专业伦理发展现状的案例教材。基于中国人民大学研究生院对专业硕士开展案例教学的要求和系统培训，笔者在“社会工作伦理”课程中逐渐尝试案例教学法，并得到学生的肯定。同时，笔者还与参加课程的学生一起深入社会工作发展较快的地区，调研我国社会组织专业人员在从业时的伦理意识和实践现状，从而积累了大量的一手资料。另外，笔者的两位同事也在他们的课程教学中不断探索不同领域的伦理议题，同事间的合作共享，进一步丰富了笔者在社会工作伦理案例教学中的实践。

社会工作者在遇到伦理困境时，通常会在基于一定事实的情况下遵循一些基本伦理原则而做出伦理抉择。本书涉及的伦理抉择的依据主要有：（1）中国《社会工作者职业道德指引》；（2）《美国社会工作者协会伦理守则》；（3）拉尔夫·多戈夫（Ralph Dolgoff）、弗兰克·M. 洛温伯格（Frank M. Loewenberg）和唐纳·哈林顿（Donna Harrington）提出的伦理原则筛查方法（Ethics Principle Screening，2005）①；（4）雷默（Reamer）的伦理抉择过程；（5）弗兰克·M. 洛温伯格和拉尔夫·多戈夫的伦理抉择模式②；（6）库瑞（Corey）的伦理抉择模式③；（7）通用决策模式④等。

本书正是在以往课程讲义和调研资料的基础上编写而成的，它是为 MSW 提供社会工作伦理案例的教学用书，也可以作为社会组织管理人员

---

① 多戈夫，洛温伯格，哈林顿. 社会工作伦理实务工作指南. 7 版. 北京：中国人民大学出版社，2005：59.

② LOEWENBERG F，DOLGOFF R. Ethical decision for social work practice. New York：F. E. Peacock ，1988.

③ COREY G，COREY M S，CALLANAN P. Issues and ethics in the helping professions. Belmont，CA：Brooks/Cole-Cengage，2007.

④ 同①53.

和一线社会工作从业人员的参考书。在篇章结构上，本书分为两个部分：第一部分按主题分七个典型案例展示社会工作实践中常常遇到的诚信、利益冲突、社会公正、保密、资源倡导和分配等重要议题，案例一由张会平、潘少杰和袁高伟编写，案例二由张会平、王舒洁和武冰妮编写，案例三由张会平、李有杰和武冰妮编写，案例四由张会平、高茜夕和袁高伟编写，案例五由张会平、董骁蔺和武冰妮编写，案例六由张会平、杨敏和武冰妮编写，案例七由张会平、吕慧萍和袁高伟编写；第二部分则按服务领域通过五个系列案例呈现儿童和青少年、老年、学校、妇女社会工作和艾滋病领域将遇到的伦理困境，案例一由刘晨男和胡亚辉编写，案例二由刘晨男和牛晓敏编写，案例三由祝玉红和杨泽群编写，案例四由祝玉红编写，案例五由祝玉红和张诗琦编写。每个案例先介绍事件的背景、经过和面临的问题，然后提出案例教学目标和分析过程。学生通过角色扮演可以提高分析问题和解决问题的能力，掌握案例学习的方法。

在本书完成之际，还有几点需要提醒读者：首先，案例的后续工作还有待跟进，以增加案例的完整性；其次，每个案例所建议的讨论时间和分析过程需要根据教师和学生的情况灵活掌握；最后，每个伦理决策的结果并不总是确定的，笔者所做的问题分析只是提供了一己之见，难免有失偏颇，敬请大家批评指正！本书在出版过程中得到了中国人民大学出版社策划编辑盛杰女士的大力支持，借此机会表示衷心感谢！

张会平

2018 年 7 月 1 日于中国人民大学

目　录

上篇　不同主题下的伦理议题

下篇　不同服务领域中的伦理议题

上　篇

不同主题下的伦理议题

志愿者风波

一 案例介绍

Q社会工作机构每年都会开展成长夏令营活动，旨在为我国西南部地区某县地震灾区的儿童讲授课程。为了夏令营活动的顺利开展，机构会在全国范围内招募大学生志愿者，并强制性地向志愿者收取700元生活费和120元队费。随后，机构就队费的收取做出调整，决定由志愿者自愿缴纳120元队费。但最终机构取消了这一决议，要求所有志愿者都必须缴纳120元队费。这一举动不仅引起了志愿者的抱怨，还引起了机构员工的强烈不满。面对这场风波，如果你是此次夏令营活动的营长，你会怎么处理?

Q社会工作机构

我国西南部地区某县Q社会工作机构（以下简称Q机构）是该省第一家获准注册的民间公益机构，也是第一家全公益性非营利组织，受到政府及社会各界的高度重视和大力支持。Q机构自2008年以来一直扎根该县，为该县灾后重建工作奉献力量。Q机构承办了大量社工项目，在汶川大地震、雅安地震和鲁甸地震的救灾活动中表现突出，因而在业内拥有极高的声望和知名度。

Q机构由汶川地震中的志愿者团队发展而来，目前已拥有16名专职社会工作者。Q机构开展的工作主要包括三个方面：灾后重建、儿童助学和社区发展。机构使命是扎根社区，用志愿者精神和专业能力助力灾后社会建设事业。机构愿景是帮助困境中的儿童，使他们有尊严地受助，成长为有益于社会的公民。

王婷诉苦

王婷是今年成长夏令营活动的营长，她推门大声说道：“我不想干了！

我不明白他们为什么要这样，怎么能出尔反尔呢？”王婷的声音着实吓了向龙和彭少一跳，办公室里十几双眼睛齐刷刷地看向他们，好奇发生了什么事情。“向哥、彭哥，咱们到操场上去说吧。”王婷做了一个出门的手势。向龙和彭少互相使了个眼色，就赶紧跟着王婷出门了，留在办公室里的人窃窃私语。

刚到操场王婷就倒起了苦水：“向哥，你是咱们机构的老员工了，这么多年你也知道咱们机构一步步走来很不容易，可时大爷和焦大爷这次让我干的是什么事儿啊！”向龙赶紧问道：“他们让你干了什么惹得你这么生气？”王婷清了清嗓子，看四周没人，才大胆地说：“几个月前招募志愿者的时候，我们与志愿者就征收700元生活费达成一致，这些钱用于志愿者在夏令营期间的吃、住和其他方面。另外，还要收120元队费。我没记错的话，时大爷说队费采取自愿缴纳原则，对吧？”向龙回答：“是啊，从7年前咱们开始办夏令营的时候起就要收队费，由最初的60元变为现在的120元。以往每年都是强制征收的，今年咱们拉到了夏令营营服的赞助，再加上资金也不紧张，就不强制收这笔钱了。”王婷说：“可是今天时大爷让我赶紧通知各个志愿者组长，让他们督促自己小组的志愿者补交队费。”向龙说：“这事不应该这样做。既然当初都跟志愿者说好是自愿的，现在无论如何都不能强制他们补交，不然志愿者们会认为我们从中赚取费用。”王婷点点头说：“我也觉得肯定不能这么办。可是时大爷的性格你们是知道的，他吩咐的事情你要不折不扣地完成，一点回旋的余地都没有。我要怎么跟他说啊？”彭少皱了皱眉头说：“时大爷做事雷厉风行，我们很难反驳他。可是我作为旁观者认为这件事情你有决定的权力，毕竟你才是夏令营的营长。时大爷虽然是机构理事长，可夏令营是交给你来统筹管理的，我觉得他不应该干涉太多。”向龙附和道：“时大爷这个人就是爱多管闲事。夏令营是你的地盘，应该你说了算才对。”王婷想了想，起身离开，边走边嘟囔着：“我这就找他说去，他们要是不答应我，我就辞职……”

机构的秘密

看着王婷走远，彭少拍了拍向龙的肩膀，问他：“你觉得王婷能搞定时大爷吗?”向龙噘起嘴，摇了摇头。彭少叹了口气：“我觉得时大爷不像是贪财之人。”向龙苦笑了一下：“时大爷在汶川地震救灾时就当了志愿者，后来放弃了药材生意，全职做公益。机构刚成立那几年资金匮乏，正式员工每月工资只有五六百块。这些年来全靠时大爷的个人魅力才拉到一笔又一笔的赞助费，机构现在才能渐入佳境。就因为过过苦日子，时大爷知道机构缺乏资金是很难发展下去的，所以他平时都特别节省。去年有个刚毕业的社会工作研究生要来我们这儿工作，他只给人家每个月开两千块钱。换成你，你能同意吗?我们信任时大爷，他绝对不会中饱私囊，只是不认同他过于节省，可能作为机构负责人，他比我们看得更长远吧。”彭少听了之后，沉默了很久。没想到眼前这个看起来经济状况良好的机构，竟在费尽心思地聚积钱财。这种行为明明就与公益组织的财务制度不相容啊。这究竟算不算是违规行为，课本上可没写过。彭少接着问向龙：“是不是机构好多项目的财务状况都不太规范?”向龙说：“是啊。时大爷为了给机构多揽些钱，拼命到处去拉项目。在我们机构，一个人要干两个人的活，这样就能省下一个人的工资。通过这些方法，机构的账面上现在至少有一百多万的闲钱，但这事儿只有时大爷、焦大爷、王科和我四个人知道，机构里的其他员工都是不清楚的。”向龙笑着说：“这事彭少你可别说出去啊，要不被两位大爷知道了，我得挨骂了。”彭少也笑了：“难得你这么信任我，我怎么会告诉别人呢。不过你刚才说的这些，确实挺让我吃惊的。因为我刚到这儿的时候，还真的以为咱们这个机构特别缺钱呢，原来其实是个土豪机构！哈哈哈！”

志愿者炸了锅

中午一点多，向龙在宿舍里睡觉时听见手机不停地振动，拿起来一看，原来是今年夏令营的志愿者 QQ 群在不停地闪烁。他逐条查看聊天记录，才发现群里的志愿者正在讨论交队费的事情。

事情源于一位志愿者在群里的发问：“大家有没有人收到要交 120 元的通知?”群里一下就炸开了锅，很多志愿者都表示不知道这件事，有位志愿者听到了一点风声。志愿者小红说：“今天我听王婷营长跟我们后勤组组长聊天时说，每个志愿者都要交 120 元队费。”一位叫小刚的志愿者说：“凭什么要交啊？我们不是都已经交了 700 块钱了吗?”志愿者小明附和道：“是啊，我有同学去湖南的山区支教，也是待十天左右，每个人才花五百多块钱。我们这里每个人要交 700，而且还不包含往返车费。这来一趟我就要花一千多大洋，也太贵了吧!”还有的志愿者表示记得招募时说过这 120 元的事情，志愿者小伟说：“招募时王婷姐说每年都要向志愿者收取队费。但今年的队费自愿缴纳，有没有其他小伙伴也记得这件事情?”在这条信息后面，很多志愿者都回复自己记得这件事情，证实当初机构确实承诺自愿缴纳队费。有的志愿者看到这里情绪变得更加激动，小亮说：“既然当初说过自愿缴纳，现在为什么又出尔反尔？Q 机构到底是为了做公益还是为了赚钱?”其他志愿者也很愤慨：“是啊，怎么能这么对我们？Q 机构也太让我失望了！我一直以为它们扎根在灾区为孩子们提供服务是挺高尚的行为，没想到来了之后发现竟是这样！我真是上了贼船了!”有位志愿者则显得比较理性：“我就想知道，这笔钱到底是用来干什么的？我们交钱可以，但是这笔钱一定要花在我们身上，花在夏令营期间的活动上，反正我们是不能随随便便就交了的!”她的观点得到了其他志愿者的支持，大家纷纷留言表示可以缴纳队费，但是一定要让 Q 机构说明这笔费用的用途，不然志愿者是断然不能答应的。

向龙在翻看时发现了王婷的一条回复：“队费的事情还没有确定，大家先不要着急，我作为营长，最后一定会给大家一个明确的答复。希望大家先做好本职工作，好好为夏令营里的孩子们服务，在这里我代表 Q 机构感谢大家!”可是，王婷的这一条回复早已被淹没在志愿者的成百上千条讯息中了。向龙叹了口气，他意识到了问题的严重性。照这样下去，志愿者一定会对机构失去信心。很多学校每年都会派志愿者来参加夏令营，如果这些志愿者回去之后把机构乱收钱的事情告诉了学弟学妹，那明年哪里还会有志愿者报名参加夏令营呢？他本以为志愿者都还不知情，万万没想到这件事情已经在志愿者中间掀起了轩然大波。

想到这儿，向龙不再睡了，起身向办公室走去，他要跟王婷聊聊这件事情。在办公室门口，他看到一位志愿者跑进来对王婷说："王婷姐，时大爷让你晚上 8 点到楼上开个会。"王婷赶忙问："什么事情啊?"志愿者耸了耸肩说："这我哪知道，这是你们高层的事情。他就是让我提醒你，晚上一定不要迟到，把你的其他工作安排好，空出大约一个小时。"王婷琢磨了好一会儿，心想，这是时大爷主动来找我谈这件事情了吗？如果是的话，那他为什么这么着急呢?

王婷抗争无果

晚上，王婷正在疑心时大爷为什么把财务小刘也喊到这里来开会时，时大爷就开口说话了。"王婷啊，今天把你叫到这里，我们就是想跟你聊一下我今天上午跟你说过的队费的事情，"时大爷开门见山地说，"你是不是还没有通知下去让所有志愿者都交钱?"王婷像犯了错的孩子一样低下了头。时大爷仿佛早就看出了她心里的想法："我今天上午不是突发奇想让你收这笔钱的，我去小刘那儿看了一下咱们夏令营的财务情况，今年咱们的开支比较大，很有可能入不敷出，等到夏令营没钱的时候总不能拿我们机构自己的钱补上吧。"听到这儿，王婷抬起头来："不管怎么样我们也不能收志愿者的钱啊！时大爷，一开始是您跟我说志愿者自愿缴纳队费，现在又改为强制缴纳，这不是骗人吗？您让我怎么再去面对这些志愿者啊?"时大爷听了这些，心里略有不快，说："王婷，我可不记得我跟你说过要自愿缴纳队费，肯定是你记错了。假若今年的预算不够了，我们从哪里拿钱?"王婷还是不服气："就算不够，也绝对不能再让志愿者掏钱。咱们机构账面上现在还挺宽松，可以拿出点钱来垫上。"

说到这儿，时大爷有些生气了："就算账面上有钱，也不能拿过来补这个项目，我们以往办夏令营从来没有这种先例。而且，你作为夏令营的负责人，预算不够你是有责任的，要是你能早点控制好支出，我们能再收这笔钱吗?"听到这些话，王婷觉得有些委屈："为什么我们自己的问题，要让志愿者埋单？而且通知已经传达下去了，大家对这件事情都很生气，都不愿交这笔钱，您让我怎么跟志愿者开口?"

看到王婷这么激动，总督导葛英老师也坐不住了，对王婷说："王婷，我知道你心里是怎么想的。你们年轻人，都觉得志愿者是来做公益的，不想让他们再多花钱，这我都能理解。但是你要清楚自己的立场，你首先是我们机构的工作人员，你不能光考虑志愿者的利益，你更要考虑夏令营是否能够顺利举办。”王婷正要说话，葛老师皱了皱眉头，接着说道：“按照惯例，每年都要收取队费，又不是今年突然编了个理由让大家交钱。而且区区 120 元，对志愿者来说也不是很大的负担。”

听到这些，王婷几乎要哭出来了。“志愿者们今天在 QQ 群里说的那些话，我看了都特别伤心，他们现在肯定觉得我和咱们机构都是骗子。”时大爷说：“大家就是一时不理解，有这种想法也是正常的。收上来的钱又不是落入我们自己的腰包，还是会用在夏令营上的。况且咱们以往收这笔钱的时候也没有志愿者提出过异议。你前两年不在机构，不知道收取队费的重要性，那些年可全是靠收取这些费用来办夏令营的呢。”“可是现在已经不是以前了呀，机构的经济状况不是已经好多了吗……”王婷还想继续争辩，焦大爷赶忙制止了她：“好了，王婷，我觉得我们已经跟你说清楚了。你要以大局为重，不要被自己和志愿者的私人想法左右。这个问题我们就这么定了，也没有再讨论的必要了。你回去以后抓紧通知各个志愿者小组的组长，让他们明天务必把自己小组的志愿者费用都交上来。”“可是……”王婷还没有把话说出口，时大爷就让大家散会了。

煎熬的一天

第二天王婷起了个大早，告诉志愿者组长们：“我们现在要求，所有没缴纳 120 元队费的志愿者全部把钱补齐，一个都不能少。”说完之后，她才意识到自己的语气太过生硬了。一位志愿者组长当场就表示了反对：“王婷姐，当初不是说好了自愿交这 120 元钱的吗？现在怎么又要强制交？对我自己来说倒无所谓，可我怎么跟我的志愿者说呢？大家肯定都不愿意交啊！”其他三位志愿者组长也赞同他的说法。王婷显得很委屈：“我也没办法啊。昨天我们头儿给我开会就是这样说的，让我必须把这个钱收上来，要不咱们的夏令营可能就办不下去了。”几位志愿者组长都很关心：“什么叫我们的夏令营办不下去了？”王婷显得有些不耐烦了：“也没啥，反正你们放心吧，交的这笔钱最后我一定会给志愿者们一个说法的。”几位志愿者组长虽然还很疑惑，可看到王婷不愿意讲，也就都没有再问。他们对王婷是非常信任的，因为从宣传、招募、面试到培训，他们都一直在和王婷打交道，也都知道王营长是一个单纯、真诚、友善的人。因而，尽管他们对交这笔钱有疑惑，却也不再言声了。王婷看到大家都沉默了，便嘱咐他们回去收取队费的时候一定要向志愿者们解释清楚，并承诺日后定会公示这笔钱的用途。在所有人都离开后，王婷长舒了一口气，坐在椅子上，想了想刚才发生的事情，不由得苦笑了一声。

下午，王婷去各个志愿者小组询问队费收取的情况，一一回应了志愿者的质疑，并表示自己会在夏令营结束时对这笔费用做出说明。尽管多数志愿者还是有怨言，但是也都决定缴纳队费。到第二天，队费基本收齐。在接下来的几天里，王婷因为队费事件一直处于心力交瘁的状态。每次面对志愿者，她心底都有挥之不去的愧疚感。她觉得自己欺骗了这些志愿者，但志愿者几乎从不在她面前提起这件事，大家的宽容反而使她背上了更沉重的心理包袱。每当想到这些，王婷就会希望夏令营赶紧结束，让这群善良的志愿者们早点完成任务，也让自己早点摆脱心里的不安与自责。

闭营晚会与王婷的妥协

闭营的那一天就快要到来了，夏令营的各项工作都已经进入了收尾阶段。负责教学的志愿者和孩子们在忙着筹备闭营晚会的节目，负责后勤的志愿者们在准备闭营聚餐。负责财务的小刘在紧张地计算和梳理，她需要在夏令营结束当天提交一份财务报告，从而让志愿者了解在夏令营期间全部的财务花销。这天，小刘找到了王婷，指着一张财务表说：“王婷姐你看，咱们夏令营实际花费的钱都体现在这里了。可有一笔钱说不清楚，差不多每个人一百元。”王婷看了看，不禁头上开始冒汗，这正好是志愿者补交的那一笔队费。想到这里，她开始后悔前几天收队费的举动，当时就等于给自己埋了一个雷，到现在，她不偏不倚正好踩在这个雷上了。王婷不敢怠慢，嘱咐小刘：“你先在这儿等会儿我，待会儿我再回来跟你说这事儿，你先不要写最终的财务报告。”小刘点了点头。王婷快步走出门去，径直来到时大爷的办公室。“时大爷，您之前让我收的那笔队费又出问题了!”时大爷有些困惑：“不是说所有志愿者都已经交上来了吗?”王婷回答：“交是都交了。可是今天小刘做账的时候发现，没办法解释清楚那笔钱花在哪里了。也就是说，实际上我们还有一定的结余，平均每人一百的样子。我们要返还给大家吗?”时大爷赶忙摆了摆手：“收都收上来了，哪能再返还啊。账目的问题还不简单，我们不是还要给每个志愿者发服务证书、奖品之类的，把这些钱算进去呗。”王婷有些着急了：“可是做这些东西根本花不到这么多钱啊！我们总不能骗志愿者吧?”时大爷笑了笑：“不是骗志愿者。这钱都收上来了，我们肯定不能再返回去了。你就把账抹平了就行了。赶紧回去吧，明天就要闭营了，还有好多事情要做呢。”王婷欲言又止，只能悻悻地回到了财务办公室。她指着账目对小刘说：“小刘，你就把这笔钱写成制作证书、奖品之类的吧，不行的话再把其他地方的花费也加在这儿。”小刘不解地问道：“可是王婷姐，做证书、奖品啥的也用不到这么多钱啊！咱们这不是做假账吗?”王婷默默点了点头。“我知道这样不好，可我也没办法，毕竟要在明天给志愿者一个交代。小刘，这事不怨你，是我让你做的，你放心，有啥事情我来承担。”王婷缓缓地说道。听到这些，小刘也不好再说什么了。“王婷姐，明天我不想上去讲财务报告了，到时候你亲自给志愿者们解释吧。”王婷看了看小刘，点了点头。这对于王婷而言是一次更大的冲击。如果说之前坚持收取队费只是一种言而无信的行为，那么眼下她授意小刘做假账的事情就是赤裸裸的欺骗了。而且更为讽刺的是，王婷自己正是会计专业的。她断然不会想到，自己有一天会指使另一名学会计的年轻人做假账。可是又能怎么办呢？她此刻只能拿机构的利益来搪塞自己。毕竟自己还是机构的人，机构的发展确实需要钱，而且一百多块钱对志愿者们而言也不算什么大事情。她只能这样来说服自己。可是这种罪恶感又怎么能够轻易消减呢？每每看到志愿者们在校园内忙碌的身影，她心里便无数次责怪自己。她甚至责怪自己当初为什么来到这个机构工作，为什么在没有经验的情况下接下了夏令营负责人的苦差事。可是现在已经没有回头的余地了，当下她需要考虑的事情，正是明天如何在总结大会上向志愿者们解释财务状况。

闭营晚会在喧闹中结束了，孩子们也在第二天一早相继离开了学校。当天下午，机构召开志愿者总结大会。会上，Q 机构首先为志愿者依次颁发了志愿服务证书，并为在夏令营期间表现突出的个人颁发了奖状和奖品。接下来，便由营长向大家介绍整个夏令营活动的财务状况了。王婷步履沉重地走上了主席台，带着一份事先准备好的手稿，开始向大家宣读夏令营活动的财务报告。报告细到每一天的收支状况，夏令营的每一笔开支都得到了完美的解释。其中自然也包括之前收取的 120 元队费。王婷长舒了一口气，可她注意到，在其他环节结束之后，志愿者们都会爆发出热烈的掌声，唯独这一环节，志愿者们几乎没有反应，甚至还有一些志愿者在交头接耳、窃窃私语。王婷没有再多说什么，只是在大会结束的时候，深深地向全体志愿者鞠了一个躬。她说，她要感谢志愿者们这十几天来的无私奉献。可是她鞠躬的含义仅仅是这些吗？恐怕只有她自己才知道，这一躬里还饱含着她对志愿者们的歉意。虽然平摊到每位志愿者头上的区区 120 元钱并不算什么，但是夏令营一共有 150 名志愿者啊，加起来就是 18 000元。而这一笔账目，她无论如何是说不清的。对于自己，她要怎么给自己一个交代？恐怕没办法。她只能拿一个堂而皇之的理由来欺骗自己，那就是：我们机构是做公益的，我们所做的一切都是为了这些孩子。我们没有把从志愿者那里收来的钱拿来自己花。想到这儿，王婷稍微有些安心了。她转身回到办公室，开始收拾东西，准备正式结束夏令营的工作，回到成长机构办公室。

机构的反思

在接下来的总结会上，彭少需要对评估组发现的夏令营运作的问题进行详细的说明。出人意料的是，彭少提及的第一个问题就是关于夏令营队费的。彭少说："有志愿者对夏令营收取的 120 元队费很有意见。我们在夏令营招募阶段声称队费是自愿缴纳的，但在夏令营开始之后却变成了强制缴纳，志愿者感觉自己受到了欺骗。此外，还有志愿者对这笔费用的用途产生了怀疑，他们认为证书和奖品之类的东西是不可能需要这么多钱的，建议在明年的夏令营中明确这笔费用是否征收，如果征收，必须把用途说清楚，否则机构的声誉将会受到严重影响。”听到这些，时大爷和王婷的面色都有些凝重。彭少接着说：“还有志愿者对夏令营的财务状况表示怀疑。他们认为，夏令营没有妥当地解释每一笔支出，志愿者缴纳的费用过多，却不知道都花在了什么地方。因而评估组建议，在以后的夏令营中一定要加强财务公开，将每一笔支出都列出来，张贴在公告栏里，让志愿者心知肚明。只有这样，志愿者才不会对夏令营、对机构产生怀疑。”随后，彭少又提了关于夏令营的一些问题和建议，但是唯有之前说的这两条明显对时大爷和王婷造成了触动。在彭少发言结束以后，时大爷对评估组的报告进行了总结。他提到了夏令营存在财务不透明的状况，希望机构的工作人员都能记得今年的教训，在下一年办夏令营时做好财务工作。在其他几位工作人员都各自发表了自己对夏令营的评价和反思后，总结会就这样结束了。王婷和其他几位同事缓缓地走出了办公室，仿佛从身上了卸下了千斤重担，整个人都变得轻松起来。出门的时候，还有同事跟王婷打趣：“王婷，今年营长当得怎么样啊？明年要不要继续负责夏令营？”王婷像个委屈的小孩子一样，低着头说：“我干不好，明年还是你们来干吧。”时大爷听到了王婷说的话，笑了笑说：“年轻人嘛，吸取经验就好，第一次做难免会出问题。”王婷尴尬地笑了笑，现在她满脑子想的全都是终于摆脱这个折磨自己一夏天的工作了。

时大爷的劝告

彭少正收拾东西准备离开，时大爷叫住了他：“哎，彭少，你先别走，我们再聊一聊夏令营评估的事情。”彭少坐了下来。时大爷问他：“彭少，你觉得咱们今年的夏令营最严重的问题是什么啊？”彭少说：“我觉得那肯定是咱们的财务问题啊。就像我前面说的，志愿者对 120 元队费有很大的意见。很多志愿者都特别不满意咱们夏令营的财务公开状况。我觉得这个问题还挺重要的，如果明年再处理不好，机构的声誉可能会受很大影响。”

时大爷听后点了点头："嗯，你说的有道理，明年确实要注意这个财务的问题。其实彭少，我一直就想跟你说队费的事情。我知道王婷、向龙还有你都不支持收这笔钱。可站在我的角度，这笔钱是一定要收的。你想，万一咱们夏令营的钱不够了，总不能拿我们机构自己的钱贴上吧？我们以往办夏令营，每年都要收这笔钱的，以前是60元，后来是120元，志愿者一直都没啥怨言。可能就是今年我和王婷没有协调好，前后说法不一致，才引起志愿者的抗议的。"彭少点了点头说："嗯，时大爷您说的这是一个方面，可我还是有点纳闷，我记得机构一开始收队费，是因为那时候机构没钱，需要收这笔钱来办夏令营。可是现在机构接的项目也挺多的，也有别人的捐赠，应该不缺钱啊，为什么还要坚持收这笔钱呢？"时大爷笑了笑："我知道你们肯定都把我当成特别贪财的人了吧。其实我跟你说彭少，机构这两年比之前有钱了是没错，也确实不差那一万多元。可我就是想，即使这样，也不能随便把我们机构的钱贴进来。我留着钱有更大的想法呢。"

彭少很不解："您还有什么更大的目标？"时大爷说："你看，咱们机构现在是依靠向别人拿项目来赚钱。有项目的时候就有钱，可是万一将来有一天政府和基金会给咱们的项目少了，我拿什么来给手下这么多员工开工资呢？所以我想啊，我们得早做打算。我现在把做项目省的钱都攒起来，攒上几年到一定数目了，我们也成立一个基金会，那样就可以公开募资了，我们不就有比较稳定的资金渠道了嘛。我甚至还有更大的目标，你看我们这个地方的农村里，很多村民产的蜂蜜和腊肉都很好，就是卖不出去。现在不是都讲社会企业嘛，我们机构也可以攒点钱，将来成立一个社会企业。通过我们把村民的蜂蜜和腊肉卖出去，这样既增加了村民的收入，还可以把赚来的钱拿来做项目。"彭少听了之后点了点头，觉得时大爷确实是一个有想法的人。时大爷接着说："我知道，像你这样的年轻人，刚来我们机构就看到了很多与想象中不一样的地方，肯定也挺失望的。但是我要告诉你，在中国当下的环境，非营利组织要想生存，就不得不采取一些非常规的做法。有的时候也许一些做法确实不对，但是我们的出发点都是做公益。所以我还是希望你们能够理解我。”听了这些，彭少若有所思地点了点头。可他还是有一些疑问：难道以公益作为出发点，就可以为违规行为找到托词吗？我在成长机构里看到的这一切，真的是当下中国社工机构发展的普遍状况吗？彭少心里明白，他暂时是找不到答案的。他本来还想问问时大爷，是不是他让王婷把账目做平的，可他看了看时大爷的眼神，想想算了，不论自己再问什么、说什么，都是徒劳的。

附录 1

夏令营项目简介

成长夏令营是 Q 机构的品牌服务项目。其运作方式是招募全国各地的大学生志愿者，为西南部地区某县地震灾区的儿童讲授课程并开展活动，陪伴这些处在困境中的儿童度过暑假，让他们的心灵得到抚慰。下面介绍成长夏令营的发展过程及基本情况。

一、夏令营的发展历程

2008 年 5 月，建帐篷学校。

2009 年 7 月 20 日至 2009 年 8 月 10 日，Q 机构在灾区某镇绿地幼儿园开设的辅导班开课，招收灾区学生 112 人，参与服务志愿者 32 人。

2010 年 7 月，开设阳光幼儿园、梦想小学、友爱孤儿学校、利民学堂四个暑期辅导班。受益学生 300 余人，招募、参与志愿者 100 余人。

2011 年 7 月 14 日至 2011 年 8 月 5 日，“涅槃重生”暑期励志夏令营在 5 个镇上开设 5 个项目点，共接纳志愿者 510 名，涉及国内 162 所学校，28 个团队共计 393 人，个人志愿者 117 名。

2012 年 7 月 11 日至 2012 年 8 月 6 日，“美丽家园”夏令营设关内、关外 2 个项目点，参与志愿者达 235 人，涉及 77 所高校。

2013 年 7 月 17 日至 2013 年 8 月 4 日，Q 机构“爱与希望”夏令营开办，志愿者及工作人员共计 106 人，招收的学生来自某县，共计 225 名。

二、志愿者构成

参与夏令营的志愿者共计 163 名，其主要构成部分是：

（一）教学组志愿者

参与夏令营的教学组志愿者共计56名，他们来自全国各地不同的大学，主要负责夏令营的课程及活动设计、课程讲授以及活动组织工作。

（二）后勤组志愿者

参与夏令营的后勤组志愿者共计28名，他们来自全国各地不同的大学，主要负责夏令营的后勤保障工作。

（三）家访组志愿者

参与夏令营的家访组志愿者共计45名，他们来自全国各地不同的大学，主要负责夏令营的实地家访及资料整理工作。

（四）新闻组志愿者

参与夏令营的新闻组志愿者共计17名，他们来自全国各地不同的大学，主要负责夏令营的传播工作。

（五）种子计划志愿者

参与夏令营的种子计划志愿者共计17名，他们原本是Q机构资助的学生，目前以Q机构“种子”的身份参与夏令营的志愿服务活动。他们多为高中毕业生或大一学生，被分配到各个志愿者小组，协助其他志愿者开展工作。

三、夏令营各志愿组的工作内容

在成长夏令营中，志愿者的支持是夏令营得以开展的前提，不同组的志愿者在夏令营中发挥着不同的作用。以下是教学组、后勤组、家访组、新闻组在夏令营期间的工作内容列表。

志愿者组别	在夏令营期间的工作内容
教学组	1. 每日完成各班相应的教学内容。
	2. 每晚开展丰富的趣味主题活动。
	3. 每日批复学生暮省本。
	4. 每四日完成学生一个阶段的成长记录。
后勤组	1. 每日采购与帮厨，并公布采购清单。
	2. 每日值班与管理图书室，并做详细的记录。

续前表

志愿者组别	在夏令营期间的工作内容
后勤组	3. 每日检查公共卫生与消毒。
	4. 每日盘点仓库，并做盘点报告。
	5. 在夏令营结束时提交一份收入与支出账目明细。
家访组	1. 7月20日—7月24日完成关内家访。
	2. 7月25日—7月26日整理关内家访资料。
	3. 7月27日—7月30日完成关外家访。
	4. 7月31日—8月1日整理关外家访资料。
新闻组	1. 每日拍摄十张经典照片。
	2. 每两日完成一份营报。
	3. 每四日完成一份营刊。
	4. 每日微博微信推送数量不少于十次。
	5. 在夏令营结束前完成家访组、新闻组、后勤组、教学组及整个夏令营的五个宣传片。

附录2

中华人民共和国慈善法（部分）①

发布文号：中华人民共和国主席令第43号

发布日期：2016年3月16日

实施日期：2016年9月1日

第五十一条 慈善组织的财产包括：

（一）发起人捐赠、资助的创始财产；

（二）募集的财产；

（三）其他合法财产。

第五十二条 慈善组织的财产应当根据章程和捐赠协议的规定全部用于慈善目的，不得在发起人、捐赠人以及慈善组织成员中分配。

任何组织和个人不得私分、挪用、截留或者侵占慈善财产。

第五十三条 慈善组织对募集的财产，应当登记造册，严格管理，专

① http://www.gov.cn/zhengce/2016—03/19/content_5055467.htm.

款专用。

捐赠人捐赠的实物不易储存、运输或者难以直接用于慈善目的的，慈善组织可以依法拍卖或者变卖，所得收入扣除必要费用后，应当全部用于慈善目的。

第五十四条 慈善组织为实现财产保值、增值进行投资的，应当遵循合法、安全、有效的原则，投资取得的收益应当全部用于慈善目的。慈善组织的重大投资方案应当经决策机构组成人员三分之二以上同意。政府资助的财产和捐赠协议约定不得投资的财产，不得用于投资。慈善组织的负责人和工作人员不得在慈善组织投资的企业兼职或者领取报酬。

前款规定事项的具体办法，由国务院民政部门制定。

第五十五条 慈善组织开展慈善活动，应当依照法律法规和章程的规定，按照募捐方案或者捐赠协议使用捐赠财产。慈善组织确需变更募捐方案规定的捐赠财产用途的，应当报民政部门备案；确需变更捐赠协议约定的捐赠财产用途的，应当征得捐赠人同意。

第五十六条 慈善组织应当合理设计慈善项目，优化实施流程，降低运行成本，提高慈善财产使用效益。

慈善组织应当建立项目管理制度，对项目实施情况进行跟踪监督。

第五十七条 慈善项目终止后捐赠财产有剩余的，按照募捐方案或者捐赠协议处理；募捐方案未规定或者捐赠协议未约定的，慈善组织应当将剩余财产用于目的相同或者相近的其他慈善项目，并向社会公开。

第五十八条 慈善组织确定慈善受益人，应当坚持公开、公平、公正的原则，不得指定慈善组织管理人员的利害关系人作为受益人。

第五十九条 慈善组织根据需要可以与受益人签订协议，明确双方权利义务，约定慈善财产的用途、数额和使用方式等内容。

受益人应当珍惜慈善资助，按照协议使用慈善财产。受益人未按照协议使用慈善财产或者有其他严重违反协议情形的，慈善组织有权要求其改正；受益人拒不改正的，慈善组织有权解除协议并要求受益人返还财产。

第六十条 慈善组织应当积极开展慈善活动，充分、高效运用慈善财产，并遵循管理费用最必要原则，厉行节约，减少不必要的开支。慈善组织中具有公开募捐资格的基金会开展慈善活动的年度支出，不得低于上一年总收入的百分之七十或者前三年收入平均数额的百分之七十；年度管理费用不得超过当年总支出的百分之十，特殊情况下，年度管理费用难以符合前述规定的，应当报告其登记的民政部门并向社会公开说明情况。

具有公开募捐资格的基金会以外的慈善组织开展慈善活动的年度支出和管理费用的标准，由国务院民政部门会同国务院财政、税务等部门依照前款规定的原则制定。

捐赠协议对单项捐赠财产的慈善活动支出和管理费用有约定的，按照其约定。

第六十四条 慈善组织招募志愿者参与慈善服务，应当公示与慈善服务有关的全部信息，告知服务过程中可能发生的风险。

慈善组织根据需要可以与志愿者签订协议，明确双方权利义务，约定服务的内容、方式和时间等。

第六十九条 县级以上人民政府建立健全慈善信息统计和发布制度。

县级以上人民政府民政部门应当在统一的信息平台，及时向社会公开慈善信息，并免费提供慈善信息发布服务。

慈善组织和慈善信托的受托人应当在前款规定的平台发布慈善信息，并对信息的真实性负责。

第七十条 县级以上人民政府民政部门和其他有关部门应当及时向社会公开下列慈善信息：

（一）慈善组织登记事项；

（二）慈善信托备案事项；

（三）具有公开募捐资格的慈善组织名单；

（四）具有出具公益性捐赠税前扣除票据资格的慈善组织名单；

（五）对慈善活动的税收优惠、资助补贴等促进措施；

（六）向慈善组织购买服务的信息；

（七）对慈善组织、慈善信托开展检查、评估的结果；

（八）对慈善组织和其他组织以及个人的表彰、处罚结果；

（九）法律法规规定应当公开的其他信息。

第七十一条 慈善组织、慈善信托的受托人应当依法履行信息公开义务。信息公开应当真实、完整、及时。

第七十二条 慈善组织应当向社会公开组织章程和决策、执行、监督机构成员信息以及国务院民政部门要求公开的其他信息。上述信息有重大变更的，慈善组织应当及时向社会公开。

慈善组织应当每年向社会公开其年度工作报告和财务会计报告。具有公开募捐资格的慈善组织的财务会计报告须经审计。

第七十三条 具有公开募捐资格的慈善组织应当定期向社会公开其募捐情况和慈善项目实施情况。

公开募捐周期超过六个月的，至少每三个月公开一次募捐情况，公开募捐活动结束后三个月内应当全面公开募捐情况。

慈善项目实施周期超过六个月的，至少每三个月公开一次项目实施情况，项目结束后三个月内应当全面公开项目实施情况和募得款物使用情况。

第七十四条 慈善组织开展定向募捐的，应当及时向捐赠人告知募捐情况、募得款物的管理使用情况。

第七十五条 慈善组织、慈善信托的受托人应当向受益人告知其资助标准、工作流程和工作规范等信息。

第七十六条 涉及国家秘密、商业秘密、个人隐私的信息以及捐赠人、慈善信托的委托人不同意公开的姓名、名称、住所、通讯方式等信息，不得公开。

第九十八条 慈善组织有下列情形之一的，由民政部门责令限期改正；逾期不改正的，吊销登记证书并予以公告：

（一）未按照慈善宗旨开展活动的；

（二）私分、挪用、截留或者侵占慈善财产的；

（三）接受附加违反法律法规或者违背社会公德条件的捐赠，或者对受益人附加违反法律法规或者违背社会公德的条件的。

第九十九条　慈善组织有下列情形之一的，由民政部门予以警告、责令限期改正；逾期不改正的，责令限期停止活动并进行整改：

（一）违反本法第十四条规定造成慈善财产损失的；

（二）将不得用于投资的财产用于投资的；

（三）擅自改变捐赠财产用途的；

（四）开展慈善活动的年度支出或者管理费用的标准违反本法第六十条规定的；

（五）未依法履行信息公开义务的；

（六）未依法报送年度工作报告、财务会计报告或者报备募捐方案的；

（七）泄露捐赠人、志愿者、受益人个人隐私以及捐赠人、慈善信托的委托人不同意公开的姓名、名称、住所、通讯方式等信息的。

慈善组织违反本法规定泄露国家秘密、商业秘密的，依照有关法律的规定予以处罚。

慈善组织有前两款规定的情形，经依法处理后一年内再出现前款规定的情形，或者有其他情节严重情形的，由民政部门吊销登记证书并予以公告。

第一百条　慈善组织有本法第九十八条、第九十九条规定的情形，有违法所得的，由民政部门予以没收；对直接负责的主管人员和其他直接责任人员处二万元以上二十万元以下罚款。

第一百零一条　开展募捐活动有下列情形之一的，由民政部门予以警告、责令停止募捐活动；对违法募集的财产，责令退还捐赠人；难以退还的，由民政部门予以收缴，转给其他慈善组织用于慈善目的；对有关组织或者个人处二万元以上二十万元以下罚款：

（一）不具有公开募捐资格的组织或者个人开展公开募捐的；

（二）通过虚构事实等方式欺骗、诱导募捐对象实施捐赠的；

（三）向单位或者个人摊派或者变相摊派的；

（四）妨碍公共秩序、企业生产经营或者居民生活的。

附录 3

西南部地区某省志愿服务条例（部分）①

审核机构：西南部地区某省第十一届人大第十一次会议

通过时间：2009 年 9 月 25 日

目的：鼓励和规范志愿服务活动

第二十三条 志愿服务活动的组织者、志愿者、接受志愿服务的单位或者个人可以签订书面协议，明确各方的权利、义务以及解决争议的方法。

志愿服务协议可以包括以下主要内容：

（一）志愿服务内容、时间和地点；

（二）参加志愿服务的条件；

（三）志愿者的培训；

（四）志愿服务的物质保障；

（五）风险保障措施；

（六）相关责任条款；

（七）协议的变更和解除；

（八）争议解决方式；

（九）其他需要明确的事项。

第二十四条 志愿服务活动的组织者应当对志愿者发放志愿服务活动的标识，并对服务情况进行记录，为志愿者建立档案，记录志愿服务累计时间、工作数量和效果等情况。

第二十五条 任何组织和个人不得利用志愿服务活动或者借用志愿服务活动的名义从事营利性活动或者违法活动。

第二十六条 县级以上地方各级人民政府应当根据实际情况安排必要资金，支持志愿者和志愿服务的组织者开展志愿服务活动。

① http://cva.mca.gov.cn/article/zyfg/201110/20111000187779.shtml.

第二十七条　志愿服务活动的组织者应当为志愿者从事志愿服务活动提供必要的生活、安全、卫生、医疗等条件和保障，帮助解决与志愿服务活动相关的实际困难。

对志愿者在从事志愿服务活动中由本人所支出的交通、食宿等费用，由志愿服务活动的组织者给予补贴。

志愿服务活动的组织者应当对志愿者个人信息保密，未经本人同意，不得公开。

第二十八条　志愿者组织可以依法接受社会捐赠和资助。

鼓励公民、法人和其他组织为志愿服务活动捐赠财产，并依法享受减免税收等国家优惠。

第二十九条　志愿服务活动经费应当用于志愿服务活动和志愿者的必要开支。志愿服务活动经费的使用有约定的，应当按照约定使用。

具备条件的地方，可以依法成立志愿服务基金会。

志愿服务基金应当用于：

（一）对志愿服务活动的资助；

（二）对从事志愿服务活动遇到特殊困难的志愿者的帮助；

（三）对做出突出贡献的志愿者和志愿服务活动的组织者的奖励；

（四）与开展志愿服务活动有关的其他事项。

志愿服务活动经费和志愿服务基金的来源、管理、使用应当公开，并依法接受有关部门、捐赠者、资助者和社会的监督。

二 教学笔记

(一) 摘要

Q机构像往年一样开展成长夏令营，招募全国各地的大学生志愿者，旨在为我国西南地区某县地震灾区的儿童教授课程并开展服务活动。机构以往开展夏令营都会强制性地向志愿者收取700元生活费和120元队费。今年，机构决定由志愿者自愿缴纳120元队费。可是后来，机构又出尔反尔，让所有志愿者都必须缴纳120元队费。这一举动不仅引起了志愿者的抱怨，还引起了机构员工的强烈不满。机构是否应该向志愿者收取120元队费呢？这些钱是否真正地用于夏令营了呢？面对这些风波，作为成长夏令营营长的社会工作者，该如何应变？

(二) 教学目标

这个案例为学生提供了在志愿者管理领域中分析伦理困境并尝试做出伦理抉择的机会。

志愿者在社会工作服务中扮演着十分重要的角色，在志愿者的支持下，社会工作的各项服务才能够更好地传递给服务对象。但是，在实际的社会工作中，社会工作机构在志愿者管理方面存在着不足，这种不足有一部分来源于社会工作者对志愿者的伦理责任出现了认知偏差。就像本案例中王婷所面临的困境：机构为了保证夏令营在后期的正常运作，将自愿缴纳120元队费变成强制性缴纳，这不仅使王婷自己处于为难处境，也引起了志愿者们的不满。令王婷感到更愧疚的是，本来结余的每人100多元钱，机构负责人表示不予退回，自己无奈，只能让财务人员做了假账。

在现实生活中，由于公益机构的资金短缺，志愿者在从事志愿服务活动中的交通、食宿等费用需要由志愿者承担。机构在资金允许的情况下，可以给予志愿者一定的补贴。但是公益机构是否应向志愿者收取额外的费用？收取的费用可以用于其他用途吗？本案例覆盖的知识点和能力训练包括：

（1）掌握雷默伦理抉择过程模式的基本框架并运用；

（2）思考和分析服务对象利益与机构利益冲突的伦理困境；

（3）思考和分析社工是否该揭发机构或同事的不当伦理行为。

（三）教学计划

本案例可以用于社会工作伦理课程，适用于社会工作专业硕士课程。

教师可以先让学生在课堂上讨论：假如你是夏令营营长王婷，当机构负责人要求你向志愿者收取120元队费的时候，你会如何处理？当夏令营结束的时候，发现志愿者交上来的钱并没有用完，你又会如何处理？针对这两个问题，教师可以让学生们提出不同的方案，然后大家一起讨论其中涉及的伦理原则和法律法规，并分析各项方案的利弊。

本案例计划安排教学时长为2课时（共90分钟），以下是教师课堂教学安排表，教师可以将其作为教学参考。

课前准备	课前案例阅读	
课堂中	案例回顾	10分钟
	小组讨论	20分钟
	集体讨论	50分钟
	知识梳理总结	10分钟
课后巩固	课后思考与应用	学生自己安排

（四）启发思考题

（1）假如你是王婷，当机构负责人让你向志愿者收取120元队费的时候，你感到难以处理的冲突具体是什么？抉择依据是什么？

（2）作为夏令营营长，当你在闭营时发现志愿者交上来的钱并没有用完，你又面临哪些困境和抉择难题？

（五）问题分析

1．假如你是王婷，当机构负责人让你向志愿者收取120元队费时，你会如何处理？

在分析这个问题时，教师可以通过提问了解学生们掌握伦理抉择基本流程的情况，然后提供雷默伦理抉择过程模式的基本框架，在课堂上针对社工的处境尝试做出伦理抉择。

(1) 教师可以和学生一同厘清王婷面临的伦理难题：诚实可信、志愿者利益 vs. 机构利益的伦理难题。案例中，志愿者认为之前交的 700 元费用已经付清了自己在夏令营的活动费用，至于 120 元队费，机构曾经说是自愿缴纳的，所以现在机构不应该向他们收钱。然而，机构认为，之前交的 700 元钱不足以支付志愿者在整个项目中的花费，需要再额外上交 120 元，并且这 120 元不是向志愿者胡乱收取的，而是每年的惯例，这是从夏令营整体运作来考虑的结果。如果王婷向志愿者收取 120 元钱，从志愿者的角度来看，就是违背了诚实可信的原则，损害了志愿者的利益；如果从机构的角度出发，就是为维护机构利益而努力。

(2) 在做伦理抉择之前，教师可以和同学们共同找出可能被伦理抉择影响的个人、团体与组织。其中主要包括：参加夏令营的孩子、志愿者、社工、机构同事、机构负责人等。

(3) 接着，教师可以鼓励学生们分组讨论，找出社工可以采取的解决方案，并分析其中的利弊得失。在这里教师可以参考以下两种方案。

方案一：社工为了整个夏令营项目的运作，为了让机构能够有充足的项目资金，继续向志愿者收取 120 元队费。虽然志愿者会有很多不满情绪，但是为了不让机构自己“贴钱”，社工坚持这种做法。

该方案的有利之处在于保证了项目运行有充足的资金准备，避免了机构为项目“贴钱”的风险，保证了机构运作的正常化。但是它的弊端在于社工的这种强硬做法会在志愿者心中留下不讲信用的印象，最重要的是，对志愿者的个人权益造成了伤害。

方案二：社工出于对志愿者利益的保护，也是为了维护机构良好的公益形象，拒绝再向志愿者收取 120 元队费。如果后期项目资金不够的话，机构可以向相关企业或者基金会申请资助基金。

该方案有效地保障了志愿者的财产权益，增强了志愿者对机构的信任度，能够为机构建立一种讲诚信的良好形象，为后续的志愿者招募奠定良好的基础。但是，该方案可能导致机构资金紧张，不能支撑起夏令营后期的支出；机构面临着向其他单位申请资金的风险，会给夏令营的执行人员带来一定的心理负担。

（4）教师和学生可以根据以上方案，共同探讨支持和反对的理由。考虑的方向包括：A. 伦理守则；B. 法律原则；C. 伦理理论、原则与指导方针；D. 社会工作实务伦理与原则；E. 个人价值观。

A. 从《美国社会工作者协会伦理守则》来看，社工应坚守诚信原则，社工的所作所为应当是诚实可信的。社会工作者对当事人的承诺包括，社会工作者的首要职责是增进当事人的福祉。社会工作者不得不正当地利用专业关系，或通过剥削他人来谋取个人、宗教、政治或商业利益。据此，社工应选择方案二。

B. 从法律原则来看，《西南部地区某省志愿服务条例》第二十七条规定：志愿服务活动的组织者应当为志愿者从事志愿服务活动提供必要的生活、安全、卫生、医疗等条件和保障，帮助解决与志愿服务活动相关的实际困难。对志愿者在从事志愿服务活动中由本人所支出的交通、食宿等费用，由志愿服务活动的组织者给予补贴。因此，志愿者在支付了自己在志愿服务中的相关费用后，机构不应该额外再向志愿者收取费用，通过志愿者的钱去维持项目的运作。据此，社工应该选择方案二。

C. 从伦理理论、原则与指导方针来看，第一，义务论认为，规定、权利、原则是必须遵守的。若社工要遵守诚信、服务原则，应选方案二。若以员工身份而对机构负责，应选方案一。第二，目的论认为，不论应不应该，而只论结果与目的：a. 利己主义。如果社工要努力减少自身的法律责任，减少与志愿者的矛盾，应选方案二；如果社工要努力减少与机构负责人的冲突，应选方案一。b. 行为效益主义（即立即效益）。选方案一对机构负责人、机构有立即效益，选方案二对志愿者有立即效益。c. 规则效益主义（即长远的效益）。选方案一，只是暂时能够维持项目的运作，但是会破坏机构的形象，从长远来看，不利于机构以后招募志愿者；选方案二，可以赢得志愿者的信任，从长远来说可以长期与各大高校建立志愿服务合作关系。

D. 从社会工作实务伦理与原则来看，教师可以让学生查阅相关文献，或者邀请资深社工来分享志愿者管理的经验，最后由学生来判断并选择方案。

E. 教师可以让学生们思考自己的价值观（包括宗教、文化、种族、政治等），检视个人是否有强烈支持志愿者或者坚定支持机构的价值观。简单分析这些价值观是否影响学生做出决定。

（5）教师可以事前联系一些资深的督导、机构负责人、法律顾问，邀请他们到课堂上与学生们一起讨论该案例，分享专业经验。

（6）通过课堂上的讨论，学生对提出来的选择方案有了比较清楚的认识，能够做出合适的伦理抉择。但是，教师要提醒学生可以选择的方案有很多，无论选择哪种方案，都要寻求配套措施，留住该方案的优点，减少其所带来的伤害。

2. 作为夏令营营长，当你在项目结束时发现志愿者交上来的钱并没有用完，你会怎么做？

（1）教师可以和学生一同厘清王婷面临的伦理难题：社工是否该揭发机构或同事的不当伦理行为？在向志愿者每人收取了 120 元队费以后，在项目结束的时候，账目上出现了一定的结余，平均每位志愿者约 100 元钱。这些钱也就是之前向志愿者收取的队费。此时，机构负责人表示不用将这些钱退还给志愿者，而是人为造假账，将账目抹平。面对这笔剩余的钱，社工是如实地向志愿者反映并予以退还，还是默认机构负责人做假账，抑或是向有关部门揭发机构负责人主张做假账的行为？种种选择使社工陷入了伦理困境。

（2）教师应该提醒学生们，作为社工，其做出来的选择，不仅会对服务对象产生影响，还会对其他个人与组织产生影响，包括参加夏令营的孩子们、志愿者、社工、机构同事、机构负责人、其他部门等。

（3）面对这些困境，社工可以有不同的选择。教师可以鼓励学生们分组讨论，找出可行性方案，并分析利弊得失。在这里提供几种方案供教师参考。

方案一：社工反对机构的这种做假账的行为，若机构负责人坚决要做假账，社工应该向有关部门揭发。

该方案的有利之处在于，这种做法体现了社工的诚信及对志愿者的负责任的态度，维护了志愿者的合法权益；弊端在于，如果机构的不当行为被公开，会严重损害机构的专业形象，在社会上可能会给机构带来一定的负面影响，机构人员的变动，可能会对机构的运行、夏令营的运作产生不利影响。

方案二：默许机构做假账的行为，不揭发该行为。这种做法的利与弊恰好与方案一相反。

(4) 虽然可供社工选择的方案有很多，但是，并不是每种方案都适合。教师可以和学生们一同讨论赞成与反对的理由，考虑的方向包括：A. 伦理守则；B. 法律原则；C. 伦理理论、原则与指导方针；D. 社会工作实务理论与原则；E. 个人价值观。

A. 从《美国社会工作者协会伦理守则》来看，当社会工作者的同事的操守有悖伦理时，社工有责任采取措施打消、阻止、揭露和纠正同事有悖伦理的行为。社工不得参与、纵容或涉足不诚实、欺诈和蒙骗。由此，社工应当揭露机构做假账的行为，选择方案一。

B. 从法律原则来看，教师可以让学生查阅《中华人民共和国慈善法》和《西南部地区某省志愿服务条例》，其中多处规定机构不得私分、挪用、截留或者侵占慈善财产。因此，机构做假账的行为是不符合法规的，应当被揭发，选择方案一。

C. 从伦理理论、原则与指导方针来看，第一，义务论认为，社会工作伦理守则要求社工对同事承担伦理责任，作为专业人员也应当承担伦理责任，此时选择方案一。第二，目的论：a. 利己主义。社工为了减少自己与机构负责人的冲突，对于这种行为采取顺从态度，选择方案二。b. 行为效益主义（即立即效益）。社工为了使夏令营完满结束，考虑到无人追问此笔款项的真正用途，所以选择方案二。c. 规则效益主义（即长远的效益）。从长远来看，如果志愿者不进行举报，假若有关部门追究，势必损害机构的形象，给机构带来不利的影响，所以选择方案二。

D. 从社会工作实务伦理与原则来看，教师可以让学生查阅相关文献，或者邀请资深的社工，由其分享志愿者管理的经验，据此，由学生来判断并选择方案。

E. 教师可以让学生们思考自己的价值观（包括宗教、文化、种族、政治等），检视个人的价值观与志愿者、机构的价值观在哪些部分有冲突，是否有未考虑到的方面。

（5）教师可以事前联系一些资深的督导、机构负责人、法律顾问，邀请他们到课堂上与学生们一起讨论该案例，分享专业经验。

（6）通过课堂上的讨论，学生对每种选择方案都有了比较清楚的认识，能够做出合适的伦理抉择。但是，教师要提醒学生无论选择哪种方案，都要寻求配套措施，留住该方案的优点，减少其所带来的伤害。

（六）关键点

本案例分析关键在于掌握社会工作者在面对机构和志愿者利益冲突时应该如何做出伦理抉择。教学中的关键点包括：

（1）诚信的具体含义和行为准则分别是什么？

（2）机构利益和服务对象利益出现矛盾时的伦理表现形式是什么？

（3）不同伦理决定涉及的不同对象有谁？

（4）预估采取的行动方案对不同对象可能造成的影响有哪些？

（七）参考文献

多戈夫，洛温伯格，哈林顿．社会工作伦理实务工作指南．7版．北京：中国人民大学出版社，2005.

秦燕．社会工作伦理．台北：华都文化事业有限公司，2013.

皇帝的新衣

一 案例介绍

缘起

楚亚红，女，45岁，M社会工作事务所（以下简称M机构）负责人，有想法、有野心。20多年前，高中毕业的她在一家效益不错的企业做行政工作，工作后不久就在家人的介绍下认识了自己的第一任丈夫，并在一年后生下了第一个儿子。随着年龄的增长，楚亚红越来越觉得自己的人生太过单调，每天就兜兜转转在复印、接打电话、名单确认、安排预约等事项上，实在枯燥。几年之后，楚亚红辞去了这份旁人看来安逸、稳妥的工作。她的丈夫觉得女人应该照顾家庭，做一些比较稳定的工作，因为辞职的事，她的丈夫和她起了争执，但是倔强、好强的楚亚红怎会低头。

一次偶然的机会，楚亚红参加了一个为盲人儿童录有声书的公益活动。当她看到盲人儿童因为有声书而感到来自世界的关爱时，她决定自己开办机构，为有困难的人提供帮助。于是在朋友的帮助下，楚亚红于2009年成立了M机构并开始在儿童发展领域做一些工作。

这些年在公益事业上的付出也让负责人楚亚红收获了外界的颇多肯定。她先后获得某市2013年度公益之星、十大好青年等称号，M机构也曾经被评为优秀志愿服务品牌。现在M机构一共有10多位成员，除了机构总负责人楚亚红之外，还有1个项目主管刘欣然，2个一线社工，6个实习生，负责8个项目，基本是1～2个人负责一个项目。

在4月的一个清晨，楚亚红像往常一样早早就醒了，拿起正在充电的手机看了看时间，不到六点一刻。虽然还很早，但是已经醒来的楚亚红一点都不困了，开始翻看自己在微信中订阅的教育、公益、读书、人才发展等一系列公众号的推送，以几秒钟一篇的速度飞快地浏览，并将自己认为有质量、能够学到知识的公众号文章转发到机构的工作联络微信群中。时间不知不觉就到了七点，楚亚红起身给孩子做饭去了。吃完早餐，送孩子上学后，楚亚红就骑着体型硕大的货用电动车来到位于幸福小区的 M 机构。

说起这与其身份极其不符的电动车，楚亚红有着自己的想法："这个车子不要太好啊，开车还要找车位，哪有这个方便呀，这个在路边随便放放都没人管的呀……车子后面的架子也是为了搞活动运物资方便嘛。"楚亚红骑着车，一边还在盘算着前几天社区居委会主任暗示她的话：今年要还想继续在社区开办社工机构，就要帮着社区搞几次大型的活动，也省得他们社区再自己想创意做活动来应付街道里面的检查。"亚红啊，你看你们机构挂靠在我们社区，这水电、办公用品、活动场地哪个不是我们社区来提供的呀，虽说是街道的意思，但是你看你们社会服务机构的管理终究要我们社区自己来出人吧？啊！当然啦，你们机构去年做的那些个活动街道也很满意，帮我们社区争到了'优秀社区'的荣誉，但是你们机构也因为我们才能获得这么多次在公益创投项目中中标的机会啊，现在你们机构越做越大，资源也多，还有那么多名牌大学的研究生给你们做实习生，我看今年的社区活动就你们机构帮着做做吧，辛苦啦。"

听罢，楚亚红就在心里暗暗叫苦：这做活动就需要活动物资，需要人，有人的话就要发工资。上个星期，机构内部开会的时候自己还和一个实习生因为工资的事情起了争执。

暗流涌动的机构

上午八点五十分，亚红已经到了机构，却发现门没有开，气不打一处来："八点半上班，怎么就没有一个人来呢？不是一次两次了，上次也是，到四十（分）才一个个慢吞吞地过来。"亚红生气地开着门，坐在平时孩子们玩耍时坐的小凳子上，拿起手机，从长长的 QQ 群列表中找到自己机构的工作群，在手机上飞快地打下了一段话发了出去："怎么回事!!! 我 8 点半来的活动室，结果等到现在，一个人都没有，都还在干嘛啦?!"亚红这段斥责似乎并没有引起大家的恐惧与重视，最先回复的是实习生吴聪：“我在路上马上到，今天公交车又晚点了。”还发送了一个有点调皮的“大哭”表情。亚红回复了一声“哦”就没有什么话了，而其他迟到的人连回复都没有。亚红每次在群里说话没有人回复的时候，总是特别失落，自己想对机构进行人性化管理，经常在早上和大家说早安，但是为什么每一次问好大家都不回复呢？

上午九点，大家陆陆续续到齐了，最后一个到的是实习生高小丽，她看见亚红也没有太多的表情，就打开电脑开始写昨天的活动记录。亚红也明白为什么小丽对自己这么冷淡。

事情还要从上周五说起。每周五都是机构开例会的日子，平时大家都是先总结一下本周项目开展的情况，再分配下周带项目的人员。但是这次会议的气氛显得尤为凝重，导火线是实习生高小丽没有拿到应有的工资。小丽在会议上愤愤不平地说：“我们说好的 35 元一天实习费，这个月我实习了 11 天，应该有 385 元，为什么我只拿到了 300 元的工资？还有之前说好带一次活动 100 元，这个月我带过一次培智学校的活动，但是我并没有拿到这 100 元!”其他实习生也曾经遇到在机构被克扣工资的情况，看到小丽带了个头，于是也纷纷声讨，一时七嘴八舌，情绪高涨。面对这种情况，亚红拿出了小丽这个月的请假单作为扣工资的理由，并厉声阻止了这场关于工资的争论。项目主管刘欣然在一旁默默地不说话，在心里盘算着实习生们说的这番话。也许在座的这些人中也只有她和机构负责人楚亚红知道这些钱花在了哪里。尽管被打断的几个实习生暂时安静了，但看他们乌云密布的表情就知道，他们每个人的心里都特别不开心，欣然预感可能要爆发一些事情。

风雨来临的前兆

“忍受不了！我要辞职!”小丽爆发出了这样的呐喊。这是一个平常的周末，几个实习生叫上了刘欣然一起在街边吃烧烤。这样的聚会也不是一两次了，和以往不同，在这次聚会上，大家的情绪更加激昂。尤其是昨天在会议上爆发了工资事件，高小丽和其他实习生的怒火尚未平息。大家都觉得在社工机构没办法待了，不仅有工资时常被莫名克扣的问题，说好的活动补贴也从来不见踪影，最重要的是，机构里面的很多做法已经违背了社工伦理原则，让他们这些对社工充满美好向往的年轻人感到不解甚至愤怒。大家纷纷抒发着对机构的不满，刚来机构不久的实习生吴聪一拍桌子："干脆，我们大家一起辞职算了，下周一都不去机构了！"饭桌上突然安静了下来，大家面面相觑，然后附和的人越来越多，最后大家望向还没有附和的刘欣然。

刘欣然继续低头搅拌着杯子里的饮料，在机构里，除了楚亚红这个唯一的机构负责人以外，刘欣然也算是在机构里面工作了两年多的元老级人物了。在这几年来来去去的人事变动中，就只有她坚持到现在。实习生们谈论的，如机构不注重保密、实际活动不符合项目计划书、背景和评估调查基本只凭想象之类的争议在她看来并不是核心的问题。最近她开始协助楚亚红管理一些账目上的事情，对于机构账目上面的猫腻，她一开始感到吃惊，再后来是震惊，现在却是无助，社工最重要的价值观难道不是诚信正直吗？而自己现在所做的事情早已违背了社工的初衷，这样的想法也让她渐渐感到疲惫不已。

暗度陈仓的经费

刘欣然在机构里做账目记录的相关工作，两年的工作经历让她已然成为机构的中流砥柱。相比吴聪这些对社工抱有理想主义的实习生，她对机构的很多现象已经见怪不怪了。用她的话说："在社工机构里面待的时间久了，愈发觉得自己麻木不仁。回首过去，感觉与初衷越走越远。"

在社工机构的维持和发展中，资金是一个很重要的部分。机构申请到项目基金以后，往往需要等待半年以上的时间才能拿到首笔项目经费。由于起步阶段的社会工作服务机构项目数量少，资金少，很容易形成资金的真空阶段。如果机构缺乏相应的资金支持，机构资金链就容易出现断裂。此外，政府划拨资金的程序复杂且要求多，影响了机构资金的及时拨付。以 M 机构为例，虽然在成立之初就已得到了一些荣誉，但这依然解决不了资金短缺的问题。机构一直将资金的来源寄托于项目投标，但实际情况是，除了某社区将管理扶持性的社区活动的季刊编排工作承包给了机构外，政府购买项目的资金以及企业提供的项目资金仍不足以维持机构的正常运营，所以机构只能走上所谓的“自救”道路。然而在刘欣然看来，这样的“自救”道路在很多方面都违背了社会工作专业的伦理价值观以及作为社会工作者的初心。

项目主管刘欣然很清楚，项目预算基本都是编造的，根据活动次数和每次活动预算得出总预算，就这样简单。活动物资预算胡编乱造，社工和志愿者补贴不翼而飞，开假发票的现象屡屡发生在机构的财务上。有时候，刘欣然甚至觉得楚亚红并不是在做社会服务，而是在做社工的生意。

就拿物资预算来说，每次活动预算都极为简单。例如，一次课业辅导有 20 个小朋友参与，按人均 20 元计入预算，二者相乘共计 400 元，但每次可能只花费 50 元左右，真正用在服务对象上的钱只有预算的八分之一，剩下的资金全由刘欣然胡编乱造。刘欣然是这么处理 400 元的：20 个小朋友，每个人发一本 5 元钱的本子、两瓶矿泉水，再将 K 题板、橡皮擦、纸巾、洗手液之类都算上，400 元就这样东拼西凑出来了。刘欣然想起来，之前还有一个预算 900 元的活动，实际上就花了 100 多元。还有一次活动，需要带服务对象外出，350 元的租车费在账目上记了1 200 元。

此外还有管理费乱用、开假发票的现象。政府规定，每个项目的管理费用支出要占项目资金的 10%左右。比如一个 9 万元的项目，管理费要求花掉 9 000 元。这笔钱一般是用于机构购买日常办公用品的，如纸张、机器等。买垃圾袋、拖把等生活用品以及给员工买食品，也算是管理机构的费用。管理费用无论如何都得花掉，若在实际运行过程中花不掉，那就用它去进行娱乐活动，比如聚餐、唱歌等。有时候机构甚至都没有组织类似的活动，直接购买发票，或者负责人自己跟朋友拿这笔钱聚餐、唱歌，玩完之后再将发票带回来。有时活动费用的实际去向只有负责人自己清楚，也不会告知员工。政府很多时候其实都是睁一只眼闭一只眼的，也知道许多机构通过这样的方式来造假。

让实习生和志愿者们感到委屈的就是他们的工资。按照项目计划书中的预算，给带领活动的社工每次补贴 100 元，给志愿者每次补贴 50 元，而机构却从来都没有支付过这部分费用，仍然是通过造假来做账。一般来说，一个星期要做四五次活动，会有 20 人左右的志愿者服务和 10 人左右的社工服务，理论上每周需要支出 2 000 元左右，但楚亚红却找各种各样的理由克扣实习生们、志愿者们的工资。不但没有按照项目计划书中的方式分配人工费用，有时甚至仅仅给志愿者、社工 2 元的公交补贴。志愿者、社工和其他工作人员，全凭项目书的写作领取工资。

负责人想要向别人证明机构不盈利，但实际上，刘欣然知道，机构是有盈利的。上周，楚亚红在给刘欣然发一份关于项目的财务报告的时候，给她看了她所负责的那三个项目的财务状况。刘欣然发现，从 12 月到次年 4 月，已经有 10 万余元的收入了。刘欣然计算了工作人员的工资和相关物资花费，发现实际支出远远低于 10 万元。刘欣然有时自己也在琢磨为什么负责人总是说自己不盈利呢？她上次听说，大众理解的公益组织是非营利性的，盈利会对机构的社会信誉造成不良影响。另外，负责人可能有这样的想法：一旦盈利，员工的工资就要提高了。种种原因导致负责人极力营造一种“没有盈利”的氛围，但现实情况是机构的盈利随着时间推移越来越多。盈利变多了，机构却总是通过减少必要物资、克扣实习生工资等不正当途径控制成本。有个实习生工作了 16 天，被各种挑刺，最后只拿到了 420 元。

无中生有的策划书

让刘欣然感到疲惫的事情远远不止一件。半年前，机构的一个关于外来务工人员子女的项目在政府的微公益创投中中了标，虽然这个项目的经费只有 6 万元，但是对此，负责人楚亚红还是很高兴的。项目策划书是项目主管刘欣然写的。有一天，楚亚红突然对刘欣然说：“街道现在要帮我们申请一个省级创投项目，你现在就在原来的单亲儿童项目书的基础上做一些修改，写一份关于外来务工人员子女的项目计划书。”由于单亲儿童的需要和外来务工人员子女的需要大致吻合，于是刘欣然更改了项目题目、项目抬头，就直接形成了一份关于外来务工人员子女的项目书。令刘欣然没想到的是，这个稀里糊涂捣鼓出来的项目书成功中标，她自己都觉得写得不怎么样。由于当时该市具备申请省级公益创投项目资格的机构数量不多，M机构作为依附于街道的社工机构，以街道的名义进行了申请，因此取得了申报省级公益创投项目的资格。可以说，申请这类公益创投项目，项目本身并不是决定因素，而所谓的“资格”才是决定机构能否申请、能否拿下项目并获取政府资助的关键。

从此以后，刘欣然的项目策划书都是这么来的，机构负责人给她一些基本背景——有一群可爱的孩子，他们的父母亲可能是外来务工人员，或是聋哑人；孩子们就读于培智小学等各种农民工子弟学校，在教育资源和师资力量方面都有所欠缺，平时和父母交流也很少。然后刘欣然参考自己以前写过的策划书和其他机构类似的活动，针对这类情况设计七八个活动方案，如个案辅导、团体辅导、心理小组、人际沟通小组、课业辅导等，有的还需要户外活动，带孩子们去户外玩耍或是参观体验，拼拼凑凑形成一个所谓的新策划书。总的来说，这些项目书的撰写，从来没有做过需求调查，用刘欣然的话说，纯粹就是“瞎编乱造的”。但是对于这一点，政府是不知道或者“装作不知道”的，也没有人追究需求到底存不存在。只要政府部门觉得项目书写得特别感人，在评审的时候机构负责人能够做生动的展示，就完美无缺了，评审委员会觉得这项目可以做，那就可以通过了。

即使是这样胡编乱造的项目计划书，由于“背后工作”做得足，“表面工作”做得好，中标的可能性也能够达到90%以上。项目能够中标，刘欣然应该感到欣慰才对，但她反而越来越挣扎：这还是她当初所学的社会工作吗？她知道这样没有事实基础的调研活动、没有精准的需求定位、没有真实的服务群体，随心所欲地撰写的项目策划方案根本没有达到政府街道办的要求，可是如果没有政府购买岗位，没有创投项目的资金支持，机构就难以维持运营的现状，她沉默了。如果她拒绝，机构负责人会对她不满，说不定还会因此解雇她。何况，如果她不做，机构也会找其他人代替她做。她认为社会工作专业在本质上是一种道德实践，但现在的实践是接受过专业教育的她所要的实践吗？恐怕不是这样的。她的自嘲也恰恰说明了这一点，不过她并没有在表面上表现出过于激烈的反抗，内心再汹涌澎湃的挣扎也终究化为默默无言的遵从。

捉襟见肘的服务

就在楚亚红还在为新项目申请准备宣传讲稿的时候，项目主管刘欣然犯愁地跟她说："红姐，那个外来务工人员子女的项目参与者越来越少了，怎么办啊？""打电话催啊，发短信也行！""我一直都在这么做啊，人家就是没来，家长嘴上答应得好好的，但是时间到了就是没人来啊！""哎呀，不行不行，怎么回事嘛，我都和他们校长打过招呼的，他们班主任我也说了啊，我还要去找他们校长一趟。"作为项目主管，其实刘欣然自己也明白为什么这个项目的案主流失率这么高，其中有一个小姑娘也跟她抱怨过，服务场所太吵了。这个项目最开始就是很单纯地想帮助外来务工人员子女提高学习成绩的，但是由于前期没有做需求评估，项目策划书中的活动设计也不够完善和严谨，所以导致在执行过程中弊端丛生。

首先，这个项目组织不同年级的小学生在一起写作业，由志愿者和社会工作者进行辅导。但是年级之间的差异、班级之间的差异以及学生个体之间的差异，导致大家写作业的速度是不一样的，先写完作业的学生没事干，肯定就想着玩耍打闹，那就又很自然地影响到其他想好好看书、没写完作业的学生，所以造成了大家的学习环境并没有预想的那么好。其次，这个项目所有的服务对象大概有 20 人，但是每次参加活动的大学生志愿者数量很不稳定，有时候多一些，有时候少一些，最多的时候也只有四五个，最少的时候一个人都没有，如果遇到志愿者所在学校正在期末考试，就很少有志愿者过来帮助社工给孩子们辅导作业了。一个人负责四五个孩子的作业的检查和督导其实就已经很困难了，何况有时候几乎就只有一个社会工作者承担着维持纪律、辅导作业的双重职责，志愿者数量不足导致服务质量不高，也导致案主流失率逐渐上升。

偷梁换柱的活动

不光刘欣然有这样的苦恼，最近参与"星宝贝计划"项目的实习生吴聪也常常陷入沉思。“星宝贝计划”是一个关于智障儿童关爱综合服务的项目，现场来了一些智障儿童和他们的父母，活动气氛比较热烈，大家围着桌子做折纸菠萝的游戏，吴聪也乐在其中。这时，楚亚红把相机递给吴聪，嘱咐他多拍几张照片，他乖乖地拍了几组照片。第二天，吴聪在浏览机构的网站时发现昨天他拍摄的几张照片已经被写成了最新的新闻稿发布在了机构的主页上，并且孩子们的脸没有打马赛克。吴聪大惊失色，赶忙跑去问楚亚红：“怎么就这样将这些照片放上去了呢，难道我们不需要为案主保密吗?”楚亚红一副习以为常的样子：“如果我们不放照片在主页上，谁又知道我们的活动和贡献呢!”“可是如果要放案主的照片，也要经过他们父母的同意吧!”“他们的父母也没有表示不同意啊，以往若是父母不希望他们的孩子上镜，我们都会裁掉的，但是这次父母们没有这样的要求，哎呀，你不要想太多，好好准备下一个项目吧。”吴聪就这样讪讪地离去了，可是仍然觉得有疙瘩解不开，心里感到很不舒服。很快，这个疙瘩像滚雪球一般越来越大，他发现机构不仅会把活动中孩子们的照片直接发布在网站和微信公众平台上，而且在活动之前也从未和家长签过保密协议。

其实楚亚红不觉得这些有什么不当，自己的机构要发展，必须让其他人知道我们做了什么，参加了哪些会议，举办了哪些活动，而且社区和政府也都要求这些。虽说耳听为虚，眼见也不一定为实，但人们仍旧愿意相信自己的眼睛，那么照片就成了最好的见证。于是楚亚红时时刻刻铭记在心的就是拍照。毫不夸张地讲，她的手机里的大部分储存空间都为活动的照片所占。就拿上次市政府组织、机构协办的清明节活动来说，楚亚红在整个活动现场，手机的咔嚓声响个不停，到最后还让每一个员工都以活动背景墙为背景拍合照、拍单人照，而且一个个地询问是否每一个人都有了自己的单独照片。按照她的说法：“这么大的活动，来了这么多的领导，说明这个活动很重要呀，你拍了照片有了这个经历是很重要的，人家会认为你们机构是很高大上的，晓得啊?”但是照片往往也是会骗人的。就在前两天，机构和一个书店联合举办有关读书的活动，为了方便起见，楚亚红决定直接将这一活动和本该在周六上午进行的给外来务工人员子女补课的项目一起办，反正只要把照片提前拍好就行。于是，本该给外来务工人员子女补课的活动在拍好照片之后就换了个条幅，一转身就变成了关于读书的活动。此外，活动还请来了当地比较有名的记者照相。记者到了之后，楚亚红赶紧让学生们停下写作业的手，由记者指挥摆好造型，现场不一会儿就响起了一阵咔嚓声。记者很快就拍完了照片，在楚亚红的“护送”下离去，剩下一群不知所措的孩子。几天之后，该市一个公益组织的微信推送中就出现了那天由该名记者拍摄的照片，并配有文字“某市 M 社工服务机构举办‘小小少年读书节’活动，孩子们在教室中认真读书”。事实上，关于为什么要照相、照片被用到了什么地方、家长是否允许照相，无论楚亚红还是机构员工或是实习生、志愿者，都从来没有人跟孩子们以及孩子的父母们说起。用楚亚红的话讲：“这些孩子们喜欢的咧，人家评奖评优要用的哇，喜欢得不得了，学校要求社会实践的呀。”

一次，楚亚红表示明天的项目活动可能会缺少一些帮手，希望吴聪帮忙寻找一些志愿者。吴聪想到班里有同学一直希望来机构当志愿者，于是召集了几个同学兴高采烈地去了项目场地。到了那里，他们却发现并没有任何开展项目的迹象，反倒是现场出现了三条横幅。项目主管要求大家围成一个圆圈入座，然后让大家做了几个游戏，只听身后不断传来照相机“愉快”的咔嚓声。几个游戏之后，主管换上了另外一个横幅，又让大家摆出各种友好的姿势，伴随着的依然是相机的咔嚓声。接下来是第三个横幅……不一会儿，活动就结束了，楚亚红满意地看了看手里的相机，又随手设计了几个动作让大家做并拍了下来。

在回学校的路上，同学们拍着吴聪的肩膀戏谑：“合着不是让我们来当志愿者，原来是来当模特的呀！”吴聪心里很不是滋味。机构负责人楚亚红就是用这样的手段在外面宣传，平日里在邀请媒体来为机构做宣传时，会事先把一些华而不实的物品摆出来，等媒体走了，又把商场打折时买的廉价活动物品拿出来继续使用。更让吴聪感到愤怒的是，这些照片常常被机构和负责人用来对外宣讲，比如给学校社工专业学生介绍，给民政局领导介绍，给其他机构人员介绍，给参加活动的案主的家人介绍，给社会其他一些人士看。当然，很多时候都要添油加醋地介绍机构做了哪些事、取得了哪些成果，就连负责人自己都说，我们就是要营造出这样一种“我们机构很火，我们机构活动很多很丰富，我们机构来参加活动的案主特别积极，想要来实习的学生很多很多，天天求职邮件不断”的受欢迎的形象，这样民政局才会不断给我们拨钱。其实这些活动的背后，并没有太多实质的内容与意义，有些就是为了配合拍些照片，过分夸大了机构的能力与影响。而机构负责人楚亚红却凭借这个获得了不少荣誉，领取了不少奖励，深得社区负责人的信任。

在社工机构实习了一段时间后，吴聪还发现，机构最近有一个聋人家庭的项目，按计划，每次活动的服务对象是 8～12 个，可是实际上，每次活动只有 4～6 人参加。于是，机构用增加活动次数的方法来弥补人员不足的问题。有时候，机构会把所有活动都安排在周六一天之中进行，这一天会做好几场活动，做一次活动换一个横幅，以这种方式来“完成”当初项目策划书上的活动要求。

为了应付政府派来的评估小分队，机构更是自己制作反馈表，然后由不同的实习生以孩子的角度来填那些反馈表。一张问卷基本就只有五六个问题，问题的内容也比较通俗易懂，比如对活动满不满意、对社工满不满意、手工剪纸活动对自己的帮助大不大等等。孩子们的问卷如此，家长的问卷也是如此，但即使如此简单，包括一些中期家长反馈表等在内的评估措施，也基本全都是靠机构员工和志愿者自吹自擂而来的。从签到表上名字的造假到每次实到人数的造假，再到最后活动意见反馈表的造假，不知道还有没有人记得社工价值和职业伦理的存在。

吴聪对于这样弄虚作假的行为感到鄙夷，但有时候却感觉不得不忍耐。对于机构的要求，他总有种无力感。抛开自己的职业和职责不说，他只是一个普普通通的人，有着自己所遵从的底线和原则以及自我接纳和包容的前提，若是一味地迁就机构、突破自己的底线，久而久之，他还愿意接受这样的自己吗？为了生活？为了工作？为了所谓的一份安身立命的工作做着违背自己初心的事，这样真的值得吗？这样的社会工作者是我们想要的吗？

向左走，向右走

在对有限资源的分配中可能涉及的伦理问题的梳理过程中，我们不难发现，由于自控不足、监管不力以及其他方面的原因，政府原本打算用于特定服务对象的资源被误用、滥用甚至挪用了，机构内部活动物资瞒天过海般地作假、对工作人员（包括社会工作者和志愿者）人力资本的压缩甚至克扣剥削导致了机构出现财务混乱的情况。有限资源分配实际上是针对不同服务对象间资源的分配，而现在看来，则是项目资金尚未完全抵达服务对象。

面对如此情境，社工刘欣然从当初的懵懂到最后的疑问和觉悟，兜兜转转，一直困于不同却相似的伦理抉择，即忠诚于机构还是忠诚于社会，揭发机构还是保持沉默。社工刘欣然在揭发机构和保持沉默之间也做了很多的心理斗争：是对机构负责人知法犯法行为的漠视，还是对以社会利益为重的不以为然，抑或是对于自己力量微薄无力抗争的逃避？倘若刘欣然挺身而出，检举机构的违法行为，好的结果是，机构被查处，负责人被惩罚，给同行起到警示的作用；另一种结果是机构只是受到处分，而刘欣然被行内其他机构排挤而无法立足于社工行业。在这两种假设中，刘欣然好像并无实质性的获益，而且还要担负失业和重新就业的风险，趋利避害的本能也会使刘欣然沉默。这也从侧面反映了社会监管渠道的不透明甚至堵塞所造成的社工行业内部缺乏自我监督、自我揭发检举的事实。在这之外，或许还要反思，这种情况的持续效应是否已经间接或直接导致了社会工作者自身的伦理反思能力的钝化，以致出现了无力抗争之后漠不关心的“刘欣然们”？

面对现在的环境，我们该如何选择？政府、机构、社工、教育者分别承担着什么样的责任？什么时候社会工作的发展不再是“皇帝的新装”？

二 教学笔记

（一）摘要

M机构是楚亚红成立的社会工作机构，虽然成立时间较短，但近几年却在行业内多次获得荣誉。在一次私人聚会上，实习生们开始抱怨被克扣实习工资的事情，接着便历数机构种种违规操作，如服务过程不规范、活动造假等。机构社工刘欣然也想起机构财务造假、克扣实习津贴、策划造假等事情。她一方面为是否应立即辞职而纠结，另一方面也为行业发展以及个人梦想受挫而担忧。

（二）教学目标

该案例较好地展现了社会工作者和实习生在机构工作时较为常见的伦理困境。由于社会工作行业发展起步较晚，一些地方政府缺乏对于社会工作服务的有效监督，机构服务造假的现象常有发生，而社会工作者和实习生往往也在自愿或者不自愿的情况下参与了造假行动。这样的行为不仅会对社会工作者和实习生个人发展带来危害，而且会对社会工作者个人的价值和感情造成伤害。有些人会采取相应手段维护个人权益，阻止机构违背伦理的行为，但也可能会陷入另外一层困境。

（三）教学计划

本案例可以用于社会工作伦理课程，适用于社会工作专业硕士课程。

此案例的故事比较长，在进行案例介绍时，教师可以直接引导同学们对案例中出现的违反法律法规和社会工作伦理的行为或现象进行总结，并请同学们发言，发言时需要解释机构违反了什么法规或者伦理原则，同学之间可以相互补充。在开始正式讨论前，教师也可以请一些同学简要谈谈自己对于案例的看法。通过这些讨论分享使得案例中的问题更加聚焦，并能够选择重点。

本案例计划安排教学时长为2课时（共90分钟），以下是教师课堂教学安排表，教师可以将其作为教学参考。

课前准备	课前案例阅读	
课堂中	案例回顾	15 分钟
	个人发言	5 分钟
	小组讨论	20 分钟
	集体发言	40 分钟
	知识梳理总结	10 分钟
课后巩固	课后思考与应用	如有时间可自由发言

（四）启发思考题

（1）当个人权利和案主利益冲突时，你会怎么做？

（2）如果你是机构的社工，当你发现项目的参与人数下降时，你会怎么做？

（3）是否可以依照负责人的指示随便书写策划书？

（4）遇到机构评估资料和账目造假该怎么办？

（五）问题分析

1. 在本案例中，机构的实习生们在和机构项目主管的聚餐中提到要一起辞职来应对机构对自己的不公正待遇，但是突然集体辞职显然会对机构的服务对象造成伤害。如果你是正好在聚餐现场的实习生，也遇到了克扣工资的情况，你会怎么办呢？如果你是机构的正式员工，你会怎么做呢？

在工作中，社会工作困境的类型是多样的。有学者将困境分为目标冲突导致的伦理困境、忠诚冲突导致的伦理困境、责任冲突导致的伦理困境、角色冲突导致的伦理困境、利益冲突导致的伦理困境。①

教师可以请同学们判断一下，当前的伦理困境是什么类型的伦理困境，是由什么因素造成的。有同学可能会说，当前的伦理困境是案主利益和个人利益冲突造成的，案主需要得到及时的服务，而社工应该得到与劳动相符的收入，二者产生了冲突。也有同学可能会说，当前的伦理困境是社工扮演多重角色造成的，社工作为专业人士和作为机构职员的身份发生

① 唐梅，曹玲．社会工作伦理．北京：中国社会科学出版社，2015：27-28.

了冲突。答案是不固定的，言之有理即可。

在了解清楚冲突种类和产生的原因后，教师可以引导同学们思考：在本案例中，社工在维护个人利益时，是否有必要考虑案主的利益呢？可能有同学认为只有在雇佣关系存在时，社工和案主之间才存在专业关系，所以应该首先解决雇佣关系中的问题，才能更好地处理专业关系。也有同学认为，社工不仅对于案主和机构负有责任，对于整个行业也承担着一定的义务，突然辞职不但影响案主和机构的利益，也会对专业形象造成损害。

在同学们表明基本观点后，教师可以请同学们回到当前的议题：如果你是在聚会现场的实习生，当其他人提出全体辞职的建议时，你会怎么办？如果你是机构正式的社会工作者，你会怎么办？有同学可能提出自己会劝说这位实习生不要冲动，提醒他对于机构和行业的责任，建议使用更温和的方式去维护权利。也有同学可能会说自己会对机构负责人表明辞职意愿，并要求机构在一定期限内招募其他实习生，待工作交接完成后自己会正式离开。还有同学可能认为，因个人身份的不同，处理方式也会不同。社会工作者与实习生相比，对于机构承担更多的责任，也拥有更高的威信，应该迅速稳定局面，促使大家放弃直接辞职的想法，并且在后期与机构负责人协商，做好补救工作。

2. 如果你是机构的社工，当你发现项目的参与人数下降时，你会怎么做？

在项目执行过程中，往往会遇到服务对象减少的情况，一些社会工作者可能会多次邀请服务对象，或者是在活动结束后与一些服务对象进行更多的交流，试图对服务对象施以人际关系压力，却难以意识到这种行为已经违背了社会工作的伦理要求。

教师在引导学生时，可以先请同学们回答，案例中的负责人在遇到项目参与人数减少时是怎么做的——我们可以发现负责人采取的方式是给校长和老师打电话，让他们给案主施加压力，或者多次给案主打电话。教师也可以让同学们分析为什么这样的行为违背了社会工作伦理原则。经过思考，同学们会发现，直接对案主施加压力往往能够在一定程度上更方便和快捷地增加活动参与人数，而改善自己的服务往往更加花费精力。但为服务对象提供更优质的服务是社会工作者应尽的伦理义务，不能为了个人的便利而损害服务对象的利益。

3. 如果你是机构的社工，机构负责人告诉你，在这次公共服务招标会上自己有很大把握中标，你只要随便写个策划书，数据编一编就可以，你会怎么办?

在我国，社会工作发展时间较短，地区间发展也不平衡，一些地区缺乏对于社会工作机构的监管，造成在服务设计和运行过程中，违背操作规范的行为较多，社会工作者在面对机构要求和个人职业道德的冲突时常常陷入困境，如何处理这个困境也值得我们讨论。

教师可以先让同学们思考一下：为什么项目设计的方案质量较差，甚至会出现数据造假的现象？有同学可能会认为，项目设计不严谨的原因在于机构负责人缺乏对于社会工作伦理的了解和坚持。也有同学可能认为，政府缺乏足够的监督，没有制定合适有效的标准，甚至一些标准和偏好直接促使机构更倾向于用造假来完成工作。还有同学认为，社会工作者没有坚持按照项目计划书的书写标准来要求自己，助长了服务方案设计数据造假的现象。

在同学们对项目设计方案问题有较为全面的了解之后，教师可以询问同学们：如果你是机构社工，机构负责人授意你随便写个项目书去申请资金，你会怎么做？同学们可能会说自己仍将坚持按照规范去书写策划书。教师可以追问：如果机构负责人给你的时间非常短，你会怎么做呢？有同学可能说自己会积极地与机构负责人沟通，说明制定好项目方案对于未来工作的好处，并主动承担工作。教师也可以提醒同学们，在遇到政策问题时，社会工作者有责任进行政策督导，尤其是在我国社会工作发展水平较低的现实下，一些政府官员可能对社会工作不甚了解，需要社会工作者发挥自己的能动性，提出意见和见解，为政策改革贡献力量。

4. 如果你是机构内的社工，机构负责人让你在整理评估材料和制作财务报表时造假，你会怎么做呢?

在开始讨论之前，教师可以先询问同学们在实习机构中是否做过准备评估材料和制作财务报表的工作；也可以请有经验的同学描述一下自己是怎么完成评估材料和财务登记的，其中是否有不合乎专业规范的地方，如果曾遇到不合乎规范的地方，自己是怎么处理的。

一些同学可能会说，自己拒绝了整理评估材料和制作财务报表的工作，由其他人来完成。教师可以追问：那其他人的操作合乎规范吗？如果其他人也没有按照社会工作操作规范来完成工作，那自己是否完全尽到了义务？是不是只要自己没有参与造假就可以了？

也有同学可能会回答，自己按照机构负责人或者其他人员的授意书写了评估材料和财务报表。教师可以请大家思考：如果评估材料造假，会产生什么风险？有的同学可能会说该行为违背了诚实守信的原则，不利于机构的长远发展，也可能在未来损害案主的利益。也有同学可能会说造假行为不利于社会工作行业长远的发展。教师可以提醒同学们，违背专业伦理对于社会工作者个人也是有风险的，如果监管部门追究责任的话，个人和机构都会受到相应的处罚，也会根据情节严重程度追究责任，所以请同学们在实习或者工作时注意保护好自己，不要参与服务工作的造假。

（六）关键点

本案例分析的关键点同样涉及诚信这一基本问题。机构什么样的操作是违背专业伦理的？当我们面对这样的问题时该怎么做呢？当个人权利和案主利益冲突时，该怎么做呢？

（1）机构常见的违背伦理的行为有哪些？

（2）伦理困境的类型有哪些？

（3）伦理困境产生的原因是什么？

（4）伦理困境对服务对象、机构和个人的影响是什么？

（七）参考文献

唐梅，曹玲．社会工作伦理．北京：中国社会科学出版社，2015.

纠结的抗逆力提升项目

一 案例介绍

第一篇：艰难的开端

忙了一下午的王云瘫坐在公交车上，噪声不绝于耳，她仍然回想着自己下午在教室努力给学生家长和班主任解释的样子，她不知道自己做得对不对，望着窗外的风景，她不禁回忆起项目运营的种种。

王云

王云（化名）是A社会工作事务所经验较为丰富的员工之一，在进行F项目之前已经负责过多个项目，也取得了很好的成绩，机构和服务对象对她的评价很好。这次，王云和机构的两个实习生李想、马晓一起负责F项目，王云为项目负责人。项目从审批下来到落地实施都是王云一手操持的，现在项目已经运营到中期阶段，各方面都在平稳运行。

A社会工作事务所

A社会工作事务所（以下简称A机构）是位于东部地区某市的社会工作服务机构。该机构成立于2012年，目前（2015年）有总干事一名、专职社工七名、实习生十几名，长期服务的志愿者有一百多人。机构督导为香港资深督导，拥有丰富的实务经验。机构的主要服务人群为青少年，且机构长期在该市流动儿童中开展各类一线服务，有较多服务经验。

F项目

F项目是2014年该市公益创投中标项目，由该市A机构联合某小学开展实施。该小学是一所民办打工子弟学校，在校学生都是没有本市户籍的青少年。该项目主要服务于该小学10～13岁的外来青少年，项目容量为160人，为在校学生提供个案咨询、小组活动、探访外展和工作坊服务。

专业社会工作者带领学生学习正确对待生活中的困难的方法，协助学生改掉性格缺陷，增强他们面对逆境的能力，使学生更加积极乐观，为学生的健康发展提供帮助。该项目通过在小学开展一系列抗逆力活动，帮助学生掌握抗逆力知识和技巧，进而帮助他们增强抗逆力，提升自我，以得到更好的成长。

流动儿童小学

该小学成立于2005年，至今（2015年）已经办学10年，学校接收的大部分学生为流动儿童。近些年来，学校师资力量不够成了限制学校发展的重要问题。此外，教学设备也比较落后，需要及时进行更换。该小学的学生也存在着社会融入困难的问题，许多学生觉得自己与城市格格不入，部分学生因为转学而导致学习成绩落后。2015年，通过对该小学的考察，A机构决定和该学校合作，为学生提供提升抗逆力的F项目。

一次偏离航线的谈话

2015年3月的一天，王云来到该小学校长办公室。因为之前和校长有过预约，所以她径直来到校长办公室门口，但得知校长正在开会，还要等30分钟左右。王云没有离开，在门外静静等候。这个项目已经准备有些日子了，不能在最后一步出现任何差错，一定要和校长协商好，想到这些，王云给自己打了打气。大约过了一个小时，会议结束了。校长看到等在办公室门口的王云，才突然想起了之前的约定，寒暄了几句就把王云引进了自己的办公室。校长姓王，看上去50岁出头，身体微微发福，眉头紧锁，似乎最近的工作不是很顺心。坐定之后，他渐渐平复了心情，对刚刚的迟到表示了歉意。王云简单自我介绍了一下，就提到了F项目。她解释项目的主要目的是提升学生的抗逆力，社工在项目期间会组织活动来帮助学生提高抗逆力，同时，项目也会为学生在其他心理或生活问题方面提供帮助，以促进学生心理的健康发展，希望学校在项目开展期间能提供场地，老师也能配合社工，在社工开展活动时提供一些支持。显然，王校长对社工还不是很了解。他向王云咨询了社工机构是如何运行的，是什么性质的一种机构，王云向王校长一一作答。王校长稍做思考，表示会支持该项目的开展，然后开始向王云说明学校的情况和学校最近出现的一些问题，聊天渐渐偏离了原先的F项目。

王云发现，王校长并不清楚F项目的意义，只是模糊地觉得通过社工组织开展一些活动，学生的抗压能力会提高一些。而且，王校长支持该项目的重要原因是认为这个项目能为学校带来一些可利用的资源。他认为，首先，学校师资力量缺乏，社工在开展工作之余，也可以为学生上课，壮大教师队伍；其次，学校大部分学生经济比较困难，社工可以号召社会人士为学生募集更多的社会资源，为学生捐款捐物；再次，学生如果有一些心理方面的问题，可以由社工来帮助解决；最后，就算社工不能代替老师教课，至少可以帮助学生补习一下功课，提升学习成绩。王云认为王校长转移了社工的工作重点，对于F项目反而并没有那么热衷。王云有意识地又向校长介绍了项目的具体运行和活动意义，校长还是没有对项目本身给予足够的关注，而是问王云："你们工作人员的素质怎么样？可以麻烦你们的工作人员帮我们代课吗？最近学校缺老师的问题已经困扰我很久了。你们过来也是为了孩子好，其实我们的目的是一样的。"对于王校长的提议，王云觉得自己毕竟有求于学校，不能直接拒绝。思考了一下后，她表示："我们还是会以项目的具体实施为主的，当然如果社工有余力的话也会为学生代课。"

就这样，王云与校长的意见基本达成一致：王云负责的项目在该小学开展，而项目的实施者要为校方提供免费的课堂教学。

在回去的路上，王云觉得今天与校长的会谈并没有达到预想的效果。校长已经年过半百，可能不能迅速接受新的事物或理念。在王云看来，抗逆力项目的实施对孩子是有深远的影响的，而校长似乎并没有看到这一点。王云觉得也许是自己表达不到位，打算过些天再到学校来和校长详谈，希望能够引起校方的足够重视。王云想，下次过来一定要做好更充分的准备，要带上项目计划书，因为关于活动的场地问题以及时间问题还没有和校长商量好。想到以上的种种，王云拿起手机给王校长打了电话，预约下一次见面的时间。两人约定3月中旬再针对项目的细节进行一次交谈，因为项目在3月底就要实施了。

让步与妥协

3月16日，阴雨蒙蒙，王云撑着伞又来到了学校。这次王校长没有安排其他事务，在办公室等待王云的到来。又是一阵寒暄过后，王云坐了下来，并且递了一份项目计划书给校长。王校长的心情似乎不错，夸机构的计划书做得不错。他来回翻动了几页，看得并不是很仔细。在王校长翻看的间隙，王云向校长说明了本次来访的主要目的，就是想谈一下活动具体的时间和地点安排的问题。

王云希望学校每周可以抽出一个半小时的时间让社工开展活动，最好不要占用学生的午休时间。王云提议利用每周五的最后两节课，王校长却不是很赞同。他认为学生的学习时间非常宝贵，利用学习时间安排他们做游戏显然不合适，要是家长知道学生在学校玩游戏而不学习，自己难辞其咎；况且这些学生来自不同的班级，最后一节课若有同学早走，其他同学就不能够安心学习了。他提议可以利用孩子们放学的时间开展活动。王云表示自己也是从学生时代走过来的，一两节课是不会影响学生学习的，况且项目开展的活动也不是单纯的游戏，而是要帮助孩子们提高抵御挫折的能力；再者，利用放学时间开展活动也很不明智，项目结束后正好赶上下班高峰，学生回家非常不安全，一旦出现特殊情况，项目方和学校都要承担责任。王校长沉默了一下，他也意识到利用放学时间确实存在安全隐患，但仍不愿意利用学校的上课时间来进行这个项目。就在两人僵持不下的时候，办公室响起了敲门声，进来的是四年级二班的班主任李老师。李老师和校长的关系一直不错，经常过来帮校长处理一些学校的事务。王校长便让李老师坐下来，和他们一起探讨项目实施时间等问题。王云把自己和校长的观点分别向李老师陈述了一遍，想征询李老师的意见。李老师是一位十分较真的人，非常在意学生的学习成绩。对于王云说的想利用周五的上课时间来开展活动，他和校长一样坚决反对。他认为虽然学校目前缺老师，但是也不能耽误学生的学习时间。农民工子女本来学习基础就比较薄弱，现在不努力便很难赶上城里孩子。王云明白自己在时间安排上显然说服不了他们，转而问如何解决学生活动结束后的安全问题。李老师表示活动结束后可以让家长过来接学生，这样就不会存在安全隐患了。校长非常赞同，并且提出每周五社工可以提前过来，帮助老师给学生上课，还能给学生答疑解惑。对于校长的提议，王云表示回去和其他社工商量后再做答复，会尽量抽出时间给孩子们上课。

李老师下午还有课，便先行离开。王云接着询问校长有没有固定的活动教室或者场地。王校长表示学校没有专门的活动教室，但是教室、学校会议室、室外的操场等可以供社工开展活动用。王云认为教室太小，且要挪动桌椅，耽误时间；本市经常下雨，在操场开展活动也多有不便。她不希望在场地问题上出现意外，最后只剩下会议室符合要求。王云提议王校长带自己去参观会议室。会议室看起来比较宽敞，桌椅、话筒、投影等都可以使用。王云希望以后项目尽量在会议室实施，却被校长告知学校周五可能会在会议室开会，如果开会的话会提前通知王云，到时候再想别的办法。王云只能接受这样的安排。

活动时间安排的复杂性、场地的不确定性为开展F项目增加了许多困难。王云回去之后，把学校的情况告诉了和自己一起做项目的实习生李想和马晓，两人对此也感到很郁闷，每周五他们不得不提前到学校给学生讲课。授课的时候是老师，授课结束了还要立刻转换角色变成社工，他们担心自己心有余而力不足。王云也很为难，自己当时是真的难以拒绝校长的恳求。她想，既然答应了，以后就要认真完成，但是，一定要以开展项目为主。

在后来的项目开展过程中，问题还是出现了。一个下午，李想和马晓给孩子们上完课，拖着疲惫的身体走进了会议室，准备开展活动。这时，学校的一位工作人员却告知他们学校要开全校教职员工会议，需要使用会议室。李想和马晓感到意外而不知所措，校方居然仅提前10分钟通知他们需要使用会议室，现在唯一的方法就是赶紧找到其他的活动场所。马晓看着室外潮湿的地面，说："今天室外肯定不行了，地面还有积水，不利于活动的开展，只能去找一间教室了。"于是李想和马晓兵分两路，一个负责找教室安排场地，一个负责通知学生地点有所改变。后来，虽说活动还是按时开展了，但是由于场地的限制，并没有达到他们想象中的效果。对于校方没能及时反馈场地信息，他们感到非常郁闷。关于场地的问题其实还不止这些，社工希望在一个比较封闭、安全的地方开展活动，但是不论是会议室还是临时的教室，活动在开展的过程中总会受到外界的干扰。比如有的老师会过来旁听，他们觉得这和上课没什么区别，可以看看学生到底有什么表现，有的是好奇社工究竟会为孩子们做些什么，也有其他的一些学生会留下来站在窗口观看，有的甚至制造一些杂音，这些问题都很让人头疼。

学习、成长，一场理念的混战

下午开展完活动，王云和李想、马晓在整理会议室的桌椅，四年级一班的班主任黄老师敲门而入，一起来的还有两位学生家长。原来，这两位家长的孩子是黄老师班上的学生，他们近期学习成绩有些下降，一位家长觉得这和他的孩子参加项目有一定的关系，另一位家长也这么想，他们决定今天一起过来找班主任谈谈。黄老师对此也是左右为难，本来也很难说清楚学生成绩下降究竟是什么原因，总不能就一口咬定是因为参加项目活动吧。毕竟，班级里有的学生自从参加项目后成绩是有所提升的，并且平时的表现也越来越好了。迫于无奈，他把两位家长带了过来，希望大家一起来谈谈。

这个情景使王云不禁回想起项目开展之初的情形。那时，王云认为有必要获得家长和班主任的支持。在项目安排基本上确定之后，王云决定和参加项目的四个班的班主任以及一些家长代表进行一次谈话，把F项目向老师和家长简单介绍一下，同时征得老师和家长的支持，以便项目更好地开展。

会议之初，大家都在耐心听着王云的项目汇报。王云先就F项目的目的、活动过程、意义做出了说明，然后请大家相互讨论，提出问题。其实，大多数家长对项目的具体内容和意义还是不够了解的，而且也不信任社工的服务。但是当他们听到政府出资支持这个项目时，便也没有提出反对的意见。家长们觉得，做这些总是有利于孩子成长的，不失为一件好事。四年级的一位班主任提出质疑。他认为F项目主要是为了提升学生的抗逆力，虽然很有意义，但是，每周都会有活动，且每次活动的成员相同，这样会耽搁学生许多时间，学生当前的任务主要还是学习，最好能帮助学生把成绩提上去。一些家长附和，要求活动在不耽误学生学习成绩的前提下进行。另外，有的家长向社工反映自家孩子不能融入班级，希望社工也能帮助孩子融入班级、融入学校。大家你一言我一语，会场立刻变得混乱起来。很多家长都担心活动的开展会影响自己孩子的学习，自己辛苦在外工作就是为了孩子能够上更好的大学，将来不像自己这么辛苦。为了提升孩子的成绩，他们还特地请了大学生家教。他们虽然知道这个项目有利于孩子身心健康发展，但是也绝对不希望孩子因为参加项目导致学习成绩有所下降。有家长提出来，能不能给孩子们多点额外的课堂辅导，其他家长听了纷纷表示赞同。

王云面对家长以及老师的种种疑虑，情绪也开始变得激动起来。她表示自己不能确保每个孩子的成绩都不下降，这里面有太多的不确定因素。社工机构为了开展这个项目已经做了很多的工作，希望家长们能够给予足够的理解和支持。王云意识到，家长关注最多的还是孩子的学业问题。她只能暂时答应家长，机构会尽量给孩子们进行额外的课堂辅导。

回到现在，面对家长的质疑，王云，甚至李想和马晓也有些困惑，毕竟他们一直在负责这个项目。他们觉得，项目是以小组的形式开展的，很难顾及每一个学生，他们也不希望学生成绩退步。王云告诉过李想和马晓，一定要想办法保证所有参与者都完成这个项目，不希望中途有成员退出，因为一旦有人中途退出，就会影响整个团队。面对家长的质疑，他们只好向家长保证会尽量给这两个孩子多一些关注，在活动之余尽力对他们进行课业辅导。

第二篇：应该忠于谁?

转眼，F项目已经进行到第三期。就在整个项目逐渐走上正轨，效果也开始显现的时候，原先的项目负责人王云却不能再继续参与项目了。此时，政府要对A机构去年承接的公益创投的另外一个项目进行绩效审查，王云是这个项目的负责人，并且有较多的经验，需要花费精力整理项目资料，无法继续执行F项目。

机构总干事赵黎明是本地人，大学毕业后在一个劳工群体组织做志愿者。虽然本科所学专业并不是社会工作，但是出于对社工这个新兴行业的兴趣和创业的热情，加之当地政府在政策上对社会组织的大力扶持，他和几个朋友共同建立了A机构。经过几年的发展，机构的运行已经走上正轨，逐渐在行业里脱颖而出。不久前，赵黎明参加了由市民政局举办的社会工作督导培训班，并且随队参观了香港、深圳的社会工作机构，学习其发展模式及成功经验。培训结束后，赵黎明对机构的发展现状进行了思考。他觉得机构的发展虽然已经走上正轨，也承接了大量的政府购买服务项目，但在专业化上还有所欠缺，所以决定以F项目为契机，提高项目运作的专业化水平。

谁来接手项目?

为了让项目继续开展，赵黎明不得不另外寻找一名专业知识比较扎实的人负责该活动。但现实情况是，目前机构开展的项目较多，每一个专职人员都在负责一到两个项目，谁都没有办法抽出精力。到底应该由谁来负责F项目第三期活动，赵黎明左右为难。除了几个专职社工，机构里还有十几个实习生，虽然都是社工专业出身，也都参与过项目的开展，但负责一个项目和辅助项目是两回事，在做好活动的同时更重要的是协调好各方面的关系，在保证活动顺利进行的同时，也要确保活动达到预期效果。经过再三思考，赵黎明最终决定由机构内的实习生马晓负责第三期活动的开展。

几天后，赵黎明找来负责项目的社工王云，征求她的意见。王云提议由机构的实习生马晓来担任第三期活动的负责人。马晓恰巧也是赵黎明考虑的人选之一，马晓平时的工作表现深得赵黎明和机构员工的认可。赵黎明觉得马晓虽然还只是个本科生，实务经验有所欠缺，但在这批实习生当中表现比较突出，而且实习时间也比其他人要长。尽管把项目交给一个实习生不太让人放心，但现在人手不足，而且考虑到F项目已经开展了两期，整个活动已经粗具规模，也只能暂时如此。

实习生马晓是一名即将毕业的本科生，所学专业是社会工作。马晓对所学专业认同感很高，打算毕业后从事社工职业，初期希望在A机构从事一线工作积累经验。马晓利用专业实习的机会联系了该机构，开始实习。自马晓实习以来，机构负责人赵黎明及其他员工都对马晓的表现十分满意。赵黎明觉得马晓的专业知识基础比较扎实，工作热情也很高。恰在此时，需要确定F项目第三期的负责人。赵黎明希望让马晓负责项目第三期活动的开展，这对马晓而言既是一个挑战，也是一个提高工作能力的好机会。在得知赵黎明的决定后，马晓内心感到有些不安。

马晓觉得自己还只是一个实习生，虽然来机构工作的时间已经有半年多，但还没有独立负责过项目；虽然自己在专业学习方面一直比较努力，但毕竟缺乏实务经验；而且这个项目是关于青少年抗逆力提升的，自己本身对项目的相关理论不是很熟悉，在本科的专业实践中也没有接触过类似的活动，这也增加了自己负责活动的难度，一旦在活动中出现什么纰漏，对自己和整个项目以及机构都会有影响。另外，马晓最近也听到有实习生对这期活动负责人的任命问题议论纷纷，她怀疑自己能否胜任负责人的工作。思考再三，马晓决定再和赵黎明谈一谈，说清楚自己的困惑。来到赵黎明的办公室，马晓开门见山说明了自己的想法，希望赵黎明能够重新考虑让自己负责第三期活动的决定。赵黎明斩钉截铁地告诉马晓，现在机构里人手不够，专职人员都有自己的工作，把项目加给他们负担太重。赵黎明表示把这期活动交给马晓是对她的信任，也是给她一个成长的平台，况且交给她的只是项目中的一期活动，项目开展到现在已经形成一定的模式，没什么可紧张的。听完赵黎明的一席话，马晓答应试一下，心里却还是不太情愿。

离开赵黎明的办公室，马晓心里仍然觉得不安，认为自己的能力还不够。于是马晓去找负责项目的社工王云进行了一次交谈。她向王云说出了自己的想法，希望王云能给自己提出一些建议和帮助。王云是F项目的负责人，同时也负责机构里的财务管理。在机构成立之初，王云就是机构的一员，是机构里资历较老的一位，而且工作经验也比较丰富。马晓在刚进机构实习时，就由王云担任她的指导员，因此两人私下里关系很好，经常在一起交流。王云觉得，目前机构正在进行的项目较多，同时又要接受较多的审查，人手不足，很难抽出专职社工负责活动的开展，而马晓已经在机构实习了较长的时间，也参与了项目第二期的活动，对活动内容和流程比较熟悉，应该可以负责第三期的活动。并且，项目已经开展了两期，整个项目的运作过程已经比较成熟，如果有问题，马晓可以向之前的活动负责人王云请教。另外，王云曾私下里和赵黎明交流过，两人都对马晓非常认可，希望让马晓多参与机构的工作，如果马晓有意愿留在机构，毕业后可以直接应聘到机构继续工作。于是王云鼓励马晓尝试一下，毕竟不管是刚毕业的，还是工作了几年的，总归是要有个开始的。早点开始对马晓的个人成长也是有好处的。既然机构领导把这期活动交给马晓，就是相信马晓的能力。而且独立负责一项为期 5 周的活动，对马晓来说是一种很好的历练。项目已经开展了两期，马晓自己也参与了之前的活动，就算遇到困难，也可以找大家一起来解决，没什么好担心的。王云最后又建议马晓，如果有什么疑惑，可以和负责人当面谈谈。听完王云的话，马晓心里踏实了不少。

和王云谈完以后，马晓整理了一下自己的思绪：虽然当赵黎明要自己负责第三期项目活动时，自己心里有一些担心和慌乱，特别是听到了周围人的议论后，更加深了对自己能力的怀疑，但其实自己心里还是有一点激动的，毕竟自己也希望能有这样一个尝试的机会。既然负责人把这次活动交给了自己，自己也应该有信心才对。

理想与现实的碰撞

放下了心里的包袱，马晓决定尽全力把第三期活动组织好——就算没有百分之百的把握能带头做好这期活动，但是至少可以付出百分之百的努力。第三期活动开始的前几天，马晓一直忙于收集与活动相关的各种资料，并向之前的活动负责人王云询问需要提前准备的东西和注意事项。在活动准备阶段，首先要确定参与活动的小组成员名单。根据之前的经验，在开展活动之前要进行一次调查和需求评估，找出需要参加项目的候选人员，再根据需求程度筛选出最终的小组成员。为此，马晓用了几天的时间参考之前的需求问卷，查阅相关资料。然而，就在马晓准备联系学校进行需求调查的时候，出现了一些小的意外。

这天，马晓一进机构就被赵黎明叫住了。赵黎明随即递给她一份名单，望着手里的名单，马晓满心的疑问：这些孩子是怎么选出来的？他们是合适的人选吗？他们需要这些活动吗？没等马晓开口，赵黎明就发话了：名单上面是前两期活动的候选人员，立即从名单里选出小组成员，确定成员名单，活动也要抓紧时间开始。由于即将面临期末考试，学校一早就打来电话，要求对第三期活动的时间进行调整，之前每周两次的活动安排被改成了每周三次，而且整个活动时间被压缩和提前。按照学校的要求，第二天就开始活动，现在已经没有时间做调查和评估，只能临时从前两期活动的候选名单中挑选小组成员，而且活动的准备工作也要立即完成，不能耽误第二天的活动。

回想起这几天一直在做的工作，马晓不知道心里是什么滋味。众所周知，社工服务中前期的需求评估是很重要的。俗话说好的开始是成功的一半，如果不做好需求评估，怎么知道哪些人需要服务、多少人需要服务、服务对象对项目的兴趣有多大？如果不考虑服务对象对项目有多大的需求，后面的工作很可能都是徒劳的。况且，为此马晓特意咨询了之前两期活动的负责人，服务对象是如何筛选的，怎么选取合适的量表等。她翻阅了这么多资料，制订了自己的工作计划，想给自己这一战开个漂亮的好头，到头来一句时间不够，所有的前期工作就都不需要了，马晓不知道这是喜是悲。

赵黎明离开后，马晓一直在不停地思考，自己到底应该怎么办。按照赵黎明的意思，就这样随便选几个人出来也挺好的。既然名单都已经有了，就没必要再做需求评估，而且本来时间就很紧张，还有好多准备工作要做，没必要在这上面耗费精力。况且，是学校和机构要求自己不做需求评估的，自己也不用承担什么责任，没必要给自己找麻烦。但马晓转念一想，自己第一次负责整个活动，就这么草率地决定成员名单，也未免太应付了。如果从一开始就没有认真对待，那后面整个第三期活动的质量就会大打折扣。马晓认为，前两期的活动都与这一期有差别，用之前的需求评估结果可能不太合适。既然前期已经做了那么多工作，为什么不去和机构领导争取一下，说不定赵黎明会支持自己。毕竟机会难得，马晓还是想把事情做到最好，不然总觉得愧对自己学了几年的专业。只要可能，就要去争取。马晓决定还是要先沟通一下，对于任何事情，只有通过沟通，才会知道别人是怎么想的。

完成了活动的准备工作，马晓带着查阅过的资料和做好的问卷来找赵黎明，希望可以重新进行需求评估选择服务对象。来之前她在脑海里预演了很多可能的情形，比如如果赵黎明不同意该怎么说服他，甚至想好了自己去和校方负责人进行沟通。但是赵黎明表示和校方沟通无果，毕竟学生的学业是首位的。赵黎明无奈地告诉马晓，校方负责人说学校要进行期末考试，需要预留时间给学生复习，老师不希望学生再去参加活动影响复习，所以活动周期必须缩短，不但没有时间给他们重新做问卷调查，而且原本一周两次的活动很可能增加到一周三次。所以，为了完成这一期的项目计划，机构这边只能对活动做出调整。听完赵黎明的话，马晓的心情失落到了极点，甚至有些后悔当初答应负责这期活动。但马晓心里也清楚，自己没有办法改变学校和机构的决定，再争取也是徒劳。最后，马晓只好放弃自己几天来辛苦做好的问卷，按照赵黎明的意思，草草地在名单里挑选了几个学生作为最终的小组活动成员。

然而，麻烦没有就此结束。项目计划书里明确要求机构在开展小组活动的同时，也要开展规定数量的个案服务。马晓并不抗拒个案服务，他本科有过相关实践经验，熟悉个案服务的流程。但是马晓觉得一周三次的小组活动任务已经非常繁重，没想到还需要完成一定数量的个案服务，而且个案所需要的时间很有可能无法和项目周期同步，怎么在一个活动周期内完成指定数量的个案服务，马晓觉得很费解。于是，马晓又找到王云，向她请教开展项目里的个案服务的经验。出乎马晓意料的是，王云告诉马晓，她只在每次活动开始前找几个孩子随便聊聊，回来写成个案报告，没有做其他服务。马晓觉得难以置信：没有对接受个案服务的孩子进行实质性的指导，仅仅是聊天而已，这样怎么能算个案。王云有些无奈地说："这也是没有办法的事情。标准的个案要视服务对象的具体问题而定，会持续进行几次，但一期活动只有一个多月的时间，这么短的时间要完成项目要求的个案数量是很困难的。而且关于个案工作室，我们同学校交涉过，但是学校是一个农民工子弟学校，本身条件非常有限，无法给机构提供专门的个案工作室。"王云建议马晓，本来开展个案就有困难，现在第三期活动又要压缩时间，就不用太认真了，只要把个案记录写好就行了。对于政府购买的服务项目，项目指标一定要完成。马晓感到有些不理解，找几个孩子聊聊天，写完个案记录就算是完成了个案服务，这不仅仅是应付，这是对参加项目的孩子不负责任。马晓决定再去找机构领导赵黎明谈谈。但赵黎明告诉马晓，对于这方面机构也很无奈，因为现在整个行业才刚刚开始发展，连规范的个案表格都没有，至于平时都在做的这种辅导或者交流到底算不算个案，也很难进行界定。考虑到机构现在的条件，要做完整的个案还是有一些困难的，只能先通过这种一对一的辅导一步一步发展，逐渐开展完整的个案。完成服务量是政府的硬性指标，也没有别的办法。赵黎明又提醒马晓，第三期活动和学校的期末考试有所冲突，现在必须调整活动进度，因此不要在一些细节上太在意，只要能让活动顺利完成就可以了。

活动还没正式开始，马晓就遭遇了不少的麻烦事，给她原本高昂的热情浇了一盆冷水。马晓觉得，自己负责一期活动和之前跟着负责人做活动完全是两回事。虽然自己很想竭尽所能做好这期活动，但现实中总是有这样那样的困难阻碍自己。马晓感觉自己有些失望，也有些无奈。失望的是，项目还没开始，就和自己的初衷南辕北辙，自己心里有一种挫败感；无奈的是，自己没有办法改变现实的情况，只能够按照机构的要求去做。马晓又开始后悔自己最开始答应了当活动负责人。但眼下活动就要开始了，临时反悔找别人去做项目不太现实。马晓犹豫不定，不知道自己是该放弃还是该坚持。

第三期活动就要开始了，王云还是有些放心不下马晓，过来找马晓看一下活动准备情况。马晓把自己内心的苦恼告诉了王云，王云对马晓的苦恼表示理解，并且告诉马晓自己刚开始进入这个行业的时候也和马晓一样有很多的苦恼和疑问，但时间长了也就习惯这种情况了。王云安慰马晓，现在的项目比自己刚进机构那时候要专业得多，已经有了很大的进步。现在整个社工行业还处在起步阶段，必然有很多不完善的地方，如果想以后继续在这个行业发展，就要接受这些问题，不断地对这个行业做出改变。听完王云的话，马晓获得了些许安慰，决定还是继续把活动做到底。针对马晓的活动准备，王云又给出了不少建议；针对活动的临时调整，王云也给出了自己的一些想法，让马晓对后面的工作有了更清晰的思路。项目第三期活动开始前的这些风波算是告一段落了。

第三篇：由谁来决定?

马晓在开展项目的过程中担心的情况还是发生了，小组活动中的小宇非常不愿意参加活动，但是成员已经确定，如果退出会影响整个活动的进程。社工也很纠结，所以每次都是班主任和家长等人强迫小宇参加活动。

基本情况

小宇，今年 12 岁，独生子。妈妈是一名售货员，小学文化程度，平时只关注孩子的学习成绩，较少关注孩子的身心健康。小宇的老家在中部某省的革命老区，10 岁之前小宇一直和爷爷奶奶一起生活，父母则都在该市打工。去年，妈妈把小宇接到身边跟随自己一起生活，小宇也就转到该小学上学。现在，小宇和父母一起居住在该市的某个城中村。村里居民多和小宇父母一样，是外来务工人员。村里人员流动性较大，社区活动少，邻里之间互相不熟悉，互动很少。而小宇除上学外基本都待在自己家中，在社区中没什么朋友。对于爸爸妈妈的婚姻状况，小宇觉得父母整天吵架打架，爸爸经常出去喝酒打牌，他们对自己的生活学习状况根本不关心。小宇觉得妈妈对自己的关心完全是无用的，觉得自己已经是个大孩子了，有自己的想法，不想再听家人唠叨。对妈妈的任何话，小宇都很反感，哪怕妈妈是真的关心他。

每天下午放学之后，小宇都会自己坐公交车去参加补习班，待到八点钟，然后妈妈去接他回家。小宇非常不愿意参加补习班，经常会逃出去和朋友一起玩，具体是什么朋友，小宇不愿意透露，马晓猜测可能是一些社会上的朋友。据老师反映，他在上课的时候听课有些不认真，有时会有小动作，注意力不集中，而且影响其他人。妈妈说小宇看起来比较老实，挺聪明的，只是对学习有些不感兴趣。但从马晓与小宇的接触来看，小宇有些调皮，参加小组活动的时候他总是跟社工反着来，不配合社工的活动，并影响其他组员，导致其他人对他很反感。小宇的同学这样评价他：平时就调皮，爱捉弄人，欺负别人，爱发脾气。在马晓与小宇的个案访谈中，马晓发现小宇很内向，不愿意过多地与社工进行交流。这样比较起来，可见妈妈对小宇的了解并不是很深。平时在遇到问题的时候，小宇大多是自己解决，并没有向老师、同学还有家长寻求帮助。小宇平时在学校表现得很调皮，与其他同学的关系不那么融洽，班里同学都觉得小宇不合群，不愿意和他交朋友。于是，小宇总是受到同学的排挤。

被迫参加活动

小宇在参加小组活动的时候时常发生状况。在第一节活动中，社工给每个人发了一张纸牌，作为号码签使用，在这一节活动结束后的分享环节，小宇拒绝分享，并且不听指示，一直和自己身边的小伙伴聊天。社工在屡次邀请小宇分享无果的情况下，强迫他分享。小宇很生气地把手中的纸牌撕了个粉碎，扔在地上，并扬言以后再也不参加小组活动了。其他小组成员都指责了他。但小宇没有对自己的行为做任何解释，一怒之下直接摔坏了所有的物资，离开了小组。马晓从班主任那儿了解到，小宇学习成绩不好，上课不认真听讲，还总是捣乱。班主任觉得小宇平常很不合群，才想让他多参加活动；加上小宇家住学校附近，参加完活动再回家也不会很晚，就决定让他参加了。班主任没想到小宇在小组活动中的表现这么差，早知如此就不让他参加活动了。现在他已经报了名，既然无法换人，那就一定要劝他继续参加小组活动。

虽然也有考虑过小宇的意愿，但是为了项目以及机构，马晓每次在开展活动之前还是会格外留心小宇，让他来参加活动，尽管小宇内心对参加活动是非常抗拒的。

第二次发生状况同样是在参加小组活动的过程中。这一节活动的主题是信任，在主题活动“盲人之旅”中，小宇和一个女生分在一组，两人轮流做“盲人”。在小宇做盲人的时候，女生因为指挥不到位，使得小宇和其他小伙伴撞在一起，中间还摔了一次。小宇很生气，觉得这位女生是故意的，两个人发生了争吵，小宇一气之下动手把女生打哭了。其他小组成员纷纷指责小宇的行为，结果小宇当即离开小组，同小组其他成员的关系更加紧张。此时，整个第三期的活动才进行了一半而已，社工马晓不知如何安排小宇参加接下来的活动。

有一次小宇妈妈遇见马晓的时候向她表示非常希望小宇参加小组活动。马晓向妈妈透露小宇的表现不是很好并且也不想参加活动，这几次活动都是自己强制小宇参加的，小宇在活动中的表现很不积极，多次和其他组员发生冲突。希望小宇妈妈能够劝说小宇认真参加接下来的活动。

回到家后，小宇妈妈认真思考了马晓的话，质问小宇为什么在学校表现差劲，而且连活动都不愿参加，甚至一怒之下动手打了小宇，警告他以后的每次小组活动都要参加，自己也会打电话问老师参加的情况，如果不参加活动，就每天罚抄写作业。小宇本来就对妈妈很反感，现在她还强迫自己做不愿意做的事情，就更是生气。但是面对妈妈的打骂，小宇很伤心地被迫表示愿意参加活动。就这样在妈妈的“劝说”以及社工马晓每次的“围堵”下，小宇参加了后续的活动。

什么是正确的做法?

马晓决定找小宇了解他不愿意参加活动的原因。本想邀请其父母共同参与谈话，但小宇爸爸因为工作忙而一直推托。小宇妈妈很愿意参加，但是受工作时间限制也不是每次都参加。所以马晓和小宇每次聊天就随便选择一个教室，大概持续十分钟。

刚开始，马晓发现小宇独自坐在教室里玩玩具，在征得小宇同意后，便与小宇共同玩玩具。小宇表现得并不像在小组活动中那样调皮，愿意回答马晓提出的问题。多数时候他总是低着头，不时会有抠指甲、挠头的小动作，眼睛还不时向窗外张望。马晓与小宇进行了一个互动，希望能够引起小宇的兴趣。在游戏过程中，小宇比较容易接近，也能够配合马晓，不像在小组活动中那么调皮捣蛋。但小宇性格比较内向，在对话过程中，大部分时间小宇处于被动状态。马晓在与小宇的交流中了解了他的成长经历，发现小宇 10 岁之前没有和父母共同生活过，对父母没有太多感情，他并不是不愿意听长辈的话，只是很不适应陌生的父母。小宇表示自己渴望交朋友，但在学校基本没什么朋友，也不知道该跟谁交朋友，所以只能出去找朋友。

马晓和小宇聊过几次之后，发现小宇内心是孤独的，他想要得到关注和理解，但似乎总是事与愿违。之后的几次活动小宇也都来参加了，但在活动中的表现却不是很积极。马晓想，或许小宇在内心深处仍然是不想参加活动的吧。只是她觉得，小组活动或许能够帮助他成长，至少小组中有很多可以接触的同学，不然，他可能会更加孤独，或者会选择和社会青年玩耍。站在项目运营的角度来讲她也是希望小宇能够参加的，希望小宇能够更好地完成项目。但到底什么做法是最好的呢？

二 教学笔记

（一）摘要

A机构的社工王云前往一个民办打工子弟学校与校长谈论关于机构的“抗逆力提升”项目在该学校的实施事宜。虽然她发现校长对于项目的热情不高，反而希望社工们能够帮忙代课，但她还是勉强答应了。在项目实施时，活动时间、地点、空间封闭性等因素给王云带来了不小的影响，使她困扰不堪。在项目开展中期，机构忽然要换负责人，并选择了实习生马晓来负责该项目。马晓在接手项目时，因为需求评估和服务对象招募不能按照规范开展而沮丧。后期，她也因为服务质量和案主自决等问题感到苦恼。

（二）教学目标

这个案例较好地描述了在我国各地区，尤其是社会工作认知度不高的地区，社会工作开展过程中容易出现的伦理困境。该案例对于项目运行初期和运行中期常见的伦理困境都有描述，能够给我们在操作中提供更多指导。

在项目开展阶段，不是每个人都对项目无条件支持和欢迎，尤其是在中国目前的社会背景下，利益相关方往往很难去主动支持社工的项目，项目的开展往往是一系列利益相互博弈的结果。

（三）教学计划

本案例可以用于社会工作伦理课程，适用于社会工作专业硕士课程。

案例中呈现的一些现象可能很多同学在实习过程中都会碰到，教师可以请同学们分享一下自己是否遇到过类似的情境，具体是什么情境，最后的处理结果是什么样的。在同学们说明自己的情况后，教师可以请同学们比较一下自己的做法和案例中的做法有什么不一样，哪一种处理方式更好一点。本案例计划安排教学时长为2课时（共90分钟），以下是教师课堂教学安排表，教师可以将其作为教学参考。

课前准备	课前案例阅读	
课堂中	案例回顾	10 分钟
	个人回答	10 分钟
	小组讨论与发言	第一题：10 分钟 第二题：10 分钟 第三题：10 分钟 第四题：10 分钟 第五题：10 分钟 第六题：10 分钟
	知识梳理总结	10 分钟
课后巩固	课后思考与应用	如有时间可自由发言

(四) 启发思考题

(1) 如果你是王云，当校长提出希望社工能够帮忙代课时，你会怎么办?

(2) 如果你是王云，在和家长会面时，面对家长们的质疑，你会怎么做?

(3) 如果在开小组活动时，有老师过来旁听，你会怎么办? 这样的情况能不能避免?

(4) 如果你是马晓，当机构负责人让你运营项目时，你会怎么做?

(5) 如果你是马晓，机构负责人告诉你没有时间做需求评估，要求你直接开展项目活动，你该怎么做?

(6) 你认为谁对小宇是否参与小组活动具有决定权?

(五) 问题分析

1. 如果你是王云，当校长提出希望社工能够帮忙代课时，你会怎么办?

有了前面大家对于社工所有行为的讨论，一些同学可能会开始质疑王云答应校长给学校代课的行为，也有同学或许会对她的做法表示理解，认为王云的做法也是可取的。这时让大家假设如果自己是王云，会怎么做。这个讨论的目的不是让大家一定要制定出合理的解决方案，而是让大家在面临伦理困境时，能够脱离简单的评论，更深入地分析和思考当事人所处的情境。

在案例中，我们需要更细致地分析王云所处的情境，并探讨具体情境冲突背后的原则和利益。更进一步说，我们需要探讨的是：伦理冲突中的利益相关方都有谁？利益相关方之间的利益如何发生冲突？

有些同学会回答，利益相关方有校长、王云、社工机构等，这时需要提醒同学们不要忽略了一个重要的群体，就是项目的直接服务者——小学生们。在对利益相关方进行说明后，需要分别解释各方的利益诉求。(1) 校长的利益诉求在于减轻学校师资力量方面的压力。(2) 社工机构希望能够顺利开展项目，获得更多的政府资金。(3) 同学们可能会发现王云的诉求是多样的：她作为社工，想要为案主提供更优质的服务；作为机构的员工，希望履行自己的职责，完成机构分配的任务，或许她还有维护个人已有威信的想法。(4) 可能有同学会回答小学生们需要提升抗逆力，这时需要提醒同学们，我们不确定社工是否针对小学生们做过严格的需求评估，所以不能直接说小学生们需要提高抗逆力，但获得优质的服务符合小学生们的要求。

在明确各方的立场和利益后，不难发现，伦理困境中最直接的冲突在于校长解决师资力量缺乏问题的需求和学生接受更优质服务的需求。而满足校长的需求能更容易地开展机构的项目，也可以将冲突转化成机构顺利开展项目的需求与案主接受优质服务的需求的冲突。对于社工来讲，作为员工的身份和作为社工的专业身份相冲突。

讨论到这里，或许有同学会开始质疑前面的一些观点。有同学认为，如果社工拒绝为孩子代课，不一定会使得机构的项目无法开展，因为除了代课外，项目还能为学校带来其他好处，双方有利益共同点。这时候，同学们已经开始思考如何进行伦理抉择了，教师需要进一步引导同学们思考：如果不为学校代课，项目将无法开展，社工该怎么做？如果这件事情还有商量的余地，又该怎么做？

有的同学会说如果校长不同意开展项目，可以换个学校；也有同学会说即使为学生们提供的服务不是最好的，但是提供了服务总比没有提供好，而且代课也的确满足了学生们的需求；还有同学怀疑社工提供的服务是否符合案主的需求。当然，这个问题没有标准的答案，同学们可以发表自己的看法，也可以互相争论。教师可以要求同学们在回答怎么做时，说出这么做的伦理条款和理由，有反对意见的同学可以找到相关伦理条款进行反驳。这个环节可以帮助教师检查同学们对于伦理守则条款的理解是否准确，在同学们理解有偏差时，教师可以进行反问或者澄清。

2. 如果你是王云，在和家长会面时，面对家长们的质疑，你会怎么做?

这个情境与上一个情境略微有些不同。上一个情境更倾向于让同学们练习在陷入两难抉择时找到具体的伦理冲突，而此情境更多的是让同学们注意在服务过程中，面对困难，我们很容易做出违背伦理要求的事，请大家提高警惕，更好地辨别违背伦理的行为。

在同学们开始思考自己在面临相同情境时会怎么做之前，教师可以先请同学们评价王云的做法是否合适，并说出合适或不合适的理由。

有的同学可能会说，在中国现在的教育环境下，只有先答应家长给学生补课才能迅速稳定家长们的情绪，使项目继续运营。这时教师可以追问同学们：答应家长给学生补课仅仅是一个缓解矛盾的临时办法还是确实在未来要为同学们专门补课？如果同学们回答只是为了暂时控制场面才答应家长为学生补课，教师可以让同学们思考：这样的行为是否违背了诚实守信原则？如果同学们回答会真正为学生补课，教师可以追问：如果给学生补课之后，学生学习成绩还是没有提高，该怎么办？

有的同学可能会回答，王云答应家长给孩子们补课会给未来的项目运营增加负担，会影响社工的服务效果，浪费项目资源。在进行一番争论后，教师可以请同学们思考王云遇到的家长不理解的实质是什么。

有的同学会认为家长不理解社工的做法是因为对于社工的认知较少；有的同学认为是因为项目运营没有取得较好的成效，引起家长的怀疑；也有同学认为这个情况反映出在建立专业关系阶段社工没有与家长建立较好的关系。

当同学们有了以上思考后，可以让同学们根据他们的理解与所学的专业知识制订回应家长的计划，回答自己会怎么做，并对自己这样做的原因进行说明，同时与王云的做法进行比较，说明有什么优点。通过这一系列讨论，希望同学们明白任何一个在专业方法使用上的松懈都可能导致违背专业伦理。

3. 如果在开小组活动时，有老师过来旁听，你会怎么办？这样的情况能不能避免？

学校社会工作者往往要与学校不同的人打交道。在学校内部，除了与校长建立良好的关系外，社会工作者还需要获得学校老师的支持。在当前大众对社会工作者认知程度普遍不高的情况下，很多老师对于社工的工作原则和理念是不了解的，在互动过程中，难免会发生冲突。

有了前面的讨论练习，同学们能很快意识到，在小组活动中，如果老师过来旁听，会使同学们的隐私有泄露的风险，这违背了社会工作伦理中的保密原则。但是遇到了这样的情况应该怎么做需要再次讨论。

有的同学可能会回答应该阻止学校老师继续旁听，对此，教师应该继续追问：在什么时候阻止？是老师过来时就告诉他们离开，还是在他们旁听完一次小组活动后再告诉他们不能再次旁听？怎样跟他们解释会比较好呢？可能有同学会回答，可以告诉老师场地有限制或者其他原因，用善意的谎言阻止老师参加活动。这时教师可以和同学们探讨：社工是否对学校老师有诚实守信的义务？善意的谎言是否可以被接受？

教师也可以提醒学生思考一下：为什么老师会过来旁听呢？可能有的同学会认为老师对于社工的工作比较好奇；也可能有同学认为老师有可能看到社工和同学们相处较好，抱着学习的心态来旁听。这时可能会有同学意识到老师和社工的工作目标在一些方面是一致的。

此时教师也可以向大家提问：要求老师离场是否是必须的？如果本节活动内容没有涉及重要的个人隐私，仅仅是开展手工制作、绘画等，是不是仍然需要老师离开呢？可能有同学会认为不论本次活动的内容是什么，社工都应该给同学们提供比较放松舒适的环境，老师在场会让一些胆小的学生放不开，不能专注参与互动，既破坏保密原则，也影响服务效果。也可能有同学认为，只要活动不涉及个人隐私，老师在场就不会获得学生的隐私信息，没有破坏保密原则，如果贸然让老师离开可能会影响未来与老师的合作关系。而老师在旁听后能够更加了解社工，也能够与其在未来进行更有效的合作，提升服务效果。当然，这些问题没有正确答案，教师可以提醒同学们在回答问题时尽量多思考支持自己这样做或反对自己这样做的伦理依据是什么。

在讨论了一段时间后，大家可能还没有达成一致的意见，教师可以引导大家思考：这样的困境是我们可以事先避免的吗？有同学可能认为，应提前跟老师说明我们的保密原则，希望老师能够理解与尊重；有同学也许认为应该安排一次老师和同学们的联合活动，满足老师的好奇心。

通过以上这些讨论，教师可以提醒大家注意，伦理抉择不一定是二选一，可能存在多个解决方案帮助我们既不违背伦理守则而又满足各方利益，希望大家能够积极思考。同时，教师也要提醒大家，在项目设计之初也需要对可能造成伦理困境的风险进行预估，做好预防准备，防止陷入两难境地。

4. 如果你是马晓，当机构负责人让你运营项目时，你会怎么做？

在一些机构，尤其是发展不太完善的机构中，社会工作专业的实习生往往在机构内部做了大量工作，甚至有的实习生比全职工作人员的工作内容还多。这种状况在一些机构，尤其是在社工发展时间较短地区的机构，往往被认为是惯常的事情。教师需要引导大家对这件事情进行思考：专职社工和实习生的工作界限在哪里？

教师可以提问：如果马晓个人没有经验运营整个项目，她应该怎么做？可能有同学会回答，如果自己是马晓，会拒绝机构负责人的要求，向机构解释自己不能胜任，不能够保证项目的完成质量。教师可以追问：难道你不觉得这是一个很好的锻炼机会吗？如果机构负责人要开除你，而你不想被开除怎么办？这样的追问使同学们注意到，作为实习生，在实习中也是有利益诉求的。马晓作为实习生，希望有机会锻炼自己的实践能力，而且她希望能够在机构内进行更多实践。

教师也可以提问：机构的实习生也有帮助机构开展服务的责任和听从机构负责人安排的责任，拒绝执行负责人的安排是否违背了这两条原则呢？进而促使同学们思考一下：应该优先维护案主利益还是履行职工义务？这时教师可以引导学生思考一下自己是否进行了长远的伦理考量。

从长远方面讲，马晓承担了不该承担的任务，影响了服务质量，可能伤害服务对象，也可能危害机构的名誉。对于机构和案主都是不利的，既不能履行作为社工的职责，也不能帮助机构更好地发展。

这时同学们或许会将焦点放在提高自己的能力上，与其他专职社工共同负责一段时间后再参与项目运营的主要工作，并由他人辅助；或者是帮助其他社工包括王云分担部分工作，将机构的工作合理分配。这样做可以提高工作效率，使一些专职社工能够参与项目的运营。答案和探讨是多样的，教师需要引导大家选择伤害最小的方案。

5. 如果你是马晓，机构负责人告诉你没有时间做需求评估，要求你直接开展项目活动，你该怎么做？

在我国社会工作伦理制度不完善、缺乏监督措施的情况下，机构渎职和造假的现象时有发生，实习生往往也会被要求参与在内。因此，学习如何处理和做出决定对于学生来说非常重要。

在教师提问后，可能有同学会回答，在开展服务前做需求评估是保证服务质量的重要手段，是必须进行的，它既维护了案主的利益，也有利于机构和行业的长远发展。教师可以追问：那现在的情况是没有足够的时间进行需求评估，这个问题该怎么解决呢？

如果我们确定必须遵守某一条伦理守则，就需要在其他方面做出改进和安排。同学们会明白目前的焦点问题是如何能够在短时间内做好需求评估。或许有同学会说，可以让其他的实习生或社工帮助自己，或者牺牲自己的一部分休息时间来完成需求评估，或者尽可能制订用时短、效率高的评估计划。可能还有同学会选择与负责人沟通协商，争取稍微推迟项目执行的时间。这些都是值得探讨的方案。

或许在讨论中，有同学会认为，在我国特殊的背景下，这种违反操作规范的行为是极为常见的，在现实情境下，个人根本无法避免听从机构的意见。这时，教师可以追问学生：作为社会工作专业的学生，或者未来的社会工作者，个人有没有一定的责任与义务为社会工作的规范化贡献力量呢？要鼓励大家不要泄气，提醒大家不要只对不合伦理的行为做出批判，而要在困境发生的时候努力想办法遵守规范和守则，更好地用自己的行动去传播社工的价值与伦理。

6. 你认为谁对小宇是否参与小组活动具有决定权？

讨论这个问题的主要目的是让大家更多地了解案主自决权的条件：(1) 在现有情形下案主不只有一个选择。(2) 没有任何人能强制个人做特定的选择。(3) 个人意识到所有可能的选择。(4) 个人对于每个选择的代价和后果有准确的认知，以便做出现实的估量。(5) 个人有能力或主动基于所做的估量做决定。(6) 个人有机会根据自己的选择行动。

教师在提出谁对于小宇是否参与小组活动具有决定权时，一些同学可能会立即想到案主拥有自决权，尊重案主的自决权是社会工作伦理的重要一条。这时教师可以对同学们的观点进行挑战，提醒同学们小宇是12岁的小学生，还是未成年人，请同学们探讨自决权是否有年龄限制，如果有，多少岁比较合适。或许这时候有同学提出可以参照我国法律的规定，即10岁以上为限制民事行为人，这证明小宇还是有一定的自我决定能力的。这时，有同学说他的监护人对于小宇是否参与活动拥有决定权，因为小宇还不完全明白他的处境，他不参与小组活动也是为了和社会青年玩耍，他不了解什么样的选择是对自己有利的，而监护人可以帮助他更好地做出选择。

教师可以继续提问：案例中的小宇自愿参与小组活动，你认为他行使了自决权吗？为什么？对于自决权较为熟悉的同学很快就能明白，小宇是在妈妈的强迫下选择参加小组活动的，他受到妈妈的暴力威胁，没有机会自己选择如何行动。

探讨到这一步，教师也可以追问：你觉得在小宇妈妈逼迫小宇参加小组活动时，社工有责任阻止妈妈的行为，帮助小宇实现真正的案主自决吗？有同学可能认为社工有责任，如果小宇不愿意来参加小组活动，就不能强迫他。也有同学认为，实际上小宇参加小组活动是对他有益的，只是他不知道所以才不参加，社工可以利用小宇参加小组活动的时间来帮助他，做到案主利益最大化。教师可以再次追问：我们能够判断小组活动对小宇是有益的吗？

（六）关键点

本案例分析的是在社会工作服务过程中经常遇到的伦理困境。在项目开展和协商过程中，哪些是我们必须坚守的信条？哪些是可以暂时放弃的？在商议过程中，什么样的情境使我们更容易陷入伦理困境？

（1）社会工作伦理的基本守则有哪些？

（2）在项目运行过程中常见的伦理困境有哪些？

（3）伦理抉择的方式有哪些？

（4）对伦理风险的评估与预判应该包括什么？

（5）案主自决的条件是什么？

（七）参考文献

多戈夫，洛温伯格，哈林顿．社会工作伦理实务工作指南．7 版．北京：中国人民大学出版社，2005.

高鉴国．社会工作价值与伦理．济南：山东人民出版社，2012.

充满抱怨的项目

一 案例介绍

由于赶上了暑假，学校场地无法使用，本来在L社工机构中运作一切正常的项目不得不为此承担更多的场地费用和更多的人员投入。对此，机构负责人决定通过加快服务进度来解决项目出现的问题。在项目执行过程中，活动物资受到了机构负责人的压缩。服务中招募的志愿者也对机构的管理和机制抱怨重重。针对以上种种行为，社会工作者王瑶表示了强烈的不满，不仅为自己增加的工作量担心，更为接受服务的孩子们担心。一切都是机构负责人的错吗？如果你是机构负责人，你会怎么做呢？

L社工机构

L社工机构（以下简称L机构），成立于2014年6月30日，是经某市民政局批准注册的民办非企业单位。它的服务对象以青少年为主，其他群体为辅。机构秉持“与爱同行，助人自助，共建和谐”的宗旨，用爱心和专业提供优质服务，使人人能自立自主、自尊自信、全面发展、幸福快乐。

它的前身为某市“L妈妈读书会”。当时“L妈妈读书会”是挂靠在H社工机构下的一个公益组织——一位全职妈妈（现为L机构的负责人刘女士）牵头，一群全职妈妈共同协作，旨在为有需要的青少年提供免费书籍。由于L机构的传统项目“阅读存折”与该市推行书香城市建设的设想高度契合，L机构得到了市民政部门和该机构注册所在地社区的大力支持，受到了该市各大新闻媒体的广泛关注。

运作一切正常的项目

社工王瑶于2014年6月来到L机构，经过将近一年的努力，她从一名普通的社会工作者成长为一名优秀的项目主管。她目前主要负责智障儿童的项目，项目开展于培智学校。按照时间表和策划书的规定，项目将从2014年12月开始，到2015年10月结束，每个月都会固定开展小组活动。项目旨在帮助智障儿童提升生活自理能力和动手能力，提高人际交往能力，使他们掌握一些简单的自我情绪控制技巧，从而帮助他们实现正向成长，为他们未来进入社会奠定基础。

由于项目在培智学校开展，每周社工王瑶都会直接联系学校，进行服务对象的招募，志愿者和培智学校的老师会在一旁协助活动的开展，这样既能保证服务对象的安全，同时也有助于保障活动的质量。到目前为止，这个项目一直运作得比较顺利，项目进度也都在社工王瑶可控的范围内。

项目撞上了孩子们的暑假

是选择在暑假期间继续开展项目还是压缩服务内容，是该项目最近出现的难题，这也使得社工王瑶和机构负责人刘女士产生了矛盾。按照计划，项目本该于2015年10月结束，这就意味着暑期的时候也要继续开展相应的活动。可是七、八月份培智学校放暑假，孩子们不需要继续在学校上课，这样一来服务对象的招募就会出现困难。并且手工制作类的小组活动如果不在培智学校举行，L机构就需要另外寻找活动场地，再加上活动过程中没有培智学校的老师从旁协助，活动现场的秩序将很难维持，项目开展可能会出现困难。

于是，围绕着上述工作难题，社工王瑶与机构负责人刘女士出现了矛盾。刘女士让王瑶把原本十个月的活动压缩到六个月，也就是把7月到10月的活动全部分摊到4月至6月来做，这样项目便能在6月底之前结束。王瑶强烈反对刘女士的做法，她认为机构这种赶进度开展活动的方式，是对服务对象极不负责任的表现，活动效果也不好，从长远来看，对社工和L机构的发展是非常不利的。另外，这种做法无疑增加了王瑶的工作量，王瑶每周有三天时间都在做智障儿童的项目，每天基本上都有3到4场活动，而且每场活动都需要写活动策划和活动记录。同时，L机构的一名项目主管杜丽和两名实习生刚刚辞职，因此王瑶每星期还要用四天时间负责杜丽原来负责的两个项目。一边是太多太紧凑的智障儿童项目活动，一边是刚接手的两个项目，王瑶感觉自己每天都在超负荷地工作，每天晚上都要加班写活动策划和活动记录。本来每周有两天的休息时间，但是现在由于机构人手缺乏，王瑶周末也要继续加班。

于是，在智障儿童的项目活动方面，王瑶一边按照负责人刘女士的想法继续开展项目，一边极力与她进行沟通，希望能让刘女士改变主意，放慢项目活动的开展进程。同时王瑶把手工类等专业性不太强的活动交由实习生负责，以便自己能腾出更多的时间进行统筹，并设计重要的和有难度的活动，希望能尽量保证服务效果。但是，刘女士完全不采纳王瑶的意见和建议，仍然坚持加快速度做活动，本来需要分几次完成的活动要一次性做完，同时又在申请其他项目活动，不注重项目的效果，过于追求活动的效率。这不仅给王瑶等人带来极大的工作压力，影响了机构与社工之间的关系，制约着机构的健康发展，更重要的是损害了服务对象的利益。智障儿童接受能力比较弱，如果为了赶进度而把活动大幅度压缩，对他们的帮助效果不明显，对他们的成长也有不利的影响。

经费的压缩

对于机构经费的使用，社工王瑶同样心存不满。每个项目的活动经费是固定的，为了最大限度地帮助服务对象解决问题，促进其成长，机构在申请项目的时候会把活动中的每一部分预算都写得非常详细。但是，机构在运行该项目的时候基本不会按标明的预算实施，机构负责人刘女士为了机构利益和个人利益，会最大限度地对活动经费进行压缩和节省。比如每次去培智学校做活动都需要买活动物资，但是刘女士为了节省经费，一般都是买最便宜的或者是最简单的物品来做最简单的活动，这大大影响了活动的效果，对提高智障儿童的各项能力不利，而且有时候智障儿童会不喜欢参加这样的活动，产生排斥情绪。另外，有的时候王瑶为了激励大家更好地参与，让大家积极认真地完成每次的任务，促进孩子们的改变，会给智障儿童买点小礼品或者小奖品，当然这也在活动的预算经费之内，但是刘女士会极力阻拦和反对王瑶给智障儿童发奖品和礼品，武断地认为智障儿童根本不懂得奖品的意义所在，给他们发奖品似乎是在浪费金钱，机构应该在那些健康儿童身上花更多的经费，这样才会收到更好的效果。因此，王瑶无法再给培智学校的小朋友买奖品，尽管这为机构节省了很多的经费。

志愿者的不满

在智障儿童项目中，L 机构的社会工作者和实习生有限，项目又很多，因此每次做活动都会出现人员紧缺的情况。再加上培智学校的智障儿童们有自身障碍，他们在参加活动时会有学习上的障碍和安全隐患，需要一对一地进行帮助，这对做活动的工作人员的人数要求较高。因此，每次去培智学校做活动都需要召集一些志愿者。但是，被招募来的志愿者，对机构的管理也是有不满情绪的。

第一，在费用问题上，原则上来讲志愿者是无偿进行服务的，他们自愿贡献时间和精力，在不求物质报酬的前提下为推动人类发展、社会进步和社会福利事业而提供服务。但是有些志愿者不愿意为了志愿服务倒贴钱。由于 L 机构的前身是个自治的公益组织，本身就有着很多的本地全职妈妈志愿者，因此在 L 机构成立后，所召集的志愿者主要有两类。第一类志愿者就是该市的全职妈妈志愿者，这类志愿者由于家境条件较好，完全不计个人报酬，有的志愿者还经常向 L 机构捐献物品，因此这类志愿者在报酬上问题不大，和 L 机构存在的利益冲突也很少。第二类志愿者则是本地高校在校生。L 机构通过宣传和一些活动，在本地几所高校中也有一些知名度，因此，每次做活动之前，L 机构都会在网络上，比如 QQ 群等平台发布一些消息召集志愿者。但是，活动场地离几所高校都比较远，需要坐公交或者出租车，另外，活动时间一般集中在中午，这使得这一类志愿者须在下课后匆忙赶到活动场地，连吃午饭的时间都没有，因此有些志愿者会有些怨言。而 L 机构为了节省活动物资，基本不会给志愿者任何的补贴。在志愿者召集上有困难时，L 机构会说我们这次活动有一定的补贴，以此来吸引更多的志愿者参与，但是在活动结束后，依然不会给任何补贴或者其他形式的补助，志愿者要倒贴一定的交通费。这让许多志愿者对L机构失去了信任和信心，导致双方矛盾升级，严重影响了双方的合作关系，L机构的志愿者招募越来越困难，这对L机构活动的正常开展也产生了不小的影响。

第二，L机构的志愿者补贴代领问题也严重侵犯了志愿者的个人利益。L机构在申请项目的时候，为了增加活动预算，都会写上每次活动有多少专家、社工和志愿者参与，给每个专家、社工和志愿者发放多少补贴金额等，一般情况下一个社工一次活动补贴一百元钱，每个志愿者每次活动补贴五十元钱，但是补贴都不会给他们本人，这仅仅是为了增加活动预算，掩人耳目。由于L机构每次做完活动都要写活动记录以及做账上报，因此，L机构会标明社工和志愿者补贴都已发放，并把志愿者的签到表和联系方式上报。由于上级监管部门对项目的监督不严，因此每次都不会被发现，L机构在志愿者完全不知情和没收到补贴的情况下上报志愿者补贴资料。另外，由于L机构有的时候招募志愿者有困难，没有招募够所需要的志愿者数量，而上级会检查预算中所需的志愿者是否足够，为了解决这一问题，L机构会模仿以前志愿者的签名凑人数，在当事人完全不知情的情况下使用他人的姓名和联系方式。

第三，L机构由于自身组织制度不健全，在志愿者队伍的管理问题上也有着很大的缺陷。前面也提到，L机构的志愿者队伍主要有两类：一类是当地全职妈妈志愿者，另一类是当地高校在校生。全职妈妈志愿者这一类人群相对固定，也参加了很多年的志愿服务，对如何进行志愿服务比较熟悉和了解，不再需要进行培训。但是来自当地高校的大学生们就不同了，这一类志愿者群体不固定，以前没有太多机会走进社会，进行志愿服务的机会也不多，对如何更好地服务缺乏经验，志愿者所应有的服务精神和素质也相对缺乏。为了更好地利用大学生群体，更好地帮助培智学校的孩子们，L机构理应对当地高校大学生志愿者们进行相应的培训。但是L机构为了节省时间和成本，基本上没有针对志愿者的任何相关的培训措施，都是随机在网上招募几个志愿者，告诉他们直接去活动场地，到了之后由社工进行简单的任务分配。智障儿童的一些语言和行为会有攻击性，或者他们表达喜欢或爱的方式和正常儿童有差别，而这群大学生志愿者平时和智障儿童接触不多，有的志愿者事先没有任何心理准备，对智障儿童的思想、语言、行为难以接受，进而难以为智障儿童提供进一步的帮助。有的时候他们会明显感觉力不从心或者表现出讨厌和难以接受。甚至有的志愿者会借口有事，在活动还没有结束时就离开。这对活动的开展是非常不利的。众所周知，一个项目的顺利开展对一个固定团队的依赖程度是非常高的，人员固定的话可以更好地了解智障儿童的心理变化和成长变化，观察智障儿童前后的变化和进步，更加有针对性地帮助智障儿童成长。但是，由于该机构没有清晰的志愿者管理和培训标准，大学生志愿者这一群体的流动性非常大，这次活动是这一群人，下次活动变成了另一群人。而智障儿童对陌生人有时候会出现排斥，因此每次做活动都会出现几个智障儿童争抢一个比较熟悉的志愿者的现象，有时候甚至为此大打出手。该机构志愿者的流动性过大，一方面对活动的开展和项目的效果造成非常明显的负面作用，影响该机构的口碑和实力，不利于机构的长期健康发展；另一方面，对于志愿者来说，不仅没有提高他们的服务技能与综合素质，还可能会对他们造成一定的心理阴影，对今后的志愿服务也造成了一定的负面影响。因此，这样的局面对双方的发展以及利益都造成了损害。

机构出现的种种问题，都是机构负责人的错吗？假如你是机构负责人或者社工，你会怎么处理上面的种种冲突呢？

附录

项目简介

截至 2015 年 3 月，L 机构共成功申请省创项目两个、市创项目三个、微创项目五个。目前机构所负责的主要项目有以下三个。

一、破茧成蝶——中轻度智障儿童关爱、辅导计划

该项目针对智障儿童自理能力差、语言沟通困难等方面的问题，通过智障儿童生活技能训练、开心农场体验、绘本语言学习、五彩课堂学习和家庭教育知识培训等方式帮助中轻度智障儿童掌握基本的生活技能，提升身体机能，减轻失语症程度，使家长能掌握更多的康复、训练知识等。

具体活动内容如下：

活动一：中轻度智障儿童生活技能训练大本营。

活动二："开心农场"——中轻度智障儿童户外拓展训练大本营。

活动三：绘"声"绘"色"——"绘本语言"康复训练大本营。

活动四：五彩世界，缤纷课堂——成长课程活动大本营。

活动五：天蓝色的"彼岸"——中轻度智障儿童家长健康培护知识讲座。

二、消闲静摄，颐养天和——颐家乐园老有所乐服务项目

颐家乐园日间照料服务中心，依托其场地、设备设施等资源，为老人营造了一个亲情化、温馨化的生活家园，在解决老人精神世界的空虚方面发挥了一定的作用，也为老人的子女解除了部分后顾之忧。但是颐家乐园毕竟是一个公共养老场所，照料老人的事务多、繁、杂，社工在对老人情感世界的关怀、情绪照料方面显得力不从心。老人常感到孤独无助、心情忧伤、沮丧，并常常感觉衰老无用，这些情绪严重影响了老人的正常生活。L机构希望通过项目的实施，通过五彩绚烂兴趣组、老少联谊大本营、忆苦思甜茶话会、激情才艺对对碰、感受城市新变化这五大活动，为老年人带来欢乐，送去温情，消除老人的孤独无用感，丰富老人的精神世界，真正使颐家乐园成为消闲静摄、颐养天和的"乐"园。

三、我爱我护——关爱西城街社区农民工子弟计划

L机构通过前期的调查分析了解到，在西城街社区里有许多外来务工人员的孩子，对于大多数外来务工人员的孩子来说，环境的转变通常会给他们的身心发展造成很大的负面影响。该项目通过在西城街社区提供针对外来务工人员子女的学业辅导、亲情陪伴、感受城市、兴趣领航、缤纷素质拓展、手拉手结对互助等专题内容的服务，帮助这些外来务工人员的子女更好地融入该市，提升学习成绩，改善不良情绪和行为，增强与同辈群体及外界沟通、交往的能力，增强亲子互动能力，培养兴趣爱好，增强艺术体悟，拓展课外知识，树立自信心，让阳光照亮他们暗淡的心灵，让灿烂自信的笑容重返他们美丽的脸庞。

二 教学笔记

（一）摘要

本来在L机构中运作一切正常的项目，由于赶上了暑假，学校场地无法使用，机构不得不为此承担更多的场地费用和更多的人员投入。对此，机构负责人决定加快服务进度，以解决项目出现的问题。在项目执行过程中，本来应为活动开展购买的物资，也被机构负责人以某种理由压缩了。招募的志愿者也对机构的管理和机制有着自己的抱怨。针对以上种种问题，社会工作者王瑶表示了强烈的不满，不仅为自己增加的工作量担心，更为接受服务的孩子们担心。

（二）教学目标

这个案例为同学们提供了在项目管理情景中，特别是在项目计划书撰写与执行、经费使用、志愿者管理方面进行伦理分析的机会。

毫无疑问，项目计划书应该切实根据服务对象的生理、心理特点进行撰写，在执行过程中要关注服务对象的变化与可接受性，及时地调整项目进度。项目经费也应该最大限度地用在服务对象身上，争取让服务对象享受更多的资源。机构在志愿者管理方面也应该建立完善的志愿者管理制度，不应该损害志愿者的利益。

但是项目在实施过程中，会出现种种情况：社工王瑶想针对服务对象的特点，设计适合的服务进度来帮助他们解决问题，但是机构考虑到时间成本、场地、人员限制等因素，想压缩项目的时间，此时，服务对象利益和机构利益发生了冲突；在项目资金有限的情况下，社工想把物资更多地用在服务对象身上，可是机构负责人出于节省成本的考虑，拒绝给服务对象发奖品，这种情况，使社工面临资源限制所导致的伦理困境。在志愿者管理方面，机构存在着志愿者个人利益与机构利益发生冲突的困境。

对于这个案例，应结合社会工作的相关伦理守则和标准对项目管理中的伦理难题进行分析：首先，分析社工“为了保证服务效果，严格按照服务对象的特点开展活动，维护服务对象的利益”和“考虑机构利益，压缩项目时间”之间的困境；然后，分析在资源有限的条件下，社工使用物资的困境；最后，分析机构在志愿者管理方面面临哪些伦理困境。

（1）分析服务对象利益与机构利益冲突造成的伦理困境；

（2）分析资源的限制所导致的伦理困境；

（3）分析志愿者利益与机构利益冲突所造成的伦理困境。

（三）教学计划

本案例可以用于社会工作伦理课程，适用于社会工作专业硕士课程。

教师可以先让课堂上的学生举手表决，在活动的设计、物资使用、志愿者管理方面，多少人支持维护服务对象的利益，多少人支持维护机构的利益，并在黑板上将双方的理由列举出来，然后针对特定问题进行深入讨论。

本案例计划安排教学时长为2课时（共90分钟），以下是教师课堂教学安排表，教师可以将其作为教学参考。

课前准备	课前案例阅读	
课堂中	案例回顾	10分钟
	小组讨论	20分钟
	集体讨论	50分钟
	知识梳理总结	10分钟
课后巩固	课后思考与应用	学生自己安排

（四）启发思考题

（1）在活动设计上，假如你是社工王瑶，面对机构负责人压缩活动时间的要求，你会怎么做？

（2）在物资使用上，假如你是社工王瑶，你希望把更多的活动经费用在智障儿童身上，然而，机构负责人认为这是一种浪费，应该把经费用在健康儿童身上，此时你所面临的伦理困境是什么？

（3）机构在志愿者管理方面，存在什么伦理困境？

（五）问题分析

1. 在活动设计上，假如你是社工王瑶，面对机构负责人压缩活动时间的要求，你会怎么做？

根据雷默的伦理抉择过程，按以下步骤进行分析。

（1）教师可以和学生厘清社工面临的伦理难题，即服务对象利益和机构利益的冲突。社会工作者扮演着诸多角色，包括专业人员角色、机构成员角色等等。在实践过程中，不同主体对社会工作者的角色要求也不尽相同。在有的情况下，某些角色间的冲突与紧张会使社会工作者陷入忠于谁的两难境地。在本案例中，项目实施正好赶上了暑假，机构负责人为了机构利益，考虑到暑期服务对象的招募难度大、寻找新场地的难度大、费用紧张、活动协助人缺乏等综合因素，决定将原本十个月的活动压缩成六个月来完成，并且不断地申请其他项目。虽然王瑶也考虑到了个人的工作量会增加的问题，但是作为一名专业人员，她更多地站在服务对象的角度思考问题，认为这样赶进度而把活动时间大幅度压缩，盲目追求效率，忽视效果，会对服务对象的成长造成不利影响。这时，王瑶既扮演了服务的提供者，又扮演了机构的工作人员。作为服务的提供者，她理应为服务对象的利益着想，保证活动的质量；但是作为机构的工作人员，她应该为机构利益着想，帮助机构减少不必要的开支，提高机构的工作效率。这种双重的角色，让她处于服务对象利益和机构利益冲突的两难困境。面对这种困境，王瑶应该如何处理呢？

（2）无论社工做出何种伦理抉择，都会对某些个体或群体产生影响。在本案例中，社工的抉择会影响服务对象、培智学校的老师、志愿者、其他社工、机构负责人、机构等。

（3）社工面对这种场景可以采取哪些行动呢？这些行动又有哪些利与弊呢？下面提供几种方案，供教学参考。方案一，按照机构负责人的想法，把活动时间进行压缩，争取在暑假开始前结束该项目。该方案的好处在于提高了效率、为机构节省了场地费用、降低了招募不到服务对象的风险、减少了招募志愿者的时间精力投入。不利之处是，服务进度过快，无法满足服务对象的需求，并且由于服务对象本身是智障儿童，进度如果过快，孩子的接受能力达不到，影响服务效果。方案二，按照原来的项目计划书开展活动，在暑期时，首先争取学校场地的使用权，如果不被允许，机构只能去校外寻找场地。另外，在社交平台上招募暑期志愿者。很显然，按照正常的活动进度，服务对象的可接受性高，服务效果好，能够保证服务对象通过活动促进个人改变。但是不利之处是，机构可能会在场地、人员方面耗费更多的资金、时间和精力，在招募服务对象上有更大的难度。

（4）社工采取任何一种方案都应当是有理可循的，那么赞成或反对的理由有哪些呢？比如：A. 伦理守则；B. 法律原则；C. 伦理理论、原则与指导方针；D. 社会工作实务伦理与原则；E. 个人价值观。教师可以和学生一起分别讨论在以上原则下，社工可以选择何种方案。

A. 从社会工作伦理守则来看，一方面，社会工作者的首要职责是增进当事人的福祉。一般情况下，应当把当事人的利益放在首位。所以，社工应该选择方案二，把服务对象的整体利益放在首要位置，保证服务对象的服务效果。另一方面，社会工作者应合理使用雇佣组织的资源，在适当的情况下明智地节省资金，绝不乱用资金，不毫无目的地使用资金。由此，社工应选择方案一，尽可能地为机构节省资金。

B. 本案例并不涉及法律问题，无须过多考虑该角度。

C. 从伦理理论、原则与指导方针来看，第一，义务论认为，规定、权利、原则是必须遵守的。若社工要遵守诚实、服务原则，应选方案二。若是以员工身份遵守服从原则，应选方案一。第二，目的论只看结果与目的：a. 从行为效益主义（即立即效益）看，选方案一对机构有立即效益，选方案二对服务对象有立即效益。b. 从规则效益主义（即长远的效益）看，方案一只是暂时为机构节省了一定的经费，减少了人员、时间、精力的投入，但是从长远来看，对服务对象利益有损害，因为压缩活动时间，势必造成活动质量的降低，影响对服务对象的服务效果；方案二如果场地、人员、时间等安排得当的话，那么正常开展的项目会保证服务效果的实现，会在一定阶段促进服务对象的改变，并且会取得学校的信任，双方会建立持久、良好的合作关系。

D. 从社会工作实务伦理与原则来看，教师和学生可参考文献及请教资深的智障儿童领域的社工如何处理，以往有何经验或研究，再判断采用何种方案。

（5）教师可以邀请智障儿童领域的督导、法律顾问参与课程，为学生提供咨询与交流的机会。

（6）针对以上方面的分析，教师和学生可以做出合适的伦理抉择。但是教师应当提醒学生，任何一种抉择都是有风险的，学生在选择任何一种方案时都要提出相应的配套措施。

2. 在物资使用上，假如你是社工王瑶，你希望把更多的活动经费用在智障儿童身上，然而，机构负责人认为这是一种浪费，应该把经费用在健康儿童身上，此时你所面临的伦理困境是什么？

借助这个问题，教师可以让学生了解因资源限制而造成的伦理困境。在社会工作实务中，社会服务的需求是无限的，但是满足需求的资源是有限的。个体对资源的需要永远大于资源的供给。社会工作者依据什么来分配有限的资源呢？社会工作者一般会根据上级的指令、案主需要的迫切性以及专家评估方案等来进行资源分配。从社会工作伦理原则考虑，社工应坚持社会公正原则，致力于社会变革，为弱势群体发声，并且做到对智障儿童的尊重，相信他们自身的价值。在本案例中，社会工作者更多地考虑了自己服务的智障儿童的利益，因此，想把更多的经费用在他们身上，希望他们多参加活动，促进他们的改变。但是，机构负责人认为把更多的经费用在他们身上可能会是一种资源的浪费，如果把资源用在健康孩子身上，可能会得到更好的服务效果。在面对这种资源有限的情况时，社工处于一种伦理困境，不知道如何恰当地分配有限的资源。

3. 机构在志愿者管理方面，存在什么伦理困境？

借助这个问题，教师可以让学生掌握因志愿者利益和机构利益冲突形成的伦理困境。社工在实践过程中会扮演很多不同的角色，需要维护不同的利益。社会工作者在志愿者管理中理应维护志愿者的合法权益，为其提供相应的培训；但作为机构的一员，社会工作者也应该为机构的利益着想，为机构的运作着想，这种角色冲突容易让社工处于伦理困境中。在本案例中，机构为了自身的长久发展，在志愿者补贴上进行压缩，减少志愿者培训时间。而作为志愿者的招募者，社工应该考虑到志愿者的需求，在经费允许的情况下，应当给予适当的补贴，并对志愿者进行培训。所以，社工在此时还面临着志愿者利益和机构利益之间的冲突。

（六）关键点

本案例分析的关键在于了解在资源有限时面临的伦理困境和抉择原则。教师可以在案例讨论结束后让学生回顾自己在社会工作服务中遇到的伦理问题，并分析以下问题：

（1）在机构服务过程不符合伦理时，社工面临的伦理困境是什么？

（2）有限资源与服务需求不匹配的伦理冲突是什么？

（3）社会工作者对志愿者管理的伦理义务有哪些？

（七）参考文献

多戈夫，洛温伯格，哈林顿．社会工作伦理实务工作指南．7 版．北京：中国人民大学出版社，2005.

秦燕．社会工作伦理．台北：华都文化事业有限公司，2013.

一波三折的资源倡导

一 案例介绍

办公室里特别安静，隐约能听到窗外的蝉鸣，福利院的社工梁磊翻动着已经旧到发黄的档案纸，皱了皱眉头：这个1992年的档案真是有点简陋。办公桌上堆满了纸，他一会儿写写画画，一会儿又查查电脑上的资料。这样过了好一会儿，他终于露出了笑容，似乎有办法了。

作为某市社会福利院的第一批社工，梁磊已经从业十多年了。刚来福利院时，他还是一个懵懵懂懂的社会工作专业的毕业生，那时候很少有人知道社会工作者，梁磊对于专业的发展前景也是半信半疑，只是福利院的官办背景和较好的工资待遇让他觉得比较满意，于是他来到了福利院。渐渐的，梁磊发现自己已经适应了福利院的工作，在这十多年里，身边的社工换了一批又一批，只有他仍然坚守在这里。最近这一段时间，梁磊因为伐木工人齐爷爷的事情头疼不已。这一天他拿到了齐爷爷的档案资料，想要从中发现些什么。

该市社会福利院始建于清朝康熙年间，前身为普济堂，新中国成立后更名为社会福利院，是一个由市民政局主管的社会福利机构，并负责承担该市“三无”老人①和优抚对象的生活照料、日常保健、医疗护理、康复康乐等工作。因为有较好的硬件设施和服务质量，该市的老人们都很愿意过来养老，床位供不应求。福利院的社会工作从1998年起步，时任科长的福利院孙院长到荷兰去进修，在荷兰，接待他的都是当地的养老机构的社工。这趟进修让他很受启发，他决心在福利院内建立社会工作科。截至目

① 通常指由民政部门收养的无生活来源、无劳动能力、无法定抚养义务人或法定抚养义务人丧失劳动能力而无力抚养的公民。

前，福利院的社会工作科共有 9 名社工，其中 8 人是一线社工，分别负责 4 个分中心的社会工作。

奉献青春的伐木工人

齐爷爷是某市人，他年轻时响应政策的号召，到福建深山老林担任伐木工人。他不识字，支边了一辈子，也没有娶妻生子，把整个青春都奉献给了国家。年龄的增长和长期的伐木工作使他 60 岁便丧失了听力，于是他回到某市养老。1992 年的时候，齐爷爷便住进了福利院，当时他的退休金是每月 300 多元，福利院收费是每月 200 多元，勉强有余。过了几年便出现了问题：齐爷爷的工资涨幅太小，而福利院的收费增幅很大，而且齐爷爷随着年纪增加，医药费用也不断增加，还有其他支出，现在每月 650 元的退休金就远远不够了。这个时候，社工梁磊就被调来协调这件事情了。

艰难的资源协调过程

齐爷爷自从成为伐木工人后就常年过着集体生活，一直都住的是公用住房，单位会负责所有生活上的事情，每个月就发给他十几元钱的零用钱，齐爷爷一直没有房产和积蓄。齐爷爷由单位负责养老，单位把他送回某市福利院。刚进福利院的时候齐爷爷的退休金是每月 300 多元，养老院收费每月 200 多元，这样一来还有剩余。现在齐爷爷的工资涨到每月 650 元，而福利院的收费却涨到了每月 500 元。此外齐爷爷还要看病吃药，再加上日常开支，这些钱就不够了。这件事情被交给社工梁磊处理，他开始一个个地打电话沟通。

福建省某林业局是齐爷爷的工作单位，梁磊前后打了几十个电话，各个单位互相推诿。又打了五六个电话之后，终于找到林业局的负责人，但是负责人给梁磊的答复是："我们这边已经转制①了，公司都由私人承包，我现在是私人老板，这件事情你找我不合适。即使他（齐爷爷）现在是我的职工，我也不能管，我们市的物价已经很高了，他要是住在美国呢？要是住在月球呢？我难道还要支付他在美国、月球的生活费吗？"梁磊觉得

① 国有企业为了解决低效、亏损运营等困难进行的股份制和私有化改造。

说得有一定道理，这属于历史遗留问题，他知道私人老板这条路走不通，于是他又开始给福建当地的社会保障局打电话。

社会保障局的工作人员问梁磊："我们社会保障局上个月有没有少发这个老人一分钱?"

梁磊回答："没有，650 元都到账了。"

社会保障局的工作人员又问："有没有拖欠一天?"

梁磊答："也没有。"

社会保障局的工作人员说："那好，你不要烦我了，和我没关系。"

梁磊被顶得哑口无言，他想了想也对，社保已经按时足月发放，那是和社会保障局没关系了。这两条路都不行，只能继续找别的资源。梁磊忽然想到齐爷爷还有个妹妹和一个哥哥，又开始打电话了。在发现齐爷爷的哥哥已经去世后，他又给齐爷爷的妹妹打电话。齐爷爷的妹妹一听说是福利院打来的，就说自己现在年老体弱，又要吃药，两个孩子都下岗了，实在是负担不起这个哥哥的费用。

这下梁磊开始焦虑了，齐爷爷的单位不管他，他的哥哥已经去世，妹妹又没有能力负担，该怎么办呢? 对于社会福利院来说，齐爷爷没有子女，没有住所，但有收入，不符合"三无"老人的标准。齐爷爷又是个不识字的人，听力不好，思维也还停留在"毛主席万岁"的时候。他的想法就是"我为国家做贡献，福利院应该赡养我"。种种情况让梁磊焦头烂额，他想尽办法，最终只能打电话给当地的社会福利院。

在经历了一些挫败后，梁磊忽然想翻翻齐爷爷的档案，试图从中找到一些线索，找到担保人。

意料之外的成功

梁磊找到 1992 年那个发黄的档案，发现当时给齐爷爷做担保的只有王厂长，估计王厂长已经作古，只能和林业局的负责人沟通。

在这样的情况下，梁磊给那位负责人再次致电："当时你们和我们签过协议，该协议由你们单位作保，且印有公章。"梁磊心里也没底，因为确实什么证明材料都没有。但突然柳暗花明，负责人把齐爷爷企业退休的身份放到了退管办，然后把他的人事关系转到了永安公路局，自此齐爷爷由退管办负责。

齐爷爷的工资由650元涨到1 800元，并且还增添了几万元的房补。事情还没结束，梁磊发现齐爷爷没有合同，以后的医疗、大病报销无法进行。于是他告知退管办的工作人员齐爷爷的合同已经过期，并坚持要求工作人员来重新签订合同。签订合同以后，齐爷爷每年有500元门诊费用，住院费实报实销。这件事情终于解决了，至此，梁磊的心才稍微安下来。

梁磊又想到了齐爷爷的亲情维系问题。齐爷爷有一个妹妹，但妹妹因为家庭困难没法接济哥哥。此时经济问题已经解决，梁磊便再次打电话过去说："你们是一家人，逢年过节来看看他吧，从来没有人探望过他，怪可怜的。"齐爷爷的妹妹也觉得有道理，在春节的时候便带着东西过来看望齐爷爷。

齐爷爷去世时还存了3万多元，这笔钱便给了妹妹一家。梁磊平日里帮齐爷爷管理财产，还用这些钱给他购买生活用品。梁磊在齐爷爷的事件中，深刻反思了机关事业单位双轨制的不合理之处。同一个老人，只因接管单位转变，养老金就得到了大幅提升。身份一经改变，命运都不同了。

二 教学笔记

（一）摘要

社会福利院的梁磊是个工作经验丰富的社工，在福利院已经工作了十多年了。他曾经为住在福利院的齐爷爷做过资源督导的工作，虽然过程可谓一波三折，但最后还是成功地争取到了资源。经过这件事情，梁磊对于国家的福利政策也多多少少有了些看法，他认为有些政策对于很多人来说是不公平的。那么，他是通过什么渠道争取到资源的？这样的做法是否可以被接纳？

（二）教学目标

我们常见的案例是社会工作者在面对复杂的情境时难以抉择，或者是较少的资源和较低的服务水平对于社会工作者的伦理抉择产生影响。在本案例中，社会工作者的工作虽然经历了一番波折，但是仍然获得了很好的结果，改善了案主的生活条件。虽然案例最后的结果是令人满意的，但社会工作者的一些操作方式和手段是否符合伦理要求还是值得商榷的。

（1）探讨社会平等和公平正义问题；

（2）探讨资源督导方式问题；

（3）探讨知情权与自决权问题。

（三）教学计划

本案例可以用于社会工作伦理课程，适用于社会工作专业硕士课程。

此案例故事较短，在进行案例回顾时，教师可以直接引导同学们思考如何评价梁磊的资源督导工作，是否赞成梁磊的资源督导方式，同学们可以举手表决。在举手表决后，可以请有意愿的同学表明赞同或反对的理由。5分钟后再向同学们展示课堂讨论的问题，请同学们开始进行小组讨论。

本案例计划安排教学时长为2课时（共90分钟），以下是教师课堂教学安排表，教师可以将其作为教学参考。

课前准备	课前案例阅读	
课堂中	案例回顾	10分钟
	小组讨论	20分钟
	集体发言	50分钟
	知识梳理总结	10分钟
课后巩固	课后思考与应用	如有时间可自由发言

（四）启发思考题

（1）你怎样评价梁磊为齐爷爷办理人事变更的行为？

（2）如果你是梁磊，你会不会帮助齐爷爷办理人事变更？

（3）你认为还有其他的解决方式吗？

（4）你怎么看待梁磊偷偷帮助齐爷爷订牛奶或买棉衣的行为？

（五）问题分析

1．你怎样评价梁磊为齐爷爷办理人事变更的行为？

平等是社会工作专业的核心价值观之一，社会工作者依据这一价值观，引申出了“资源分配平等”和“机会平等”的原则。但是由于资源是有限的，平等和不平等的伦理问题常常会因为资源限制而加剧。另外，社会工作者有义务倡导有利于满足人的基本需求的生活条件，并推动社会、经济、政治、文化方面的价值观和机制与实现社会公正协调一致。在我国，一些分配政策是由国家政府制定的，很多政策在资源分配中存在着不平等的现象，给社工的工作带来挑战。什么是社会公正？是维持我们认为的不平等的社会制度，还是利用自己的社会关系或者抓住机制漏洞，使得我们的服务对象获得额外的补偿？

在讨论开始前，一些同学可能不认为梁磊的行为跟伦理困境有什么关系，毕竟在很多关于伦理问题的讨论中，我们更多是纠正错误的服务行为，并指出其违背了哪项专业伦理。与之前的讨论不同，梁磊的服务取得了非常好的服务效果，而且似乎没有对谁造成直接的伤害，是一个皆大欢喜的结果，去质疑这样的服务方式违背专业伦理可能让同学们感到有些困惑。

一些同学在讨论中可能会赞扬梁磊的精神，认为他工作非常认真、态度积极等，教师可以对同学们进行肯定。一些同学可能会说梁磊办事灵活，方法多样，教师可以适时向同学们提问，询问其是否赞赏他为齐爷爷办理人事变更的行为。在讨论专业伦理时，一些同学可能会说到社会公平正义，教师可以继续追问：你是否认为梁磊的行为维护了社会公平和正义，为什么这么说？教师也可以反问同学们：齐爷爷本来不是公路局的人，但是他的人事关系转到了公路局，这会不会对公路局的其他老人的利益产生损害？

教师也可以引导大家思考：福利分配的“双轨制”和“编制”是否公平？为什么？有同学可能认为这些政策和制度是公平的，教师可以继续追问：那梁磊帮助齐爷爷转移编制是不是破坏了其中的公平？有同学可能会认为这些政策是不公平的，教师也可以追问：那梁磊可以利用这个不公平制度的某些执行漏洞为自己的案主谋取福利吗？

2. 如果你是梁磊，你会不会帮助齐爷爷办理人事变更？

对这个问题加以探讨是希望同学们在做伦理决定时，除了能够对各个伦理原则进行深入思考，也要增加对现实情境下的多个伦理原则的思考。社会工作者坚持的伦理和价值观除了平等、社会公平以外，还有最小伤害原则、维护案主利益原则等。

教师可以假设：如果齐爷爷真的生了重病，他需要更多的补助来治病，而公路局的人事关系能够给他的医疗费用报销更大的比例，这种情况该怎么办？你会帮助齐爷爷办理人事变更吗？

教师也可以向同学们提问：如果从个人付出和维护案主利益方面考虑，齐爷爷确实为国家做出了很多贡献，他是否应该获得和自己的付出相对应的回报？

3. 你认为还有其他的解决方式吗？

社会工作者有义务为案主争取更多的资源，但是当一个资源督导方式违背了专业伦理，或有更大的伦理风险时，我们可能需要选择其他可以替代的方案来达到我们的资源督导目的。

教师可以问同学们：除了给齐爷爷办理人事关系转移来获取资源外，

是否还有其他的手段？同学们或许会说寻求帮扶老年人的非营利组织的支持等，教师可以对同学们的回答进行肯定，并询问：这样的方式与帮助齐爷爷办理人事转移各有什么优缺点？如果两种方法都可以，你会选择哪种方法？

4. 你怎么看待梁磊偷偷帮助齐爷爷订牛奶或买棉衣的行为？

在案例的最后，我们知道梁磊帮助齐爷爷管理财产，他偷偷帮齐爷爷订牛奶、买棉衣。也许有同学会认为这是违背知情权甚至案主自决权原则的行为，也有同学会认为梁磊考虑的是提升齐爷爷的生活质量和幸福指数。我们该如何评价？

教师在提出问题之后，可以继续追问：梁磊违背知情权和案主自决权原则，帮齐爷爷订牛奶、买棉衣，会造成什么后果呢？梁磊需要承担什么样的风险？有的同学可能认为，齐爷爷或许会举报梁磊的行为，或者其他的同事会举报，使得梁磊受到处罚。也有同学可能认为齐爷爷能够明白梁磊的好意，并且梁磊没有为自己谋利，不会受到处罚。这个问题没有标准答案，通过对这个问题的探讨，教师可以引导同学们思考违背伦理原则对社工可能造成的伤害，提高个人警惕。

（六）关键点

本案例分析的关键在于向同学们强调政策倡导和知情权的重要性，也可以建议同学们阅读关于社会公正的书籍和资料，使同学们对于公平正义的理解更加深刻。

教师可以在案例讨论结束后请同学们回想自己在实习过程中遇到的或者在书本中看到的取得较好效果的案例。请发言的同学对于该案例的操作过程进行简单描述，可以和同学们讨论新的案例中有没有违反伦理原则的行为。

（七）参考文献

多戈夫，洛温伯格，哈林顿. 社会工作伦理实务工作指南. 7 版. 北京：中国人民大学出版社，2005.

都是作弊惹的祸

一 案例介绍

刚开学不久的一天，在班主任王老师的课堂上，初中生孟迪一边转着笔一边望向窗外。这时，一个粉笔头飞了过来，击中他的太阳穴。他一回头，看到了王老师眼中的怒火。没想到，他看似平静的生活就这样被打破了。

课后，王老师气呼呼地走向办公室，孟迪懒散地跟在后面。坐定之后，王老师问他为什么上课又走神，孟迪却还在回味着刚刚丢脸的感觉，心里暗暗不满，一句话也没有说。又一次碰到了这样的情形，王老师内心的怒火腾地上来了，他训斥性地告诫孟迪这种沉默方式的后果：如果再不端正学习态度的话，是肯定考不上高中的。孟迪心里十分不满，向王老师说出了心里话。他的梦想是当收银员，所以根本不在乎上不上高中。王老师不经意地笑了一下，孟迪却从这笑中读出了轻蔑的意味。王老师继续说，无论他的梦想是什么，现在重要的是学习，不学好知识的话，再好的梦想也实现不了。孟迪进一步认为王老师对自己的这个梦想根本不重视也不关心，甚至带有嘲讽，一想到刚刚在课堂上发生的事情，他更加心怀怨念。

梦想的较量

不欢而散几天后，班主任王老师在班会上讨论的正巧是关于未来职业与梦想的主题。王老师邀请同学们积极分享自己未来想从事的职业或是想要实现的梦想，不少同学积极表达了自己想要成为医生、老师、科学家等的梦想。这次孟迪没有走神，而是默默地听着其他同学的梦想，因为他想要知道有没有和他一样想当收银员的同学。然而，分享到最后，王老师在总结时首先对积极表达自己想法的同学们表示了肯定与赞扬；之后又借着这个机会，向同学们表达了树立远大梦想的重要性，告诫同学们不能只想着当送货员、超市收银员之类的，那样不算远大梦想。这一切，在孟迪看来，都是老师的“指桑骂槐”，他认为，收银员的梦想只有自己能够理解。孟迪的表姐是一家店里的收银员，每次看到表姐热情开心工作的样子，他总是觉得很羡慕——不仅可以收很多钱，工作时间也很短。在他看来，收银员是一份既开心又无拘无束的职业。

就这样，孟迪对王老师的不满情绪继续增加。他有意地制造了一些很大的噪声来表示自己的对班主任的不满与反抗；几经提醒后，孟迪依旧没有停止，此举成功激起了王老师的怒火。王老师忍无可忍，让其在教室后面罚站，但这种惩罚不仅对孟迪没起作用，还使他心里充满怨恨与不满。罚站到一半时，孟迪从教室后门跑了出去，随后的课也没有上，他一直在校园里溜达闲逛。

孟迪漫无目的地在学校晃了一个下午，回到家后吃完饭倒头就睡，他并不想和家人谈起今天白天的事情，因为他知道只要他告诉了父母，他们一定会指责他，即使他根本没有错。他也没有可以诉说的朋友，因此只能将今天的事情藏在心里，用睡觉来让自己忘记今天的事，孟迪真的希望这场觉能睡好久。

孟迪父母属于外来务工人员，平时工作很忙，没时间管孟迪的学习和生活，对孟迪的关心相对较少，更不用说亲情交流和家庭教育了。忙碌的家庭环境使孟迪在一定程度上缺少了应有的关爱。孟迪平日里沉默寡言，很少与人交流。在家里他也总是喜欢一个人待着，与父母没有太多冲突，但基本上不沟通，常常沉默。无论父母说什么，他总是表现得无所谓。

孟迪的学习成绩在班上一直比较落后。他经常在上课的时候走神、无精打采，甚至多次在上课时打起了瞌睡。他偶尔会旷课在校园里游荡，并且常常不能按时完成作业。老师多次找他谈话，但他充耳不闻、屡教不改。班主任无奈，多次与其父母联系，反映他在学习过程中散漫、不端正的学习态度，可孟迪的表现并没有多大的改善。平时孟迪在学校也较为孤僻，性格比较敏感多疑，情绪极易激动，常做出一些较为冲动的行为。初一时他曾和同学发生过几次冲突，给老师留下了不好的印象，孟迪在老师眼里似乎属于“不听话的问题学生”。初一下学期，孟迪的父母考虑到他未来的成长与学习，带他去看了心理医生，咨询诊断结果表明孟迪具有一定的偏执倾向。虽然在心理医生的帮助下，他慢慢有所改善，但是升至初中二年级后，他又开始表现出一些不适应。

初次接触社工

第二天，孟迪虽然来到了学校，但并没有想好该如何解决昨天的事情，班主任的课是无法逃避的。孟迪不知道该如何面对班主任，所以一上完第二节课，孟迪决定继续逃班主任的第三节课，于是他又开始在校园里四处晃荡。

在百无聊赖之下，孟迪开始“调查”起学校来。在路过教学楼时他看见了一楼贴着的“家长服务中心”，想起了上次一起出游时和大家一块儿玩耍的学校社工郭田源，当时孟迪就觉得他是一个还不错的大哥哥，脚步不自觉地就迈向了家长服务中心（即社工办公室）。

郭田源是某机构的专职社工，孟迪所在的学校是他们项目服务的学校。孟迪过来时，郭田源也刚好在办公室里。见到了孟迪，他很是诧异：现在明明是上课时间，为什么这个同学不上课？但是郭田源还是将他请进了办公室，坐在他旁边，询问他为何不上课。孟迪不说话，只是低着头，神情似乎有些难过。郭田源知道他有所顾忌，于是跟孟迪讲了讲社工的保护隐私原则，告诉孟迪除非经孟迪同意，或者事关重大的必要信息，他是不会把孟迪说的话再跟第三个人说的，让孟迪大可放心。孟迪便将昨天的遭遇一股脑儿跟郭田源说了，并且向郭田源强调，以后班主任的课他都不会去上了，问郭田源以后班主任的课他能不能来这里。

郭田源了解了事情的缘由，并不急于劝孟迪回班里去上课，因为他知道他这么一劝，孟迪肯定不再信任他了，可是他也不可能让孟迪天天逃课来这里，毕竟学习对孟迪来说是当务之急。与此同时又要保证孟迪的行踪能够在掌握之中，若是直接拒绝孟迪的请求，那么学生的人身安全该如何保证？于是郭田源跟孟迪分析了回去上课和不回去上课的可能后果是怎样的。比如如果回去上课，老师可能会对他冷嘲热讽，但也可能老师并不会追究昨天的事情；如果不去上课，那么以后的课跟不上怎么办？跟不上反而容易让班主任抓到把柄继续“嘲笑”他。不仅如此，郭田源还提出了一个缓兵之计，以后班主任的课孟迪可以暂时先在老师办公室自习，他会去跟其他老师打声招呼，直到孟迪哪天想通了，愿意回去上课为止。孟迪听后，感觉郭田源并不是完全站在老师那边的，而且也答应要替孟迪保密，不会告知孟迪父母，因此他便放心地走出了办公室。

郭田源跟其他老师打好招呼以后，本以为孟迪会想通回到班里，可是才第三天他便接到了其他老师的电话，说孟迪今天上午班主任的课没有来，去班里问了也不在，问他是不是来找社工了。郭田源一听便有些紧张了，前两天还相安无事，怎么今天孟迪又不对劲了？放下电话，郭田源就冲出了办公室，在校园里四处找孟迪。

师生矛盾升级

终于，郭田源在学校操场找到了孟迪，孟迪见到气喘吁吁、大汗淋漓的郭田源也感到十分愧疚。他告诉郭田源，他觉得在老师办公室里自习会遭到其他老师的议论，而且觉得老师们时不时地在斜眼瞥他，让他感觉自己无时无刻不被人监督着，感觉特别不自在，所以也不想再在办公室待下去了。郭田源问他今后班主任的课怎么办，孟迪也十分无奈地说：“走一步看一步吧，大不了以后就这样在操场逛一逛，在外面待着比较舒服。”他向郭田源保证自己就只在学校里逛，不让郭田源操心。

郭田源目前也没有更好的办法，所以找孟迪班主任说了这事，让班主任给孟迪一点时间静一静。班主任听罢也没说什么，但是答应郭田源自己会处理这事。郭田源万万没想到王老师说的对这事的处理竟会引发师生间的新一轮冲突。

两天不到的时间，那天上午郭田源正在办公室里办公，忽然孟迪怒气冲冲地来到了郭田源的办公室。郭田源见他状态不对，便忙问其原因。孟迪说班主任昨天打电话跟他父母说了这件事，还说让他父母好好管管自己的孩子。他父母听后跟孟迪大吵了一架，还说要是他不回去读书就打断他的腿。“她（王老师）怎么什么都要管？现在真是越看她越不顺眼了！”孟迪愤愤地说：“要回就回，我回去以后她别后悔！”郭田源听后，安抚了一会儿孟迪，告诉孟迪男子汉要学会忍耐，并跟孟迪说先回去上课，他会再去跟班主任说说这事。令郭田源担心的事还是发生了，孟迪虽然回到了班级里，但是并没有让老师们省心。他不仅不听课，还开始在课堂上捣乱，时不时在课上起哄、顶嘴，和周围同学讲话，上课睡觉更是如家常便饭。而且不仅在班主任王老师的课上这样，甚至在其他课上，孟迪也毫不收敛。对于老师们的批评和惩罚，孟迪也显得非常无所谓。特别是王老师，几乎每堂课都要批评孟迪。许多老师向王老师告状，说孟迪如今已经完全不服管教。

究竟是谁在作弊？

12 月 8 日，星期五早上，孟迪像往常一样来到学校，一进教室就赶上老师在分发试卷，他才突然想起来，今天上午要进行令人头疼的英语考试。孟迪站在门口停顿了一下，监考老师看了他一眼，大声说道：“赶紧进来，马上就要考试了。”孟迪明显感受到老师的不屑。不过他已经习惯身边的老师的态度了。

当他抬起脚踏进教室的时候，同学们都已经埋下头，准备开始答题了。几乎没人顾得上看他一眼，大家都很在乎这次的英语考试。孟迪心里已经无所谓了，反正会做的题目也没几道。把几道会做的题目做完就行了，也用不到几分钟。孟迪坐到位置上，从书包里拿出一支笔，写上自己的名字就开始答题了。

半个小时过去了，孟迪就做了几道极其简单的选择题和填空题，其他的都不会做。他不会做的题目都在那里空着，也没有随便填个答案。不会做就是不会做，随便填肯定也是错的。但是，同学们总认为他傻，语文老师还曾经说他“偏执”。别人说就让他说吧，孟迪想着想着就走神了。

等他反应过来的时候，他就找不到手中的笔了，他俯下身子朝桌子底下找，找了半天，也没看见那支讨厌的笔跑到哪里去了。当他正准备放弃不找的时候，一双鞋子出现在了他的眼前，他起身就撞上了监考老师的严厉目光。更可怕的是，监考老师弯下腰，捡起了地上的位于两个座位正中间的一个小纸团。监考老师打开小纸团，在他眼前晃了晃，说：“你是不是在找这个!”孟迪还没开口说一个字，监考老师就说：“你不用解释了，考完试到办公室来一趟!”

孟迪顿时就愣在那里了。“我又没作弊，凭什么让我去办公室?”孟迪说道。监考老师指着小纸团掉落的位置大声地说：“纸团就在你们两个中间，不是你就是他，你们两个考完试，都跟我去办公室。”

考完试后，孟迪和坐在他前面的同学小聪跟着监考老师来到年级组的班主任办公室，整个年级组的班主任都在，监考老师和孟迪的班主任简单地说了两句，他并没有听见他们说了什么。然后，孟迪和小聪就被叫了过去，班主任先问了小聪：“那张纸条是不是你的?”小聪摇摇头说不是，然后班主任就说：“好了，你走吧。”孟迪看见班主任这么轻易就让小聪走了，心里觉得只要跟班主任说清楚，班主任肯定也会让他走的。

但是，班主任走到他的面前，跟他说的第一句话就是：“平时不好好学习，考试就知道作弊，你知道作弊的学生会被学校通报批评吗?”孟迪说：“凭什么作弊的就是我?”班主任说：“人家小聪学习成绩那么优秀，每次都是前三名，怎么可能作弊!”孟迪反驳道：“每次都前三名，好学生考试就不会作弊吗?”班主任见孟迪顶撞他，很是生气，说：“你作弊还不承认，就等着被学校通报批评吧!”孟迪很不服，转身就冲出去了办公室。

这一次当着全年级班主任的面顶撞自己的班主任，让孟迪的班主任对他印象很糟！同时，孟迪对班主任的做法感到极其委屈和伤心。

被通报批评

星期一的上午，第一节课下课后，孟迪在上厕所的时候，无意间听见两个同学的对话，同学甲对同学乙说：“哎，你知道吗?我们班有个同学上周英语考试的时候被抓住了，等下大课间全校课间操的时候会被通报批评!”“啊，哪个倒霉的孩子这么惨！不过，他也真够笨的，考试作弊可以，被抓住了就是他的不对了！哈哈哈!”同学乙连说带笑地回应着。

“哎，我跟你说，想知道是谁吗?”同学甲说道。“说说吧，快告诉我。”同学乙顿时非常激动。

还没等同学甲说出名字，孟迪已经按捺不住了，立马冲了进来对着两个同学大声吼道：“你们胡说八道什么呢?”“谁胡说八道了，自己做了丢人的事，还不让人说了，说的就是你，不要脸！学习不好就算了，还抄袭，真不要脸!”同学甲平时在班里就有点霸道，这回突然被人吼了，自尊心受到极大的打击，情绪一下子就失控了。

孟迪顿时感觉受到极大的侮辱，反驳道：“我没有作弊！你们凭什么说我。”同学甲立马回了一句：“你说你没作弊，你就没作弊吗? 有本事你去跟班主任说啊!”同学甲一跟人吵架就喋喋不休。同学乙终于看不下去了，劝说同学甲：“好了，别说了。”

孟迪再也听不下去了，转身走了几步后，突然回过身来，用手指着同学甲说：“你等着，我去找老师，证明给你看!”

去往办公室的路寂静而又漫长，孟迪已经听不见外界的声音，也感受不到外界的一切，心里默默地承受着巨大的委屈和辛酸。

他决定在课间操之前，就去找班主任，要向班主任说明自己并没有作弊，不该被通报批评，被同学在背后说三道四。所以，第二节课孟迪根本就没去上，上课铃响起的时候，他就直接往班主任办公室的方向走去了。

来到班主任办公室门前，孟迪犹豫了一下，还是敲了门。班主任听见敲门声，头也没回地说道：“进来。”

“我根本没有作弊，凭什么要被通报批评!”孟迪不知是被刚才的同学气的还是怎么的，这句话说得铿锵有力。可是在班主任看来，这根本就不是学生和班主任讲话应该用的语气。班主任嘴上虽没有说什么，心里却有一丝丝不快。

班主任停顿了一下，说：“既然事实已经摆在眼前，证据都有，你就不要再说了，这次就算是给你个教训！你赶紧回去上课吧!”孟迪心里还有一大堆话已经说不出来了，默默地站在那里，不知道何去何从。

这时，班主任办公桌上的电话响了，班主任拿起电话，回过头对孟迪说：“赶紧回去上课！我还有事呢。”

在第二节课间操的时候，他就听见了自己的名字出现在了广播里。躲在角落里的他，再也抑制不住满腹的辛酸和委屈，默默地流出了眼泪，却哭不出声来。

我要他给我道歉!

上次的通报批评之后，孟迪再也没有去上过班主任的课。他真的不敢面对班主任武断的结论。他更不敢再一次面对同学的嘲讽。孟迪连续的缺课，让班主任有点着急了，他开始怀疑自己是不是真的误会孟迪了。但是，孟迪一直都是个不太服从管教的学生，这一次，想让他再回来上课非常困难。

班主任最害怕这孩子在不上课的时候万一出现什么安全问题，她不好交代。班主任在这时想到了学校的宣传标语“有困难找社工”，于是她找到了学校的社工郭田源，向郭田源说明了孟迪的情况，想让郭田源劝劝孟迪，想个办法让他回来上课，以免发生什么危险。

孟迪平时朋友不多，烦心事不知道找谁说。在班主任找到郭田源的当天下午，孟迪也主动来到家长服务中心。刚开始，孟迪都不知道怎么开口，过了一会儿才把心里的话一股脑儿地说了出来。

“英语考试，我并没有作弊，可是监考老师在我和另一位同学的桌子下面发现了一个小纸团，监考老师打开纸团就让我们两个去班主任办公室了，班主任让那位同学走了，因为他成绩比我好，平时在班里排在前三名，班主任还说，成绩好的同学绝不会作弊，可是她怎么能确定那个作弊的人就是我呢？就是因为我成绩不好吗？我真的没有作弊，我只是在找我的笔，我还被通报批评、被同学笑话，我都不想去上课了。”

郭田源一直在默默地听着，孟迪用嘶哑的声音说完就委屈地哭出声来。郭田源递给孟迪一张纸巾，拍拍孟迪的肩膀，安慰道：“我知道你很委屈，所以不想回去上课是吗?”“嗯，对。”孟迪点点头。“那做什么能让你回去上课呢?”郭田源轻声地问道。“我要她给我道歉！撤销对我的通报批评!”孟迪擦干了眼泪回答道。

陷入困境

郭田源面对孟迪的要求，不知道该如何是好。由于学校没有监控记录，考试现场的纸条也是在二人中间的地面上被发现的，字迹潦草，无法认定是谁的。虽然孟迪称作弊的肯定不是自己，但是却没有证据能证明孟迪的清白。郭田源感到很苦恼，他虽然是相信孟迪的，但是却不能要求所有人都跟他一样，毕竟孟迪在大家眼中是一个“坏孩子”。因此郭田源选择先试着和学校负责人谈一谈撤销处分的问题，看看事情有没有转机，却不料遭到了学校坚决的拒绝。

学校认为，这件事在报上来的时候，监考老师和班主任已经认定了作弊者，他们的职责就是指出作弊者，现在的情况是人证物证俱在了，这一点已经足够让学校做出处罚的决定。学校认为无论是谁作弊，作弊的行为确实已经发生了，如果直接撤销处分，没有一个人因此受到惩罚，那就不能起到警示的作用，学校的监考制度的威信也会荡然无存。从孟迪和另一个学生的对比来说，孟迪平时表现不好、学习成绩差，他作弊的可能性更高，班主任的考虑不无道理，也希望可以通过这样一个作弊的通报批评，敦促他端正学习态度，认真听课，好好学习。

学校这样坚定的态度是郭田源没有想到的。他原本以为可以减轻处罚的力度甚至撤销处分，没想到学校这边完全行不通。作为一位学校社会工作者，他理解学校严格遵守规章制度的做法，毕竟作弊的情况屡禁不止，学校也为此头疼不已。郭田源转念一想：我还是去找孟迪的这位班主任王老师聊聊吧。

这天郭田源找到孟迪的班主任王老师，刚刚开口提到孟迪，王老师就滔滔不绝地抱怨了起来：“这个孟迪真是一个淘气包，班上的恶劣分子，上课从来不认真听讲，睡觉、发呆、搞小动作，还会影响周围希望好好听课的同学，我好几次批评他，他都是左耳朵进右耳朵出，实在是朽木不可雕也。”郭田源听完这一席话，认为王老师的想法有失偏颇。他对王老师说：“其实我在和孟迪接触之后，发现孟迪是一个很聪明的孩子，只是调皮多动了一点，我这次来找您主要是想跟您谈谈他上次考试作弊的问题，孟迪跟我提过这件事，他坚持说自己没作弊，纸条是另外一个同学的，但是却没有人相信他，这件事您怎么看?”“不可能，”王老师一口否定，“当时的情况监考老师已经跟我说过了，这个纸条是在两人中间找到的，另外一个孩子平时上课非常认真，成绩也很好，完全没有作弊的必要。我知道您希望能帮到这个孩子，但是您要知道我比您更了解他，这个孩子满口谎话，屡教不改，实在让人寒心。”郭田源面对王老师这样坚决的态度非常无奈，别说让王老师道歉了，现在让王老师改变对孟迪的负面印象并且相信他没有作弊都是一件非常困难的事，看来这件事越来越棘手了。

郭田源回到自己的办公室，思虑再三，还是试着找到孟迪，希望能通过交流使他放下这件事。但是孟迪作为一个初中的孩子，自然不懂得隐忍和放弃。何况他本身性格就较为偏执，他认定不是自己做错的事就不应该让自己背黑锅。现在连郭田源都没办法解决，所有人都不相信孟迪的话，他更加生气和绝望，负气离开了社工办公室。事后，郭田源数次找到孟迪并开解他，告诉他逃课的弊端，这样的行为不安全也不理智，为了以后能够更好地实现自己的梦想，他可以选择更认真地听课并向老师证明自己。郭田源虽然不断地找到孟迪，希望他解开心结，但是孟迪却不管不顾：明明自己什么都没有做错，他不明白为什么大家都要如此针对他，只是因为他在大家眼中是个“坏孩子”吗？王老师如此讨厌他，他也不喜欢王老师看他的那种眼神，他就干脆不要去上课好了。于是在这样僵持的情况下，孟迪就愈发消极叛逆。别的老师的课他也许还会去上，只是不认真听讲而已，而班主任的课他就不知所踪。老师认为他这样做会给班上的同学带来不良影响，对待孟迪的耐心也越来越少。更棘手的是，郭田源也有自己负责的项目，时间安排并不灵活，不能把所有时间和精力都放在孟迪这件事上，这也让他很无奈。在这样的事情出现两三次后，班主任生气地通知了孟迪的父母，希望他们严肃教育孟迪解决这个问题，如果孟迪还是屡教不改，学校为了不给别的学生带来更严重的不良影响，也只能劝导他退学了。孟迪的父母在了解情况之后对孟迪大发雷霆，气急败坏地将孟迪领回了家。

会有转机吗?

孟迪的父母和郭田源谈完之后，怒气冲冲地从学校带走了孟迪，决定干脆让孟迪暂时不要去上学，好好在家里反思反思，免得强迫他去上学，反而更容易加重他的叛逆。他们也非常担心孟迪会做出一些极端的事情。回到家后，孟迪的妈妈正想和孟迪谈谈，谁知孟迪径直走向自己的房间，把门“砰”的一声重重地关上了。孟迪的父母看着眼前的情景，深感无奈与苦恼。孟迪的妈妈觉得孩子不想上学的主要原因还是性格太焦躁，所以希望再带他去看看之前的那个心理医生，以期有所改善。当她把这个想法跟孟迪说起的时候，孟迪的反应非常激烈：“我又没病，干吗整天去看医生?! 你们是不是巴不得我有病啊!!”面对这样的儿子，孟迪的父母除了唉声叹气以外似乎也别无办法。

由于孟迪的反应过于激烈，再带他去看心理医生的想法只能作罢。有一天，孟迪的妈妈听到同事说有个孩子也是从小有多动症，上课不认真听讲，非常调皮，其实是中邪了，带他去请了个道士做了场法事之后，孩子的情况好了很多。本来孟迪的妈妈对这些事情是不太相信的，但转念一想，孟迪这样天天在家待着也不是个事，干脆试试吧，反正也没有什么坏处。为了不让儿子有抵触的情绪，孟迪的妈妈特意带他出去玩了几天，在这个过程中，孟迪与父母的关系稍微有了一些缓和，但对上学的事情依旧抵触。旅游回来之后，孟迪的妈妈特意把道士请到家中，做完法事之后，孟迪的妈妈还将道士留给她的符装进了孟迪的书包里。孟迪妈妈发现孩子对于这个事情并没有什么反抗情绪，说不上十分配合，但比起让他去看心理医生，孟迪的态度好了很多。孟迪妈妈心想：“说不定真的有用呢。”过了一段时间，郭田源与孟迪的妈妈通了电话，询问了一下孟迪最近的表现。孟迪的妈妈说：“孟迪最近的情绪倒是稳定了很多，也不会出去乱跑，但对上学的事情还是拒绝的，整天说上学没用，上学一点意思也没有。”郭田源在了解这个情况后决定对孟迪做一次家访，面对面地同孟迪进行交流。

郭田源来到孟迪家里后，孟迪对他的态度比较热情，拿出零食和饮料来招待他。郭田源问了孟迪最近在家都干了些什么，孟迪回答道：“也没干什么，我妈带我出去玩了几天，回来后还给我找了个道士，好像还把什么符放在我书包里了。我也不知道他们是怎么想的，是觉得我精神不正常吗?”郭田源觉得应该把孟迪的这种感受告诉他的父母，可孟迪又希望郭田源能够替他保密，因为他觉得这样只会让父母觉得他不可理喻，又要搬出那套“不懂他们做父母的心情”的说辞。郭田源在说与不说之间陷入了两难境地。在郭田源向孟迪问到是否愿意回去上学时，孟迪表示不愿意再去上学。孟迪说：“我不想上学了，上次冤枉我作弊的那件事，我根本没作弊，老师冤枉我，同学都以为是我，我觉得挺丢人的。”郭田源说：“那你现在还这么小，你不上学的话你将来要干什么呢?”孟迪回答：“我想过两年去做收银员，我姐就是这样的，也没上几年学，就去做收银员了。我觉得当收银员挺轻松的，能赚钱，又不累。”当郭田源说收银员工资很低，而且一般都不太稳定时，孟迪又说：“那我就去做游戏代练，我看别人做游戏代练赚得不少，一边玩一边赚钱。”郭田源说：“那你对这两个职业有多少了解呢？比如多大年龄能当收银员？要不要学习什么技能、掌握什么知识？要是这个职业又轻松又能赚钱，为什么不是人人都去干呢?”孟迪对郭田源提出的这些问题没有回答。郭田源看孟迪对于上学的态度还是比较排斥的，也就没有继续再问下去，而是让孟迪这几天在家再好好想想，也可以上网查查这方面的新闻和资料。郭田源又和孟迪的父母谈了谈，委婉地表达了孟迪希望父母能够平等对待他的想法，并且与孟迪约好一个礼拜后再来家访。

再陷两难境地

一个礼拜后，郭田源如约而至。这次，郭田源先和孟迪的父母进行了单独的访谈。孟迪的妈妈在跟郭田源提及这礼拜孟迪的情况时说：“感觉上次你来了之后，孟迪的状态好了很多，昨天我问他你想不想去上学，他的态度没有之前那么强硬了，说再等两天看看。不过这段时间我和他爸爸也真的做了很大的努力，我跟他说要是他不好好上学，我也不上班了，就在家里看着他。还跟他说要是他一直不上课，那我干脆就把他送回老家去，以后就别回来了。当然了，我这只是吓唬他，但我觉得对他还挺管用的。”

在郭田源和孟迪交谈的时候，他发现孟迪的情绪有些低落，问他有没有查资料，孟迪说查了一些，但没查到什么重要的。郭田源说："我回去之后也查了一些资料，你看你现在才上初中，要出去工作至少得成年吧，你这几年不能工作，你要干什么呢？难道就一直住在家里吗？现在出去找工作，不论工资高低，最起码要求是高中毕业，如果连初中都读不完的话，你出去肯定找不到工作的。而且你说你要当收银员，那你至少要会基本的数学计算吧，你要是不去上学，你以后跟别人说你会算也没有人相信啊！"孟迪沉默了一段时间，跟郭田源说："那我愿意回去上学，但我还是觉得当收银员挺好的，等我高中毕业了我就去当收银员。"

郭田源将孟迪的决定告诉了父母，父母对孟迪愿意回去上学这件事感到很高兴，但同时希望郭田源能够改变他以后想做收银员的这个想法，因为毕竟这个职业既不稳定，收入也不高。但郭田源觉得这是孟迪个人的决定，一来毕竟孟迪还小，这个年纪的孩子有很多想法也很正常，二来作为社工，似乎也不应该去干涉案主的价值选择。孟迪的父母很希望能够通过郭田源来改变孟迪的想法，郭田源个人也觉得孟迪的理想似乎并不够好，对他将来的学习和生活并没有太大的帮助。郭田源觉得自己陷入了两难的境地，又想到孟迪作弊的事情如果不解决的话，孟迪以后上课还是会有抵触情绪的，但上次校长和老师又表示不可能给孟迪道歉。想到这些，郭田源就觉得不知该如何下手了。

二　教学笔记

（一）摘要

最近一段时间，驻校社工郭田源在工作中遇到了许多麻烦，这些麻烦都发生在他所在的机构所服务的学校里。初中生孟迪和班主任关系很不好，他经常逃课，是老师眼中的“坏孩子”。一次上课不听讲引起的矛盾使他和班主任的矛盾加速恶化。在一次英语考试中，监考老师在孟迪的桌子边发现了小抄纸条，班主任便认定是孟迪在作弊，并使孟迪受到全校通报批评的处分。孟迪极力辩解自己没有作弊，但是没有人相信，他因此更加气愤，并且出现了在课上捣乱和逃课的行为。孟迪向郭田源提出只要班主任道歉他就好好上课。因为师生关系恶化，孟迪不得不暂时在家休息。郭田源在家访时发现，孟迪与父母的关系也不是很好。父母认为孩子可能有多动症，在看心理医生行不通后甚至还请道士给孩子做法。一边是所有人的不理解与不信任，另一边是孟迪个人的强烈反抗，郭田源迷失了方向。

（二）教学目标

本案例较好地展现了社会工作者容易遇到的伦理困境。学校社会工作者并非学校专门的工作人员，却需要常驻学校与各种人打交道。由于社会工作者在我国知名度不高，学校社工在学校中也没有权威地位，复杂的环境、社会工作者扮演的多重角色使其更容易陷入伦理困境，这也向社会工作者的个人能力提出了挑战。本案例旨在让同学们学习以下知识点：

（1）了解社会工作伦理的基本守则；

（2）了解学校社会工作者常见的伦理困境；

（3）了解保密原则的例外；

（4）了解价值中立与价值介入。

（三）教学计划

本案例可以用于社会工作伦理课程，适用于社会工作专业硕士课程。

本案例以时间先后为序进行叙述，教师可以引导同学们在案例回顾时注意总结每个事件发生的重要节点。在这些节点上，社工都采取了哪些措施？有没有起到作用？简单思考为什么会有这样的情况。也可以让同学们先讨论一下：社会工作者郭田源在学校工作的过程中遇到了哪些困难？他在处理问题时扮演了什么样的角色？回顾之后请一两个同学回答，并简单说明理由。

本案例计划安排教学时长为2课时（共90分钟），以下是教师课堂教学安排表，教师可以将其作为教学参考。

课前准备	课前案例阅读	
课堂中	案例回顾	10分钟
	小组讨论	20分钟
	集体讨论	50分钟
	知识梳理总结	10分钟
课后巩固	课后思考与应用	如有时间可自由发言

（四）启发思考题

（1）谁是社工的当事人？

（2）在回不回课堂这个问题上，社工应该扮演什么角色？

（3）保密原则有哪些例外？在本案例中是否适用？

（4）社工是否可以帮助案主树立更远大的理想？

（五）问题分析

1. 谁是社工的当事人？

在该案例中，学校老师与学生之间的冲突，把驻校社工置于一种尴尬的位置，更加重了驻校社工这一身份带来的两难处境。对于驻校社工来说，学生是直接的服务对象，学校虽然不是社工的雇佣机构，却是社工实际工作的场所，社工需要和学校内的各种人搞好关系。学校社工的专业关系不是只有“社工-案主”这一简单的线性关系，而是包含了案主、项目资助方、学校以及社工所在机构等多方的复杂的网络。每个人在这个系统中都有自己的利益诉求，不同的人所处的位置不同，看待问题的角度、出发点也不一样。同时，各方对社工有着不同的工作要求和期待，多方的利益在社工身上交叉碰撞，必然会让社工难以抉择。

当老师与学生发生直接冲突，学生的梦想被贬低，自尊被伤害，老师的做法的确有欠妥当，但学生在此事件中也存在过激行为和一些不恰当的举动（比如扰乱课堂秩序等）。双方找到社工各有目的和要求，老师对学生的逃课行为不满，而学生则怨恨老师并希望其道歉，这个时候社工该把谁的利益和诉求放在首位呢?

教师可以引导同学们思考一下：在本案例中，郭田源的处理方式是怎样的？对待不同当事人，他是否都能按照专业判断行事？最后取得了什么样的效果?

经过讨论，不难发现，社工并没有直接介入师生的矛盾，他最主要的工作还是与学生进行沟通，了解情况，帮学生进行情绪上的疏导，给予学生充分发泄愤怒、不满、委屈等情绪的机会。然而对于学生希望老师道歉的诉求，社工并没有针对此事做任何具体工作。

在针对老师的工作方面，社工只是与老师简单谈过孟迪的一些感受和想法，并没有针对二者关系促使老师做更多的努力。另外他也没有提及孟迪要求的道歉，他自身也认定“事实上老师是不可能向他道歉的”。从干预效果来看，社工的干预并没有使老师和学生的关系有所缓和，反而有更加糟糕的趋势。

教师也可以引导同学们思考一下：是什么原因导致了社工对二者采取不同的态度？或许不能否认社工顾及了与学校之间的合作关系，有种“人在屋檐下不得不低头”的感觉，在某种程度上，学生的需要实际上被压制了。这样的做法固化了社工在与学校合作的关系中的被动地位，虽然能够保证机构短期项目的运营，却难以保证长期的服务效果。

2. 在回不回课堂这个问题上，社工应该扮演什么角色?

案主自决是社会工作者坚持的重要原则。在社会工作者看来，每个人都是有价值的，也是有能力的，自主和自由被视作重要且较为优先的伦理原则。① 在实际的工作过程中，社会工作者重视案主自决的权利，注重培养案主的独立、自主和自由。然而在很多时候，社会工作者的服务对象，

① 多戈夫，洛温伯格，哈林顿．社会工作伦理实务工作指南．7 版．北京：中国人民大学出版社，2005.

比如高龄甚至痴呆老人、未成年小孩以及精神病患者等有一定的特殊性。在面对诸如此类缺乏行为能力或者有生命危险的案主时，案主的自决权可能会被限制甚至被取代。的确，有时对案主自决是需要审慎对待的。应该引起社工注意和思考的是，社工不能仅仅因为年龄的原因而忽视案主的自决权利。

教师可以请学生们思考一下：孟迪对自己是否上学有没有自决权？有同学可能认为，孟迪正在读初中一年级，尚未成年，从年龄来看，他处于冲动的青春期，思考问题有可能不够全面，似乎不具备完全的自决能力。也有同学可能表示反对，认为孟迪作为个人，对自己的生活有着深刻的感受，因此他的想法和意见应该被尊重和重视，而不是令其感到被胁迫和支配。

根据同学们的回答，教师可以继续引导学生：如果故事背景改变，孟迪家境贫穷，继续上学可能会给家庭造成很大负担，但是他非常想上学，你会支持他的决定吗?

或许有同学会表示自己对于自决的判断前后矛盾，认为在第一个背景下更有可能剥夺他的自决权。教师可以引导学生反思一下为什么会产生这样的变化，是什么影响了自己的判断。

在讨论之后，不难发现，个人的价值观念很容易影响对于案主自决权的判断。有人认为初中生应该继续上学，接受更多教育；也有人认为，那些抵制学校教育的服务对象对于自身情况的了解可能更加清晰。这种现象更要求我们在参照年龄判断自决权利时更加审慎。

3. 在本案例中，孟迪对妈妈让他随身携带符的行为很不理解，也感到很难过。社工希望能跟妈妈沟通一下，帮助他们缓和关系，但是孟迪希望社工对他的行为保密。如果你是社工，遇到这样的情况，你会怎么办?

保密是社会工作者遵守的保护服务对象身份和信息安全的伦理责任，保密原则要求社会工作者采用各种手段保护案主的隐私，并降低隐私泄露的风险。但是保密也不是绝对的，当社会工作者有极为重要的原因时，可以打破保密原则，并在打破保密原则时遵守最低披露原则。保密原则的限制条件有：（1）服务对象要求披露信息；（2）司法部门要求披露信息；（3）服务对象投诉或起诉社会工作者；（4）服务对象起诉他人；（5）符合成文法对虐待的规定；（6）服务对象危害自己或他人。①

在本案例中，服务对象孟迪希望社工郭田源不要告诉妈妈他内心的想法。但是郭田源又认为想要缓和孟迪和妈妈的关系，帮助孟迪走出困境，就必须告诉妈妈孟迪内心的真实想法。教师可以请同学们自由发表关于怎样应对这件事的观点。一些同学可能认为，如果想要使孟迪走出目前的困境，就必须使妈妈能够更好地了解孟迪的想法，现在孟迪对于妈妈主要采取回避的态度。教师可以追问学生：那是否可以直接告诉妈妈孟迪的想法呢？一些同学可能认为，破坏保密原则会使孟迪丧失对于社工的信任，而且目前没有评估孟迪妈妈对于孟迪的接受程度，妈妈知道他的内心想法后，很可能加深对他的偏见，也不符合最小伤害的原则。

在讨论中，不难发现，很多同学都认为二人需要进行沟通，但是打破保密原则会出现很多风险，诸如破坏专业关系、使母子关系恶化等。教师可以引导大家思考本案例的情况是否符合保密的限制条件。在讨论后同学们可能发现，保密原则限制条件中的第六点跟案例有一定联系，只是目前的状况并没有严重到服务对象危害自己或他人的程度，所以社工并没有条件去打破保密原则。

教师也可以引导大家思考可能的较好的处理办法，既能不打破保密原则，又能促进二人的沟通。或许有同学会说要尽量说服案主和母亲沟通，并说明沟通的重要性，但最终还是会尊重案主的自决权利等。没有统一的答案，言之有理即可。

4. 如果你是社工郭田源，案主孟迪的妈妈告诉你，她觉得儿子希望成为收银员的愿望很不好，希望你能帮助他树立更远大的目标，你会怎么办？

价值中立原则是被社会工作者广泛接受的原则。专业实践要求“不带

① 高鉴国. 社会工作价值与伦理. 济南：山东人民出版社，2012.

有个人的价值观、信仰或评判”，但是价值中立在一些情况下会造成实实在在的损害[①]：

（1）忽视可能有的自毁或其他破坏行为。

（2）社会工作者不能区分什么是发挥功能，什么是功能失调；什么是正常行为，什么是病态行为。

（3）不对当事人行为进行质疑，有可能使当事人认为社会工作者赞成自己的行为。

搁置价值观是一项“专业上的措施”，它的目的是解决社会工作者在工作过程中的家长式作风，希望社工能够采用非评判的方式去倾听当事人在说些什么，能够更全面地认识和看待案主。由此看来，价值观中立更强调了解事实的中立，而不是对于案主的行为不能进行伦理判断。即使了解到这一点，也无法完全帮助我们回答这个问题，因为对于暴力、欺骗、盗窃等，我们可以毫不犹豫地说这是违背伦理道德的，但是对于一个孩子的梦想，我们很难去评价它是好是坏。

教师可以问同学们，你自己怎么看待孟迪的梦想。或许有同学会说梦想无论好坏，即使是收银员也对社会做了很多贡献。但是也可能会有同学说，孟迪以收银员作为自己的梦想，使得他不再投入学习，这会影响他未来的发展。可能还有同学认为，可以对于孟迪的梦想不加评判，由他自由发展。经过讨论，不难发现，在评价他人梦想时，我们都会受到社会普遍价值观的影响，因为大众普遍认为，人应该有远大的理想，理想应该是通过奋斗才能实现的。

这时，教师可以引导同学们结合价值中立会造成损害的情境，思考一下这样的情境是否符合以上知识点中的三种情况。我们可以发现，对于孟迪的想法置之不理，可能会使他不再认真读书，但不认真读书是否是一种自毁或破坏行为还需要我们再次考虑。另外，社工需要区分孟迪是真的想要成为收银员，还是收银员的生活是他梦想生活的一个缩影。结合案例的

① 多戈夫，洛温伯格，哈林顿．社会工作伦理实务工作指南．7版．北京：中国人民大学出版社，2005．

其他部分，我们可以看出，孟迪认为收银员的生活是没有压力的、轻松自在的，而说到收银员需要学好数学，孟迪又开始说自己想要做游戏代练，看来孟迪也不是真的想要成为一名收银员，而是想要减轻自己的压力并且想要逃避校园生活。他为什么会感受到压力和逃避校园可能是社工接下来要注意解决的问题。第三点提到对于个人行为的赞成，在本案例中，社会工作者虽然不一定要支持案主的梦想，但是一定要对案主的梦想有足够的尊重。

经过了以上分析和讨论，我们不难发现，对于孟迪来说，重要的不是去教育他树立远大理想，而是关注他内心的困惑，使他尽快走出困境。

（六）关键点

本案例分析的关键点在于找到谁是社工真正的当事人。教师可以在案例讨论中让同学们回顾其成长经历中遇到的关于集体“贴标签”的情况，并回答当时是怎么处理的。在学校社会工作中，还会出现哪些困境呢？如果你是案例中的社工，在这样一个情况下，你会采取什么措施呢？本案例涉及的关键点包括：

（1）伦理决定的主要案主是谁？

（2）案主自决的条件是什么？

（3）价值中立原则的适用条件是什么？

（4）保密原则的适用条件是什么？

（七）参考文献

多戈夫，洛温伯格，哈林顿．社会工作伦理实务工作指南．7 版．北京：中国人民大学出版社，2005.

高鉴国．社会工作价值与伦理．济南：山东人民出版社，2012.

步履维艰的社区楼道改造

一 案例介绍

"美丽家园"——嘉和社区楼道改造项目

"美丽家园"——嘉和社区楼道改造项目（以下简称"美丽家园"项目）是"幸福中国社区建设计划"（见附录）在某市的中标建设项目，"美丽家园"项目针对社区居民保护公共环境的意识低、闲置物品在家中无法存放、楼道杂物堆积等现象，通过楼道改造行动来提升居民保护公共环境的意识，提高社区居民空间整理与布局的能力，加强邻里之间的联系，增强居民的社区参与度和社区归属感。"美丽家园"项目的主要内容包括设置工作坊、楼道改造与美化。整个楼道改造计划从最初的策略讨论、计划制订、分工合作到实施都是由居民自己参与和主导的，工作人员及社工仅仅扮演引导和资源提供的角色，这契合了"幸福中国社区建设计划"的宗旨。

K社工发展中心

K社工发展中心成立于2008年，前身是北京K国际文化中心某办公室，最初的工作主要是协助城市中的流动人员更好地参与城市建设和社区生活。现在K社工发展中心关注城市中的弱势群体，旨在通过社会工作专业方法、调查研究、政策倡导等方式促进全社会关爱弱势群体。目前该机构有4名全职社会工作者，1名实习生。

势在必得的决心

当"幸福中国社区建设计划"在某市开始招标后，一些公益组织就开始构思策划案，积极争取竞标。李红是2014年社会工作硕士毕业生，毕业后正式进入K社工发展中心工作，凭借优秀的工作能力，很快成为该发展中心的项目主管。李红非常热爱现在这份工作，用自己的思想把社会变得美丽一直是她努力工作的动力。为了帮助机构争取更多的项目，她把策划案做得非常周全，但是由于自己工作时间、精力不足等原因，她并没有去实地考察，但是她认为自己准备的资料可信度很高，对于这次社区建设的竞标，她势在必得。

最开始的计划

果不其然，李红的项目书竞标成功，资金是由某银行和政府分批支付的，各负担 50%。项目预计从 2014 年 6 月到 2015 年 4 月执行，时间非常紧张。多年的经验告诉她，政府看重政绩，银行也急于看到效果，只有在短期内产生效果的投标书中标的机会才会大，所以她把计划安排得比较紧凑，努力加快项目的实施进度。李红当时设计的项目的具体实施步骤如下。

2014 年 6 月至 2014 年 7 月，项目宣传与推广期。宣传的方式包括张贴海报、发放宣传册以及工作人员上门推广。目的是让社区中的居民了解本项目，并在日后的活动中积极地参与项目。

2014 年 8 月，楼道文化传播。开展主题活动，参与者包括已经报名参与项目的居民和社区的工作人员。主题是讨论现在楼道存在的问题以及影响。

2014 年 9 月至 2014 年 10 月，楼道改造的策略探讨。上一次工作坊布置的任务，将会有更多的人参与进来，策略探讨的目标是整合居民的诉求与想法，研究制定出楼道改造的策略，并选出楼道长负责日后活动的人员安排和统筹以及楼道的环境维护工作。另外，还要制定楼道公约以及闲置物品中转站的使用守则。

2014 年 11 月至 2015 年 1 月，对每个楼道进行人员分组和分工，各组负责自己楼道的具体改造任务，包括楼道闲置物品中转以及楼道装饰两部分。在空间利用和楼道装饰设计的过程中，专业人员会对居民进行指导，整合居民的想法和创意，让空间布局和装饰更为美观。此外，工作人员还需要引导居民去挖掘一些本楼道或者本社区的特点和特色文化，作为每个楼道的主题。

2015 年 3 月，成果分享。参与活动的居民以及工作人员分享整个活动的感想。

2015 年 4 月，项目成果宣传与推广。

这样的时间安排看上去衔接良好，如果一切顺利会如期完工。但后面出现了太多意料之外的问题，使得项目不断拖延。即使项目利人利己，落实起来也异常艰难，最初的计划被琐事磨得支离破碎，工作人员的热情逐渐消散。

选择社区的为难

本项目的出发点是解决楼道拥堵的问题，项目最终的目标是推广楼道文化建设，让更多的居民参与到楼道、社区的建设中来。但是项目中标以后，在选择承接项目的社区上出现了问题。李红本想选现代化的、面积小的年轻社区进行改造，见到成效后再往老社区扩展，毕竟社区改造的概念新颖，没有太多可以借鉴的经验，直接从老社区开始改造不仅压力大，成本和项目难度也会上升。但是资金不由机构提供，社区选择也不完全由机构操纵，所以李红的建议没有得到社区孙书记的采纳，项目最终落地于嘉和社区。自确定项目承接社区已经过去了两个星期，所有的事情还是没有头绪，实际的处境难题更多，李红决定先去走访社区。

经考察，嘉和社区建成并作为商品房售卖始于 1999 年，从第一期居民入户到现在（2015 年）已有 16 年时间，社区内退休的老年人占很大比例。因为楼房修建时间较早，用的材料也比较老，所以墙面返潮、破损很严重，上面满是广告纸、脚印、灰尘，乱涂乱画的现象很普遍，许多楼道门生锈了，即使坏了也无人修缮。在第一次去联系社区进行项目宣传和调查时，主管李红就意识到了项目的难度和预算的紧缺，但是政府和银行的项目资金卡得很紧，他们只能在项目开展过程中节省资金。既然没办法更改，那就要好好做下去，李红想要跟社区孙书记好好谈谈。

书记很热情地接待了李红和机构的社会工作者，并对楼道改造项目表现出极高的热情，表示会积极配合工作，发挥居委会的作用。双方初次见面，就项目的目标、计划和开展等进行了洽谈。书记拿来居民的资料，希望尽量选人多的、长期居住的楼道。居委会和李红在协商后选定了 6 个楼道，合作关系算是正式达成。虽然嘉和社区的住户以退休人员居多，老年人也没有那么多激情和活力，但是他们的时间比较自由，而且公益心和乐于助人的精神应该会比年轻人强一些，李红的心里稍微轻松了一些，希望这些都能为以后的项目开展提供支持。

被搁置的无奈

按照项目书，2014 年 6 月至 2014 年 7 月是项目的宣传和推广阶段，所有宣传册、折页、海报的制作，见面会的召开都需要提上议事日程，但问题是项目的经费还未到手。“资助使用计划”早已提交上去，但还没有资金拨付，初期资金使用额度太大，机构不能垫补，这导致项目不能如期进行。而机构此时正好接手了企业社会工作的项目，还有一些其他的杂事，李红便暂时放下了自己一手策划的项目，希望等资金下发后重新再办。哪知一放就搁置了 4 个月，银行的资金一直没拨付，政府没催项目，监督方则一再延期。慢慢地，李红对于该项目的热情被其他项目占据了，她催过几次之后也就不再催了，项目被各方不约而同地搁置了。

当机构几乎都快忘了这个项目时，2014 年 10 月底，李红接到通知，说部分资金已经到账，按照初期协定到账 19 787 元，李红心想这远远不够，但是资金到账后项目就要启动，机构只能先垫付资金，项目书也要马上做调整，预计从 2014 年 11 月到 2015 年 8 月完成。李红正要准备去做的时候，企业社工的初期评估和台账记录、项目报销等一系列事情压了下来，拖缓了项目进程。因为一再拖延，2014 年 12 月和 2015 年 1 月再与社区孙书记相约见面时候，书记的态度已不如从前。这让李红心里感到委屈：自己一直在努力，但是与政府和银行合作的自己力量太过薄弱，不可能改变大局。顿时李红感觉到了社会工作者的不易。

一波未平一波又起

因为居委会和机构关系紧张，加上又临近年关，居民也没有那么多的时间去应对这些不关乎其切身利益的小事，所以李红的社区调查和工作的开展几乎没什么进度。尴尬的处境和工作的烦琐，促使她把这个项目交给了机构新来的项目助理张肖，期望在张肖的努力下项目能出现转机。李红把所有的前期档案和资料做了交接，缺少的台账和不太具体的账目就顺手交给张肖去补充完整。但新来的张肖对主管、机构、项目很陌生，李红也只是简单地交代了几句，张肖有不懂的问题也只能自己想办法解决。就这样，“美丽家园”项目在到张肖手里时又跟以前有了些不同。

2015 年 1 月，张肖按照计划先联系了社区孙书记，说明了自己的职责和角色。孙书记也很有耐心地配合着张肖的工作，她首先选了几名社区居民志愿者，这些志愿者都是嘉和社区的老住户，机构为他们做了短期培训，期望志愿者做好前期宣传。机构准备了宣传册、海报等所有启动会要用到的物资，一结算，光这些就已经花掉了 15 500 元，加上活动的各种补贴和茶歇，仅预算就到了 18 130 元。张肖吓了一跳，一个活动就花掉了前期的全部资金，但是活动又不能不办。启动会定在社区的活动室，海报也提前张贴出去了，但是当天到场的人不多，后来发动志愿者硬把自己熟悉的老邻居拉来充数，才确保了启动会的顺利召开。在启动会上，或许是张肖没有站在居民的立场上去考虑，又或许是她首次自己带活动，准备不充分，也有些紧张，现场气氛不热烈，而且居民说的家乡话更让她觉得一头雾水！张肖有些沮丧，这次启动会并没有达到她想要的效果：一是因为没人来，准备好的物资过多造成了浪费；二是虽说有项目书，但是在真正开展活动时，机构自己的人员不按照计划执行，现场很嘈杂；三是自己的准备也不充分。活动结束后，张肖详细地跟李红反映了这些情况。李红很认同，但是觉得事出有因，没有深究，只是嘱咐她以后的活动都要记得拍照，并且要拍正脸才显得更真实。这些照片要用作通讯稿的素材，有的时候也要提供给社区做资料补充，以满足社区的活动指标，不仅机构省力，而且还能用此维系和社区的合作关系，一举两得。李红提醒张肖以后一定要留意，张肖点头答应。

假期在即，所有人都在应付监督方和政府的年检，台账补足、账目清理和报销、发票等等各种烦琐的事又导致本来计划好的嘉和社区入户调查被搁置了，前前后后过去了一个月。

年假回来后，张肖重新着手“美丽家园”项目。她首先联系了年前培训的志愿者，组织大家在开展楼道改造策略讨论会之前进行一次居民入户调查，了解居民对楼道改造项目的想法，包括居民对项目的参与意愿、空闲时间、期望的楼道风格、家庭闲置物品的数量和处理方式等。居民对机构工作人员有些距离感，但看在志愿者的份上配合了机构的工作。虽然有些居民不满之前的拍照行为，但是想到李红的嘱咐，张肖还是极快地进行了现场照片的采集，在居民反应过来之前把事情搞定了，省去很多麻烦。第一次入户调查还算成功，张肖和其他工作人员马上进行了数据信息的录入和整理，统计好每个楼道大部分人期待的风格、空闲的时间，以及废旧物品的处理办法。这时，张肖发现，被调查的6个楼道内的居民中，有80%选择了绿色楼道风格，这让张肖很郁闷。出于项目计划的需要，张肖只能自己去确定楼道风格。张肖通过一份入户访谈表，将居民的信息录入了机构，无疑，这方便了以后的工作，此时，张肖心里也轻松了许多。

2015年3月18日，银行就此项目召集所有中标者参加能力培训。但是这次是李红到场，真正在做项目的张肖却没有出席，随后各种项目监督和跟进，也是李红代表机构参加。

会后，李红对正在计划居民楼道讨论会的张肖说，废旧物品中转站这件事暂时不要在讨论会上出现，机构怕给项目的实施增加难度和带来不好的影响。张肖犯了难：无论是宣传册还是入户表都提到过这件事，如果居民问起怎么办？李红吩咐说不问就不说，问了就实话实说，具体情况不用向居民做过多解释。张肖只能点头赞同。

在讨论会进行之前，张肖为了谨慎起见还是去了一趟居委会，跟孙书记详细商量借用社区活动场所的具体事宜，并提前一天通知居民参加讨论会。但是居民的反应很不好，只有楼道长和前期培训的志愿者杨阿姨答应会去。张肖的心里不免有些焦躁和无奈，又不可强迫居民，项目进度也要赶上，所以还是按照原定计划召开了讨论会。时间定于下午2点，李红和张肖1点45分到达居委会，可是大门紧闭，并无工作人员值班。又过了10分钟，张肖给孙书记打电话询问，原来社区值班人员忘记上班。值班人员一到就对张肖大发脾气，说主任打电话训她，都是张肖的错！张肖很委屈，但是鉴于双方的合作关系还是道了歉。活动准备妥当后，到下午2点半都没有一个居民过来，直到下午快3点才有2个老人到达。开始交谈后，老人表现出对机构强烈的不满和不信任，言辞激烈，李红耐心地解释项目，张肖抓紧时间采集了照片——这毕竟也算是一个计划中的活动，虽然有些不成功。最后讨论会没有取得实质性成果，两人在回机构的路上一直在商量以后"如何把居民从家里请出来"，可至今这个难题仍一直困扰着项目的运作。

这次不成功，今后肯定还要再办一次，张肖又一次前往居委会，这时的孙书记已经有些不耐烦，张肖也很为难。一番商量后，孙书记直言自己也没办法强迫居民来参加讨论会，一切由机构自行处理。孙书记认为机构的项目内容有问题，强烈建议机构把原来选中的6个楼道增加为9个，除了根据居民意愿选出的楼道风格外，再加上博爱楼道、法制楼道和廉洁楼道3个楼道，此外文化楼道必须体现嘉和社区的特色，不要其他内容。这让张肖犯了难，此时书记又质问了工作坊和废旧物品中转站为何弃建，张肖一时也答不上来。商谈了一下午后，书记还是坚持自己的看法。居民的意愿要尊重，书记的想法也要考虑，机构的预算却不高，张肖无奈，只能同意。这时不仅时间紧张，而且任务也多了，李红不满意书记出尔反尔，但是面对这些不能得罪的合作方，李红只能容忍。

接下来张肖就更忙碌了，9个楼道都要再具体召开一次针对本楼道实际情况的讨论会，要做9套策划案，还有物资的准备、人员的安排等，所有的一切都让新来的张肖很头疼。有时候事情实在太多，张肖想请同事帮忙，但同事们也会因为自己手头的事多而拒绝。主管事情更多，每天也见不到面。张肖心里很是烦闷，却没有一个可以倾诉的人。每次机构的督导都因时间有限，还没谈几句话就结束了，而且督导员有时候给的建议在实际操作中根本行不通，张肖也没什么收获。

后来实习生王璐来机构工作，李红让她跟着张肖做项目。有人帮忙自然是最好的。到了 2015 年 4 月的时候，项目还只进行到讨论阶段，连第一场的讨论会都开得不是很成功。这时候因为各种原因被延误的企业社会工作方面也很缺人手，李红就让张肖去企业帮忙。

企业社工的事情忙完后，张肖 4 月份的大部分时间还是在协调嘉和社区的讨论会，不是居民没空就是居委会场地不方便，其中一次志愿者回访见面会也鲜有人参加，买的茶歇点心只能带回机构内部分着吃了。张肖想以后不要再花茶歇钱，人来得少，东西买了也是浪费。这时候张肖产生了和李红之前一样的情绪，都期望从这看不到希望的项目中抽身。恰好企业社会工作项目拓展了工作内容，李红就让张肖去负责了。

就这样，“美丽家园”项目又落到了另一个项目助理田乐身上。田乐在 2015 年 4 月底从张肖的手里接过项目，跟上次一样，张肖也把一些居民信息和资料原样给了田乐，至于一些账目和未完成的工作，也让田乐自己看着补充。田乐很擅长画画，所以在装饰和构造方面也很有自己的想法，很快项目在她的手里有了一些进展，一些初步的效果图和式样已经出来了，一切按部就班地发展着。但是很不巧，5 月份田乐因为身体原因请了长期病假，而且情况有些严重，来不及交接工作就走了，李红只好又把看起来有些好转的项目交给了另一个项目助理夏青。

这时项目已经有些乱套了，夏青本身是做财务的，大体知道此项目，但了解不深。夏青觉得主管的安排欠妥，但李红很坚持自己的做法。夏青在请教张肖时，张肖或者不懂或者不愿说，项目中的东西接触不到。夏青也是琐事一堆，这个项目只能抽空来做。科普楼道的第一次讨论会就遇到了困难，除了居民一直积极性不高之外，来的人反映楼道老旧，必须翻新粉刷才行，不能直接改造，社区主任也是如此提议，还有的居民要求3D效果，装饰要有空间延伸感等。夏青知道这又会是一笔超负荷的预算。主任说可以提供人力，但机构必须有预算和准备。夏青回去做了一笔预算，所有的人工费和材料都加上要9 000多元，而且也不知主任和施工人员会不会趁机敲机构一笔。合作关系至此漏洞百出，机构则疲惫不堪，预算也不足以实践居民的想法。

路在何方

终于，机构和施工人员谈定以6 500元的价格包揽下所有的工作。夏青松了一口气：还好没有漫天要价。夏青赶在工人动工前去各个楼道拍照，以便于对比效果，结果发现有的楼道居民对此竟然一无所知！夏青开始质疑以前机构宣传工作的效果。一些居民已经丧失了对机构的信心和热情，表示对改造的结果无所谓。听着这些话，夏青的心里真是五味杂陈。在回去的路上，夏青不禁思考：原本好好的项目到底是怎么了？7月份就要中期评估了，夏青对评估结果很不放心，并且也在为机构担忧。

附录

“幸福中国社区建设计划”介绍

“幸福中国社区建设计划”是某银行（中国）有限公司联合某公益组织发展中心共同开展的项目，于2013年12月18日在上海正式启动。该项目是目前国内社区建设领域规模最大的一个公益项目，第一年投入800万元人民币，计划支持80到100个具体项目，在北京、上海、南京和某市四个城市的20个社区同时展开。这是某银行继2013年1月成功推出“幸福广东社区服务成长计划”之后，在中国发起的公益组织参与合作的系统支持社区建设的又一新项目。项目倡导居民参与社区建设，从招标开始，就以居民代表探讨出的社区公共议题为竞标主体，同时鼓励社区居民自己组织参与投标。

二　教学笔记

（一）摘要

李红作为K社工发展中心的项目主管，以“美丽家园”——嘉和社区楼道改造项目在“幸福中国社区建设计划”中竞标成功。本来李红对自己一手策划出来的项目自信满满，结果在落实过程中，项目辗转于四位社工手中，并经历了各种搁置与其他风波。是什么导致项目步履维艰？又是什么消磨了社工高涨的热情？作为社会工作专业的学生，如何看待在项目投标阶段，社区选择、宣传与推广阶段，活动实施阶段面临的伦理难题呢？针对这些难题我们又将如何处理？

（二）教学目标

这个案例旨在让学生和社会工作者思考在运用社区工作方法时如何坚持社会工作的价值观和伦理标准。通过社区项目介绍，让学生分析社工和机构在从策划到实施的过程中遇到的伦理难题及困境，并尝试做出合适的伦理决定。本案例涉及的知识点有：

（1）掌握雷默伦理抉择过程模式的基本框架在社区社会工作中的运用；

（2）掌握多戈夫、洛温伯格等学者的伦理原则筛查方法在社区社会工作中的运用；

（3）分析专业诚信、服务对象利益与机构利益冲突造成的伦理困境；

（4）分析社会工作中效率与效果冲突造成的伦理困境；

（5）分析知情同意下的授权与保密冲突造成的伦理困境；

（6）掌握社会工作者对同事的伦理责任。

（三）教学计划

本案例可以用于社会工作伦理课程，适用于社会工作专业硕士课程。

教师可以先把学生分成不同的小组，以小组为单位共同探讨“美丽家园”项目的四位社工（李红、张肖、田乐、夏青）在从投标到实施的过程中遇到的伦理难题及困境。然后，让学生假设自己是案例中的李红、张肖、田乐或夏青，自己会如何面对及处理这些伦理问题。

由于本案例呈现的伦理困境比较复杂，所以本案例计划安排教学时长为 3 课时（共 135 分钟），以下是教师课堂教学安排表，教师可以将其作为教学参考。

课前准备	课前案例阅读	
课堂中	案例回顾	10 分钟
	小组讨论	30 分钟
	集体讨论	75 分钟
	知识梳理总结	20 分钟
课后巩固	课后思考与应用	学生自己安排

（四）启发思考题

（1）假如你是李红，在撰写项目书与制订计划时，你会如何做？

（2）李红在选择改造社区时为何感到为难？如果你是李红，你会怎么做？

（3）在本案例中，项目是如何在四位社工手中进行移交的？在移交的过程中需要注意什么？

（4）张肖在给社区居民拍照时，面临什么样的伦理冲突？如果你是张肖，你会怎么做？

（5）如果你是机构负责人，在取消废旧物品中转站的事情上，你会如何回应社区居民？

（6）如果你是机构中的一名督导员，当张肖面临过于繁忙而杂乱的工作时，你会如何做？

（7）在项目执行过程中，实习生王璐和项目助理夏青是否适合执行该项目？

（五）问题分析

1. 假如你是李红，在撰写项目书与制订计划时，你会如何做？

在分析这个问题时，教师可以通过提问了解学生们对伦理抉择的基本流程的掌握情况，然后提议把雷默伦理抉择过程模式作为基本分析框架。

（1）教师可以引导学生阅读案例，厘清社工在撰写项目计划书的阶段所遇到的伦理难题，教师把学生发现的伦理困境写到白板上，并把具体的理由说明清楚。

A. 专业诚信、服务对象利益 vs. 机构利益：作为专业人员，社工不仅要为服务对象利益考虑，而且要讲求专业诚信。在撰写项目书的时候要实事求是，以社区情况、居民需求为依据进行撰写，满足服务对象的利益。但是，作为机构的雇员，社工在撰写项目书的时候要讲求效率，也要在竞标时间上占有优势，以增加竞标成功的概率，为机构利益做出努力。

B. 效果 vs. 效率：此项目旨在通过楼道改造行动来提升居民保护公共环境的意识、提高社区居民空间整理与布局的能力、加强邻里之间的联系、增强居民的社区参与度和社区归属感。调动社区居民的积极性、促进社区居民的参与是该项目所要取得的效果。但是社工在制订计划时，考虑到机构、政府、资助方的需求，为了能够竞标成功，将计划进度制订得比较紧凑，讲求效率，迎合三方需求，这无疑确实增加了竞标成功的概率。

（2）教师可以提醒学生，在实际工作中，无论社工做出什么样的选择，都会对个人、团体与组织产生一定的影响。通过讨论，可以发现服务对象、社区居委会、社工及其家人、机构、机构同事、招标单位会受到伦理抉择的影响。

（3）教师可以组织学生分组讨论：假如你自己是社工，你会如何开展项目书的撰写工作？分析其利弊。以下有两个方案可供借鉴。

方案一：社工在撰写项目计划书的时候，与社区居委会、社区居民取得联系，走访社区，了解社区的基本情况，主要包括社区的地理环境、社区内的人口状况、社区内的资源、社区内的权力结构、文化特色等。在此基础上，对社区做需求评估与风险评估，并制订实事求是的计划，比如通过问卷调查、访谈、观察等方式，搜集真实的资料，为其“量身定做”相关的服务方案。

显而易见，该方案的优点是社工能够更快地与社区居委会形成合作关系，社工和居民能够在需求评估阶段建立良好的专业关系，更重要的是，社工能够对社区的基本情况进行深入了解，能够对服务对象的需求进行精准测量，搜集的资料多元、真实，为后期制订计划、实施方案奠定基础。不过，该方案的缺点是会增加社工及机构同事的工作负担，需要投入更多的人力、时间、资金。

方案二：社工可以在竞标前，通过一些现有文字资料来撰写项目书，节省的人力、时间成本用于后期项目的执行。在设计具体计划方案时，尽可能以效率为先，增加竞标成功的概率，为机构争取更多的项目资金。

与第一种方案相比，该方案节省了人力成本、时间成本、资金成本，提高了工作效率。但是，这时候很可能出现这种状况：项目书并不能真正反映出社区居民的切身需求，在后期执行过程中可能会遭到居委会和社区居民的质疑。招标单位如果发现项目书有弄虚造假的成分，很可能会追究机构的责任。作为项目书的主要负责人，社工也很可能会被追究责任，其家人的正常生活也会受到影响。

（4）教师在和学生们一起讨论出可供选择的方案后，需要再次讨论，列出赞成或反对的理由。所讨论的方向可以根据以下几方面：A. 伦理守则；B. 法律原则；C. 伦理理论、原则与指导方针；D. 社会工作实务伦理与原则；E. 个人价值观。

A. 从《美国社会工作者协会伦理守则》来看，根据服务的价值观，社会工作者的首要职责是增进当事人的福祉；根据诚信的价值观，社会工作者应致力于保持和推动高标准的实践。社会工作者应把自己的时间和专业技能投入尊重社会工作专业的价值观、诚信和能力的活动中。据此，社工应选择方案一。但是，根据《美国社会工作者协会伦理守则》，社会工作者一般应信守对雇主和雇佣组织的职责承诺，应为改善本机构的政策和程序、改进自身的服务效率和效果而努力工作，此时社工应选择方案二。

B. 从伦理理论、原则、指导方针来看，第一，义务论认为，社工应该遵守规定、权利、原则。这时候如果社工要遵守为服务对象提供服务的原则，那么应选方案一；假如社工选择的是忠于机构的原则，就应选方案二。第二，目的论只看结果与目的。a. 利己主义。如果社工从自身出发，只考虑减轻自身及同事的工作负担，则选方案二。b. 行为效益主义（即立即效益）。如果社工选择了方案一，从短期来看，对于促进社工与社区居民建立良好的专业关系有一定的好处，并且还能精准地评估出社区居民的需求。方案二对于社工快速撰写出项目书有很大的帮助，增加了机构竞标成功的概率。c. 规则效益主义（即长远的效益）。选方案一可以确保满足服务对象的需求，提高项目书的可信度，方便后期方案的执行，减少后期项目的风险；但有可能会增加社工与机构同事的工作负担，提高项目成本。选方案二可以减少机构人员的投入，降低时间、精力、资金成本，提高机构的服务效率；但有可能会降低投标竞争力，一旦被发现有虚假成分，社工可能会被追究责任，其家人的生活会受影响，即使没有被发现，在项目执行过程中也会出现很多障碍，比如社区居民对社工或者机构不信任，增加后期项目风险。

C. 从社区社会工作实务伦理原则来看，教师可以在课前让学生查找文献及请教资深的社区工作者，询问他们面对这种处境该如何处理，以往有何经验或研究成果。最后判断所选择的方案的利弊。

（5）在课前，教师可以邀请有经验的外聘督导老师、机构负责人为学生们提供指导，引导学生们向督导员、机构负责人等提出问题，进而做出伦理抉择。

（6）通过以上分析，教师可以和学生一起做出伦理抉择并提出配套措施。比如，如果社工选择方案一，以服务对象权益为先，维护专业诚信，就不会涉及对各方人员的伤害；但应该在服务的过程中，增加对社工及其同事的专业支持、情感支持，帮助其疏解压力，制订好严谨的社区调研计划，减少不必要的人力、物力、财力的投入。

（7）教师也要提醒学生，在以后的具体实务中要监督、评估与记录伦理抉择所带来的结果，为后期工作提供经验借鉴。在执行伦理抉择及决定方案后的一个月、三个月，分别检视其效果，并仔细拟定机构撰写项目计划书的过程策略，将其列入工作手册，方便工作人员开展其他项目。在项目计划书撰写阶段进行评鉴，减少后续伦理冲突与执行过程中的困难。

2. 李红在选择改造社区时为何感到为难？如果你是李红，你会怎么做？

多戈夫、洛温伯格的伦理原则筛查方法包括7个伦理原则。该伦理原则指南给各项原则排了序，明确了谁在前谁在后，也就是有了一定的优先次序。在运用时，要先满足高一级原则的要求，再满足低一级原则的要求。①

教师可以和学生一同分析，社工选择社区进行楼道改造的方案有哪些。这里有几种供选择的方案。一是按照社工李红的想法，项目会选择一个比较现代化的、面积小的年轻社区进行楼道改造，原因是社区改造的概念很新，并没有过多经验可以借鉴，新社区成本较低、项目难度比较小。二是根据社区书记的想法，选择需求比较大的老社区进行改造。另外还有一种方案是，由新老社区居民独立选择被改造的社区。

进行伦理抉择的方案有很多种，教师可以引导学生尝试运用伦理原则筛查方法分析以上方案。

在第一个选择中，在新社区开展楼道改造活动，可能会提高该社区居民的生活质量。但是，这种推论并不一定成立。因为，我们对于楼道改造项目的成效一无所知。它在改善参加者的生活质量上是对所有人或大部分人有效，还是对一部分人有效？我们不能确定。

第二个选择涉及的伦理原则是平等与差别平等。在资源有限的情况下，新社区和老社区无法获得相同的资源，如果把资源投入环境现状比较恶劣的老社区，改善老社区的楼道公共环境，看似是对新社区的不平等对待，但是实际上，采用这种差别平等原则是正当的。

第三个选择涉及的伦理原则是自主和自由。社工将新老社区改造的利与弊提前告知社区居民，然后让新老社区的居民自己选择被改造的社区，尊重新老社区的居民的决定。

最后进行伦理原则的排序，由于生活质量原则、自主和自由原则比平

---

① 多戈夫，洛温伯格，哈林顿．社会工作伦理实务工作指南．7版．北京：中国人民大学出版社，2005：59.

等与差别平等原则等级要低。社工更倾向于选择第二种，即在老社区进行楼道改造，投入更多的资源。

教师在引导学生运用多戈夫、洛温伯格的伦理原则筛查方法的基础上做出了决定。如果教师运用其他的伦理抉择模式，考虑其他因素，是不是会做出其他的决定呢？如果时间允许，教师可以尝试和学生运用其他的伦理抉择模式进行分析。

3. 在本案例中，项目是如何在四位社工手中进行移交的？在移交的过程中需要注意什么？

首先，教师可以让学生来总结一下，项目在四位社工手中是如何进行移交的。通过案例分析我们可以发现，当李红忙于企业社会工作方面的事务时，项目被移交给了张肖。当张肖急于从该项目脱身，加之企业社会工作那边需要人手时，项目被移交给了田乐。而当田乐凭借个人优势推动项目发展时，迫于身体原因，她将项目移交给了夏青。

其次，教师可以向学生提问：项目在四位社工手中移交，其做法是否恰当？是否有不符合伦理原则的地方？我们通过案例分析可以看出来，一个项目在四位社工手中进行了三次移交，然而这三次移交都是由于机构社工本身的事务而引起的，在移交之前都没有与社区书记、社区居民进行商讨，在社区居民还未知情的前提下，社工就开展了服务，这是否严重破坏了伦理守则中的知情情况下的授权呢？另外，移交项目涉及社区居民的个人隐私资料，需要得到社区居民的授权，才能够把项目资料披露给付费的第三方。然而，在本案例中，四位社工是否注意到了这一伦理守则呢？我们从案例中看到的是，资料流转于不同社工手中，在移交过程中没有得到社区居民的授权，也没有采取任何保密措施。

最后，教师可以和学生共同探讨，如何在遵守伦理守则的前提下，对项目进行移交。一方面，项目负责人要尽量保证项目执行方的连贯性，避免因为机构事务方面的原因，而使项目被移交到不同社工手中，这会造成不同社工对于项目进展了解不一致的情况，执行方的变动直接影响的是社区居民的利益；另一方面，如果移交项目的情况必然发生，项目负责人最好提前与社区居民说明情况，介绍后续工作的开展状况，只有在社区居民知情同意并授权的情况下，社工才能正常开展项目。在移交的过程中，也要向社区居民说明项目资料的移交手续，并做好相关保密措施，使得项目在知情同意的情况下进行。

4. 张肖在给社区居民拍照时，面临什么样的伦理冲突？如果你是张肖，你会怎么做？

这个问题是希望学生学会分析如何在需要拍照的情况下，做到对服务对象隐私的保护。社工在开展实务的过程中，经常需要拍照片，为活动做宣传，希望起到宣传倡导的作用，所以会经常遇到我们是否可以给我们的服务对象拍照片、是否可以将照片放到网络平台上进行宣传的情况。教师和学生在分析社工是否可以对社区居民拍照时，如果社工从真诚和毫无保留地公开信息原则出发，社工在给社区居民拍照时，就会更多地考虑机构的宣传，考虑是否可以将照片用于日后的通讯稿中，并且维系与社区的良好合作关系。但是如果从隐私和保密原则考虑，社工需要征得社区居民的同意，然后才能进行拍照，在日后的机构宣传工作中，也应该提前告知社区居民需要使用照片并征得其同意。

通过考虑，在伦理原则筛查方法中，真诚和毫无保留地公开信息原则低于隐私和保密原则，因此比较可行的办法是，在拍照之前和日后宣传时，提前向社区居民说明该行为，并征得社区居民的同意，还要说明日后照片的用途、是否向外界公开等情况。

5. 如果你是机构负责人，在取消废旧物品中转站的事情上，你会如何回应社区居民？

作为机构负责人，我们不能武断地判定坚持修建废旧物品中转站就是维护社区居民的利益，而取消废旧物品中转站就是放弃社区居民的利益。因为修建废旧物品中转站是一件比较复杂的事情，需要考虑比较多的因素。所以，机构负责人应该通过慎重的思考决定是否取消废旧物品中转站。教师可以让学生扮演机构负责人的角色，运用伦理原则筛查方法进行伦理抉择。教师可以和学生一同讨论是否取消废旧物品中转站的问题，如果取消，如何处理才更为恰当。在这里我们可以列出几种方案：一是取消废旧物品中转站，但不向社区居民公开，如果有人问起，再向居民解释；二是由社区居民自主决定是否取消废旧物品中转站，将修建废旧物品中转站的利与弊向社区居民分析清楚；三是修建废旧物品中转站。我们可以发现，修建废旧物品中转站的有利之处是可能会方便社区居民的日常生活，提高社区居民的生活质量；但它的弊端也很明显，废旧物品中转站的建设成本过高，会影响居民楼道改造的效果，而且会增加项目实施的难度，造成项目进度迟缓。

教师鼓励学生分析上述三种选择涉及的伦理原则。第一种选择没有遵守真诚和毫无保留地公开信息原则，没有做到服务对象自决，社工直接替社区居民做了选择。第二种选择遵守了自主和自由原则，在为社区居民分析了利与弊后，由社区居民自己决定是否要修建废旧物品中转站。第三种选择看似遵守了生活质量原则，想通过建立废旧物品中转站来改善公共环境，提升居民生活质量，但是，有几点我们是不能确定的：第一，中转站的设立是否有足够的资金和时间支持；第二，中转站的设立是否真能改善社区居民的生活质量；第三，后期涉及中转站的维护与管理，其中的责任和费用由谁来承担。这都是现在需要考虑的因素。

通过上述分析，教师可以和学生一起做出合适的伦理抉择。因为生活质量原则和真诚和毫无保留地公开信息原则要比自主和自由原则靠后，所以社工此时很可能选择第二种方案，告知社区居民设立中转站的利与弊，由社区居民自己决定。不过在实际的工作中，社工遇到的情况可能会更复杂，考虑得会更加周全，这些因素很可能会使社工选择其他的方案，这种情况也不是不可能发生的。

6. 如果你是机构中的一名督导员，当张肖面临过于繁忙而杂乱的工作时，你会如何做？

社工在做伦理抉择的时候，可以查看《美国社会工作者协会伦理守则》中是否有哪几条适用，这些准则优于社会工作者个人的价值观体系。社工可以应用《美国社会工作者协会伦理守则》中的一个或多个准则，然后按照准则办事。

教师可以让学生去查阅《美国社会工作者协会伦理守则》，进而了解社会工作者对同事承担的伦理责任。其中规定："提供督导和咨询的社会工作者应具备担当这一工作所必需的知识和技巧，并就自己的知识和能力进行督导和咨询"。

教师可以让学生通过案例分析张肖面临的伦理困境有哪些。案例中提到，张肖要负责 9 套社区策划案、物资准备和人员安排，此时，张肖无法获得来自同事的支持，出现内心烦闷等负面情绪。

通过上述分析，教师和学生或许能够提出一个比较合适的方案。比如，当社工面临繁重的工作任务时，机构督导员应该加强对一线社工的教育性督导和支持性督导，为社工提供专业知识、技巧方面的指导，也要增强心理、情绪方面的支持。通过增加督导的次数、督导的时间，改变督导的方式等手段，为一线社工提供后备性支持。督导员对社工提供支持的方式与内容很多，以上只是一个可供参考的方案，但是核心理念是督导员不应该在社工无助的时候置之不理，而应增强对社工的支持。

7. 在项目执行过程中，实习生王璐和项目助理夏青是否适合执行该项目？

这个问题是希望教师引导同学们掌握社会工作者对同事、实习生的伦理责任。社会工作者对同事的伦理责任如下：社会工作者如果了解某位同事不能胜任工作，应尽可能向其提供咨询，并协助其采取补救措施。

首先，教师可以和学生们一同讨论李红安排实习生王璐和项目助理夏青执行该项目的考虑。之所以安排实习生王璐执行该项目，是因为张肖工作任务过于繁重，但张肖只看到有人帮自己的好处，却不管王璐是否有能力，未对她进行培训就给她安排任务。对于项目助理夏青的任命，是因为田乐突然生病，项目无人接手，所以李红不得不让项目助理夏青接管该项目。

其次，教师可以和学生们共同讨论李红的人事安排是否合适。一方面，李红的任命也是无奈之举，从项目的进展和机构的人员安排来看，需要有人负责和协助。但是，另一方面，从社会工作者对同事负有伦理责任的角度看，社会工作者如果了解某位同事不能胜任工作，应尽可能向其提供咨询，并协助其采取补救措施。

最后，结合《美国社会工作者协会伦理守则》分析本案例中李红对王璐和夏青的人事安排。由于李红、张肖忙于企业社工事务，田乐因为身体原因不能继续工作，因此项目落在了项目助理夏青身上。但夏青一是专业不对口，社工经验相对欠缺；二是认为自己不能胜任，信心不足。种种表现说明了夏青对于这项工作是不能够胜任的，李红明知道夏青不能够胜任工作，仍继续坚持，这说明李红没有考虑到社区居民的利益。此外，张肖对于工作经验相对欠缺的夏青，没有提供积极的支持，也同样不符合伦理守则。所以，机构负责人在安排工作时要结合项目的实际情况，综合考虑社工的工作能力，然后再安排工作。如果社工不能胜任该工作，机构负责人及其同事也要尽可能地为其提供帮助。

（六）关键点

本案例分析的关键点在于了解项目在策划、实施、评估等各个环节可能遇到的伦理难题和困境，并提出解决方案。教学中的关键点包括：

（1）专业诚信的内涵。

（2）不同伦理原则的优先顺序。

（3）生活质量。

（4）效果与效率。

（5）平等与差别平等。

（6）对于能力不足的实习生的督导义务。

这些问题会让学生对以后的实践工作产生更多的思考，并将本课所学到的知识加以应用，提高实践水平。

（七）参考文献

多戈夫，洛温伯格，哈林顿．社会工作伦理实务工作指南．7 版．北京：中国人民大学出版社，2005.

秦燕．社会工作伦理．台北：华都文化事业有限公司，2013.

下　篇

不同服务领域中的伦理议题

儿童和青少年社会工作伦理

一 案例介绍

机构背景

S市H社会工作服务社成立于2014年6月，是经S市民政局批准注册的民办非企业单位，是一家专业社工服务机构，同时也是高校的签约实习单位。该社会工作服务社主要为儿童和青少年、老年人、残障人士、外来流动人士、妇女及其他社会弱势群体和边缘群体提供专业的社会工作服务，用爱心和专业提供优质服务，使人人都能自立自主、自尊自信、全面发展、幸福快乐。目前它是S市民政局认证的4A级社会组织。

该社会工作服务社的服务对象主要是儿童和青少年。在儿童和青少年领域，该机构运用专业的方法、技术，在社会工作价值观的基础上开展一系列的项目和活动。近两年来，H社会工作服务社不断成长壮大，在S市的每个区都开设一定的服务项目，与周边的学校、社区建立合作关系，并在此基础上为智障儿童、外来务工人员子女以及困境中的青少年等人群提供他们所需求的服务。该机构所服务的智障儿童一般是10～18岁，其中13、14岁居多；外来务工人员子女一般是7～12岁，其中10～12岁较多。经过长期的发展、社会工作者的不断努力和摸索以及专业的督导老师对该服务社的一线社工提供的定期督导服务，该社会工作服务社已经拥有一套自己的专业服务模式，并在活动的开展中受到学校老师、服务对象和家长的积极拥护和支持，在一定程度上解决服务对象的困难，帮助他们发掘自身潜能，对服务对象的健康成长起到很大的作用。

所以本文结合S市H社会工作服务社在儿童和青少年社会工作中的实践探索，对儿童和青少年社会工作者展开访谈，并与该服务社签下知情同意书，收集相关的伦理问题资料，进而汇编成案例，以供学习和研究探讨。

项目介绍

后文中的案例所涉及的儿童和青少年项目主要有五个①：

1. 寻找最佳拍档——智障儿童同伴关系培养计划

此项目的服务对象为智障儿童，他们大多从培智学校毕业或者即将毕业，平时会在机构的活动室内开展小组活动。服务内容主要包括通过手语学习促进特殊群体之间以及他们与父母之间的交流、通过手工制作提高服务对象的动手能力、志愿者一对一陪伴、通过人际交往训练协助服务对象学会与人沟通并培养小组凝聚力。

2. 星星之光——智障儿童社会融入计划

该项目自2015年9月开始实施，在项目实施期间，该机构为S市几所培智学校的智障儿童提供自理能力、社会交往能力、自我保护能力、劳动技术能力等多方面的技能训练，促进他们融入社会。

“自理达人——自理能力训练”活动通过为服务对象提供洗衣服、摘菜、切菜等生活能力的训练，使其将来能够照顾自己。通过在培智学校开展活动，这些智障儿童学会了许多生活技能。据孩子们的家长反映，这些孩子在家里能够自己系鞋带、洗衣服等，并且能够主动帮助家长做一些简单的家务，家长们感到很欣慰。

“社交达人——社会交往能力训练”活动通过增加智障儿童之间及智障儿童与普通儿童的接触，使智障儿童有了更多伙伴，也增加了生活趣味，使其渐渐变得开朗起来。

“安全卫士——自我保护能力训练”活动通过带领智障儿童参观银行、科技馆、警察博物馆、白杨湾水厂等，使智障儿童对于安全知识、科技知识及工厂安全生产等有了更加深入的了解。智障儿童每次参观都充满了好奇，在游戏中也学到了安全知识，并学会了在生活中使用纸币，学会了安全用电，也使家长们对孩子更加放心，对孩子的未来充满了信心 。

---

① 孟海勤，翟敬敬，胡亚辉，等. 青少年社会工作服务中的伦理问题研究. 北京：中国人民大学，2016.

“劳动模范——劳动技术能力训练”活动通过带领智障儿童进行制作粘贴画、串珠、包粽子、制作黏土、画扇子、画面具等丰富多样的活动，使智障儿童学到了许多劳动技能，成为劳动小模范。

“森林精灵——感受自然能力训练”活动通过带领智障儿童逛公园、做游戏、野餐、放风筝等，使智障儿童与自然充分接触，在大自然中放松自己，感受到自然的美好。

该项目实施以后，智障儿童出现了明显的改变，给他们以后的生活带来了良性的影响，促进他们融入社会。

3. 天高鸟飞，海阔鱼跃——外来儿童城市融入计划

该项目主要针对S市某所外来务工子弟学校的学生，他们来自全国各地，由于父母在S市工作，所以他们跟随父母一块儿来到S市，并留在当地上学。但是，学习、生活环境的改变让这些外来儿童在成长的过程中遇到了一定的麻烦。他们因方言的不同而受歧视，在陌生的城市中没有小伙伴，没有同辈群体的陪伴，等等。因此，本项目针对这些问题，对该学校的外来儿童展开小组活动，例如学习S市方言、体验S市风俗习惯、传统糕点制作、阅读推广活动、抗逆力同伴小组活动等。通过这些活动，H社会工作服务社不断为这些服务对象调整服务模式，在满足他们需求的同时，提高他们的抗逆力，使得这些外来儿童能健康成长，度过欢乐的童年生活。

4. 蝴蝶飞青少年陪伴成长服务——关爱外来务工人员子女计划

本项目立足社区，针对外来务工人员子女面临的学业困境、自我认知困境、不能积极面对成长困境、亲子关系疏离等问题，从解决学习困境、提高自我认识、加强抗逆力训练、发展潜能、提升亲子关系等方面着手，通过课业辅导、自我成长小组、抗逆力小组、生命教育、亲子拓展营等活动，对外来务工人员子女进行学习、生活和心理的帮扶，使其健康快乐地成长。

课业辅导活动帮助服务对象解决课业难题，提升学业成绩。H社会工作服务社定期组织大学生志愿者为服务对象提供课后辅导。此外，不同年级的服务对象组成学习互助小组，鼓励高年级辅导低年级，形成互助模式，提升服务对象的自主能力。

自我成长小组通过小组活动，引导组员正确认识自我，接纳自己的优缺点，从而增强自信心。同时，增强小组成员之间的沟通交流，在小组内建立交往和支持网络，形成互助系统，鼓励组员在生活中积极主动地与人交往，巩固小组学习成果，在现实生活中学习、反思、提高和成长。

抗逆力小组提升服务对象应对成长期在生理、心理和社会层面的变化的能力和发展其潜能，通过游戏、情景剧等形式让服务对象客观地认识到在成长过程中可能遇到的困难，并用正确的心态面对它。此外，社工还将利用优势视角，让服务对象发现自己的能力，从而增强解决问题的信心。

青少年生命教育提升服务对象的安全意识，增加服务对象的潜能，提升抗逆力。该机构组织服务对象开展消防安全、交通安全等主题活动，提高青少年的安全意识；组织青少年开展读一本好书、看一部好影片、写一篇好读后感、参加一次有意义的社会活动，加强对青少年群体的社会教育。社会工作者积极发挥资源协调者与调动者的作用，负责活动策划与准备，同时对服务对象在活动中的表现进行评估。

亲子拓展营为加强亲子之间的沟通提供平台，提高亲子之间的互动频率，加强亲子关系。该机构定期举行亲子绘本阅读、亲子趣味运动会、亲子游园会、亲子手工制作等活动，为亲子之间的互动提供机会和平台，通过活动加强亲子之间的联系，使彼此能够增进了解，从而促进家庭和谐。

通过这几类活动的开展，H 社会工作服务社主要在以下几个方面满足服务对象的需求：

（1）提高学习成绩。通过志愿者的辅导和解题技巧的讲解，帮助服务对象提高学习成绩，并掌握新的学习方法。

（2）增强亲子沟通。亲子关系对于孩子的成长和家庭的和谐都有着十分关键的作用，有效的亲子沟通是良好亲子关系的前提，因此，增强亲子沟通是每个家庭的需要。

（3）增强抗逆力。外来务工人员子女在成长过程中会面临很多困难，此时抗逆力在帮助他们克服困难方面发挥着很大的作用，本项目基于优势视角，协助他们发挥自身潜能，增强抗逆力。

(4) 加深自我认识。外来务工人员子女往往因缺乏正确的自我认识而导致自信心不足，无法自己解决困难。

(5) 学习人际交往技巧。外来务工人员子女因特殊的社会特征，人际交往圈小，需要扩大生活交往圈。

5. 困境儿童保护——个案项目

该项目的服务对象是城市困境儿童。这些儿童一般家里经济困难，基本生活难以得到保障，经常受到外界的资助也会让他们自尊心低下，无法较好地融入现实的生活和学习环境中。因此，本项目主要针对这些儿童开展个案服务，为服务对象提供心理咨询服务并提供情感支持，帮助他们缓解内心的压力，并学会适当地宣泄；协助重建家庭关系，营造良好的家庭氛围，运用亲子团体辅导改善亲子之间的交流方式，鼓励他们用爱发声，在家庭中做到自立自强，学会关心彼此，改善家庭生活。由于这些儿童的家庭比较特殊，有的家庭成员吸毒服刑，有的家庭成员因犯罪入狱，有的家庭发生重大变故，这些不幸的经历使得困境儿童长期疏于管教和陪伴，很容易走向违法犯罪的道路。社会工作者在开展服务的过程中，为这些服务对象申请相关的生活补助，进行生命安全教育，不仅让他们得到物质上的帮助，而且还从儿童和青少年的成长发展的角度，让他们从内心深处学会接纳正确的世界观和价值观，避免其误入歧途，从而使其在充满爱的环境里成长，他们也必将对这个世界回报以爱。

和其他领域的社会工作者一样，儿童和青少年社会工作者在工作过程中也会遭遇一些难以处理和把握的伦理困境。由于儿童和青少年群体在年龄、心理、社会地位、社会关系等方面有着一定的特殊性，社会中不同的人群在如何对待儿童和青少年的问题上存在价值观的冲突，社会工作者自己在这个问题上也可能存在模糊的认识，这可能是导致青少年社会工作中的伦理困境的主要原因。另外，由于专业关系界限，双重关系、隐私与保密等伦理原则在实践过程中并不那么简单，这成为困扰社会工作者的难题。

从该机构所开展的这五个项目中，我们发现了一些有关伦理方面的问题，并在综合评估后进行了总结归类，探讨儿童和青少年社会工作中的一些常见的伦理问题及其抉择依据和处理方式。

案例1　社会工作者是否可以在朋友圈发布服务对象的照片？

社会工作机构在社区开展户外小组活动时，为了达到宣传效果，为后期的项目报告做总结，每次都会在活动场地拉横幅、摆展板，并在活动结束后要求所有小组成员在横幅前合影留念。由于评估方有关于提供活动照片的硬性要求——需要社会工作组织提供足够数量的小组成员的合影（在明显的活动标识下），社会工作组织也有自身宣传建设的需要，在年终总结或者项目评审时，社会工作组织会利用未经处理的原始照片做项目总结报告和项目参评内容，小组成员的外貌特征等信息都不会被隐去。社会工作组织觉得这没什么，也不会造成不良影响，而且小组成员自己也没有提出过异议。

通过对社会工作者小吴的访谈我们了解到，社会工作组织对活动拍照以及编写材料、记录和总结都是上级监管部门的硬性要求，他们作为一线社工也没办法，要是不给提供照片的话，上级监管部门会觉得社工根本没有实际去做这些活动，那项目资金自然就很难拿到。

因此，小吴经常会在朋友圈里发一些服务对象的照片，特别是每次做完活动，都会选择几张照片发到朋友圈里或者社工机构的工作群里，一方面可以宣传机构的活动内容，另一方面也可以吸引更多的人了解该活动，从而增加服务对象的人数，以便更好地完成项目。小吴认为认识这些孩子的人，相互之间都是认识的，不认识的也不会无聊到利用那些照片做一些其他的事情。通过朋友圈的宣传，还可以让自己的朋友点赞，证明自己的活动做得好，在得到大家的认可时，自己也会有很大的满足感和成就感。而有时候家长也会跟社会工作者索要活动中的照片，希望发给自己的朋友和家人看自己家的小孩都做了什么、表现如何，“向其他人炫耀一下”，所以社工也不得不把照片发到家长群里面，分享给家长和其他人。

案例2 社会工作者是否可以把自己的联系方式告知服务对象?

社会工作者小胡负责一项外来务工人员子女陪伴计划的项目，每周在社区举办一次小组活动，辅导功课，并在课余时间举办一些有趣的小组游戏，促进同伴之间的交流和相处，协助他们顺利融入新的环境中。刚开始的时候，服务对象都能按照社工的要求完成活动内容，并且在活动中也能维持良好的秩序。这些孩子对小胡很尊敬，他们之间也保持着较好的工作关系。

渐渐的，随着他们越来越熟悉，每周的相处让他们之间的关系也变得更加亲密。于是在活动中，孩子们多次向小胡索要手机号、微信号等联系方式，小胡认为给孩子们自己的联系方式也没有什么大的影响，或许还能更好地保持联系，特别是在通知活动时间和地点的时候会更加方便。小胡就答应了孩子们，并把自己的联系方式告诉了他们，而且还嘱托孩子们让家长也能保存自己的手机号和微信号。

在得知小胡的联系方式之后，这些孩子们就开始不定时地用父母的手机给小胡发消息，信息内容也非常普通，就是询问小胡在干什么，讲述自己最近做了什么有趣的事，或者说自己生日到了，爸妈没有买蛋糕，或者说自己照顾弟弟妹妹很累，不想帮助家里人做家务，等等。小胡在收到消息后，一般也会回复，并和这些服务对象简单地聊几句，给予孩子正确的引导，比如告诉孩子用父母手机要经过父母同意，聊天玩游戏要在完成作业以后等。

后来，有些孩子就开始要求小胡给他发红包。小胡觉得服务对象只是小孩子，如果不给，可能会浇灭孩子们的热情以及使他们减少对社会工作者的信任感，而且几毛钱的红包也不会让他有所损失。所以小胡就答应了孩子们的要求。一次两次之后，越来越频繁，一些孩子就会经常在工作时间或者深夜的时候给小胡发一些表情或者要求陪着聊天，如果不陪着聊天就用不会参与下次活动或者不好好表现等话语威胁。时间一长，小胡也觉得自己的生活受到了干扰，但是又不能把情绪发泄给参与活动的孩子们，只能找自己的同事或者朋友诉苦。

案例3　社会工作者的困惑

社会工作者是普通人，也会有一些正常的情感反应，特别是在活动中也会因为自己的喜好和兴趣区别对待服务对象，所以就可能会在一些情况下做出违背所谓的价值中立伦理的行为，这不仅会对服务对象造成不公平，还有可能影响到自己的心情和感受，进而也有可能影响到自己的工作。本案例中的社会工作者在实际工作中就遇到了一个难题。

青少年社会工作者小张负责一项智障儿童的社会融入项目。平时这些服务对象会由父母接送到机构的活动室，在活动室里面定期举办活动，比如手工制作、人际交往训练等。在开展小组活动时，小张最近发现自己会不自觉地对配合服务的案主给予更多关注，虽然自己的表现不是很明显，但是还是会有一点“偏心”，碰到一些不遵守规则的服务对象会有一定的偏见。特别是在开展小组活动时，有个别儿童非常不听话，在活动室里乱跑乱闹，有时还会动手打其他较小的孩子。小张拿他没办法，就偶尔会找人专门看着他，并且会对他比较严厉。如果不这样做，就会影响小组活动的开展，也会对其他服务对象造成一定的影响。

在与小张的访谈中，他表示，对于那些表现相对较差的服务对象，他可能会给予较少的关注，特别是对于一些严重影响到项目活动开展的服务对象，有时可能会忽视他们的诉求，如果他们还是不听从活动安排，那么就有可能将他们驱逐在外，不让他们参与到活动中来。如果一个服务对象听话又表现得比较积极，能较好按照社会工作者的安排参与到活动中来，这样的服务对象可能就会得到更多的关注，但这显然对其他的服务对象是不公平的。之所以出现这种情况，是因为有时候社会工作者会控制不住自己的感情和行为，对服务对象区别对待几乎是不可避免的。每次活动结束后，小张就会反思自己的行为，虽然意识到自己的做法不对，但总是控制不住自己的感情，在那样的情境下就会抛开专业价值观，做出自己认为应该做的事。

案例4 服务对象能否自己决定是否参与项目活动?

社会工作者小王最近在着手一项智障儿童同伴关系培养计划的项目，由于小王本人是第一次接触这类群体，很多环节是在同事和机构负责人的指导下开展的，所以小王在接案的时候难免会遇到一些麻烦和困难。

起初，小王在招募服务对象时一般会告知服务对象的父母，因为这些父母之前跟机构有所联系，并告知机构如有相关的项目就会参与。所以很多情况都是服务对象的父母先考虑他们的时间、成本等因素，再决定是否让孩子们参与项目活动。小王认为，智障儿童和青少年遇到很多事情都没办法自己做主，因为本身年龄小，缺乏理性认知而且很叛逆，有些青少年不了解机构的活动对他们是有益的，或者不能较好理解这些活动的意义和价值，不能为自己的决定和行为做出合理的判断，可能就拒绝参加。但是他们的家长相信机构开展的活动对他们是有帮助的，所以小王就会跟这些智障儿童的父母沟通，由父母劝说或者命令孩子参加活动，这样一般很少有孩子会拒绝父母的要求。如果服务对象在活动中表现极为叛逆，社会工作者则会以教育者的角色来震慑服务对象，确保服务对象与社会工作者之间专业关系的建立。

小王在访谈中提到，这些智障儿童没有能够做决定的能力，他们没有办法清楚地知道自己是否有能力做出自己的决定。如果他们不想来参加，社会工作者就和家长商量一下，家长觉得对孩子好，就让孩子过来了，因为这些孩子智力较差，是不能做决定的。这也会导致一种情况，就是不愿意参与活动的儿童由于是被迫过来的，在活动中也不会表现出太大的兴趣，出现不配合甚至扰乱活动秩序的行为，给社会工作者的活动开展造成一定的麻烦。社会工作者也会因此而纠结，如果不让他们继续参与，活动服务的人数不够，自己的活动目标就无法达成，就不能完成整个项目活动；如果让他们继续留下来，那么在活动中出现的任何一个不恰当的行为都会对社会工作者甚至其他服务对象造成影响。

案例5　社会工作者的能力不足?

目前，S市培智学校里的学生越来越多，也就意味着智障儿童的人数在逐渐增加。政府部门对这类群体的关怀和资助也日渐增多。H社会工作服务社针对智障儿童的日常需求，特别是对他们从培智学校毕业后融入日常生活的需求进行调研，并在此基础上申请了帮助这些智障儿童的项目，在该服务社所在的社区开展项目活动。社会工作者小陈承担着这个项目的所有工作，但是，在访谈中我们也发现，小陈自己也遇到了一些难题。

在本项目中，机构负责人、项目负责人和社会工作者小陈在此之前都没有服务智障儿童的社会工作经历，也没有接受任何培训、督导，缺乏和智障儿童打交道的经验，特别是在接案时也觉得有点力所不及，缺乏这方面的能力。然而，小陈还是迫于情势担当重任，挑起了项目的大梁，开始服务于智障儿童，并尽自己所能开展工作。

小陈告知访谈者，对智障儿童，他只是了解一些基本的知识和日常注意事项，不过也没有了解太多。小陈没有学习过这方面的知识，没有接受过相关的专业训练，也没有参与过这方面的实践。小陈每天忙于各种项目和活动，所以更没有空闲的时间学习新知识，掌握新方法。他说："只是了解了一下，查阅了一些文献。没有系统学习过，这方面的专家也比较少，好像没有参加过培训，就是自己一步一步摸索，遇到问题，会向督导请教。我们这里每周都有督导过来，为我们答疑解惑。"

尽管这样，小陈仍照常策划并开展活动，虽然很艰难，但还是要做下去。不过，在活动中，小陈会因服务对象的过激行为而不知所措，也会因误解服务对象的意思而造成服务对象的不开心和不满。小陈很无奈，有些事只能自己承担着，不到紧要关头一般不会向他人寻求帮助。他表示，工作压力比较大，会因为长期的压抑变得更为敏感。

案例6　真正有需求的服务对象在哪里？

S市H社会工作服务社在开展项目活动的过程中，由于种种原因和条件限制，会存在项目目标人群与实际服务人群不相符的情况，导致本该接受服务的人无法加入项目，而可能不需要接受服务的人会使用这些资源，造成项目目标的偏离。

在访谈中得知，一般情况下，该服务社会根据项目的目标来招募服务对象，但是政府招标对服务人数有硬性要求，而社会工作者在实际操作过程中会遇到服务对象招不够的情况。为达到政府要求，他们就会寻找一部分不是特别需要帮助的人加入（这样的情况一般是经过熟人推荐或者寻找平时活动中的积极人士参与，但这些人又不一定有针对项目的需求，从而导致项目忽略真正有此类需求的人），这就会使有限的资源帮助不到最有需要的人。

社会工作者小杨正在跟进一项关爱外来务工人员子女的项目，在活动中会经常遇到一种情况，本来项目书上要求的是一个主题的活动需要做 3 次，一次服务 30 个外来务工人员子女。但是，在实际开展活动中，人数往往不够，或者招募不到 30 个真正的外来务工人员子女，这样就不能完成项目的指标，而且也不能把这项活动的总结作为一个完整的文案保存下来。一般情况下，社会工作者会采取两种方案来弥补：一种是把一次活动分成两次，两次活动人数加起来才能满足项目要求，但这样的方法会耗费社会工作者双倍的时间和精力，也是该服务社所不倡导的；另一种就是招募一批当地的孩子们和外来务工人员子女一块儿参与活动，这样人数达标了，活动目的也能达到，项目才能得到认可。

小杨知道这样的服务方案是不合适的，但是在工作中又没有办法避免这样的情况发生，所以时间长了也会睁一只眼闭一只眼，为了项目的需要，不断放弃社会工作本身所要求的目标和价值观。不能较好地帮助有需要的孩子，社会工作者既无奈又痛心。

案例 7　我不知道该怎么拒绝她

一个智障儿童只有接受九年义务教育的机会，毕业后，这些孩子只能回归家庭，而在家中父母忙于生计及照顾其他孩子，对智障儿童的关爱并不多，同时他们在学校学到的技能在家中因条件限制而逐渐遗忘，因此，完成义务教育的智障儿童很需要关爱。

在H社会工作服务社的一项智障儿童关爱计划项目中，服务对象就是这些从培智学校毕业的大龄智障儿童。但是有的智障儿童容易对社会工作者产生依赖，特别是在刚开始参与活动时，因对环境的陌生和对他人的疏远，这些智障儿童往往紧紧跟随他们认可的社会工作者。

社会工作者小张在服务过程中发现，有一个自闭症女孩小玉希望小张一直陪着她。小玉在每次活动中都会紧紧牵着小张的手不放，哪怕活动结束了，小玉还是会缠着小张。小玉不参加游戏，也不与其他人交流，有时候小张会给她专门安排一个志愿者，但小玉不能接纳一个又一个地换人，并且一趁人不注意就会跑去找小张，直到等家长来接才肯离开。小张有时会一直拒绝小玉或者对小玉采取其他强制措施，这也是无可奈何的事，不然一直被小玉纠缠着，小张也没办法正常工作。

二　教学笔记

（一）摘要

儿童和青少年社会工作是一种包含着伦理道德要求的实践，经常会遇到各种各样的问题，这些问题往往使社会工作者处于难以抉择的困境中。本部分基于实证调查，以S市H社会工作服务社在项目开展过程中发现的问题为典型案例，描述了一线社会工作者的处境和价值观以及他们在信守的价值观基础上所做出的价值判断和伦理选择，并且结合伦理理论和实践要求，探讨了社会工作者在处于类似处境时应采用的伦理抉择模式。

社会工作者在开展专业项目活动时，容易产生双重关系、价值冲突、利益冲突、隐私和保密冲突、资源分配冲突等伦理困境。社会工作者在实际工作中会努力寻求一种处理的方法，尽量保护服务对象，保证活动的专业性。但是，他们在处理的时候也难免会出现一些不符合伦理守则的做法，这样不仅会危害到服务对象，也有可能给实务中的社会工作者带来一定的影响。本部分的案例参考社会工作伦理守则和其他伦理经验方法，基于伦理操作的相关模式，对各种伦理困境提出较为合适的处理方式，为课堂教学提供相应的指导和参考，同时期待能在一定程度上促进社会工作专业伦理实践的发展。

（二）教学目标

本系列案例应用于“儿童和青少年社会工作伦理”课程，可用于讲解青少年社会工作实务中容易出现的伦理问题和困境并提供相关内容的参考。案例的编写基于实际的调查和访谈，并做出了一定的整理和修改，对于案例的分析和总结也基于儿童和青少年社会工作伦理的知识，希望通过这些案例梳理青少年社会工作实务中的伦理问题，为解决问题提供参考。如若将这些案例应用于其他课程，则需要做出相应的调整。

1. 覆盖知识点

本系列案例在“儿童和青少年社会工作伦理”课程中主要覆盖的知识

点有：

- 儿童和青少年社会工作伦理困境的识别；
- 伦理困境分析及抉择；
- 社会工作伦理守则；
- 社会工作专业价值观；
- 儿童和青少年社会工作专业伦理。

2. 能力训练点

这些案例在“儿童和青少年社会工作伦理”课程中规划的主要能力训练点有：

- 掌握儿童和青少年社会工作专业伦理；
- 学会识别儿童和青少年社会工作实务中的伦理困境；
- 学会分析儿童和青少年社会工作实务中的伦理问题；
- 学会做出合适的伦理决定；
- 学会总结儿童和青少年社会工作伦理问题的处理模式。

（三）教学计划

本部分中的案例可以根据学生的差异，尤其是对案例的阅读和课前对相应知识的掌握程度来进行有针对性的施教。本课程中的案例主要按照 2 课时（共 90 分钟）进行设计。

由于研究生具有一定的知识储备和部分实践工作经验，所以可以在课前布置两篇相关阅读文献，在课堂上设置一些小组讨论活动，通过头脑风暴和辩论达到学习的目的。

课堂教学详细安排如下：

课堂安排	时间（共 90 分钟）
案例介绍	10 分钟
小组讨论	30 分钟
集体讨论	30 分钟
知识梳理	10 分钟
机动问答	10 分钟

在课堂上可以讨论案例中出现的所有问题，但也要鼓励学生发挥主观能动性，在了解伦理决策模式之后提出相关的问题并讨论：

（1）儿童和青少年社会工作中常见的伦理问题还有哪些？

（2）在遇到类似的伦理困境时，应该怎么做？

（3）对现有的伦理决策模式进行评价。

（4）总结适合当地儿童和青少年的社会工作伦理决策模式。

（四）启发思考题

本系列案例的启发思考题主要对应的是案例教学目标中的知识传递目标，启发思考题与案例同时布置，另外要让学生尽量在课前熟悉相关知识点。因此，在案例讨论前需要让学生阅读教材中有关青少年社会工作伦理的内容，主要有：青少年社会工作实践中容易出现哪类伦理问题，面对这些伦理问题应该怎么处理，等等。

（1）你如何评价 H 社会工作服务社所开展的项目活动？

（2）在面对一些伦理问题时，该服务社的社会工作者都是怎么处理的？

（3）他们的处理方式有哪些是可取的？哪些是不可取的？

（4）如果你是案例中的社会工作者，你会采取什么样的解决办法？

（5）社会工作专业伦理的重要性在面对儿童和青少年这些服务对象时体现在哪里？

（五）问题分析

1. 约瑟夫伦理决策模式

《美国社会工作者协会伦理守则》的起草人之一约瑟夫（Joseph）认为，伦理决策要结合实际环境，分析存在的难题或者困境。他指出，在做出价值判断时，应该同时界定个人专业价值观，将这些价值观排出先后次序，并提出赞成和反对的两方观点，明确自己的立场，做出选择。

约瑟夫伦理决策模式为社会工作者在处理社会工作伦理问题时提供了方法上的指导。该模式的步骤和方法（见下图），可以用来对本部分中的案例进行具体分析，找出伦理问题，并选取合适的方法，然后在不违背专业伦理的前提下做出有效的行为选择和伦理决定。

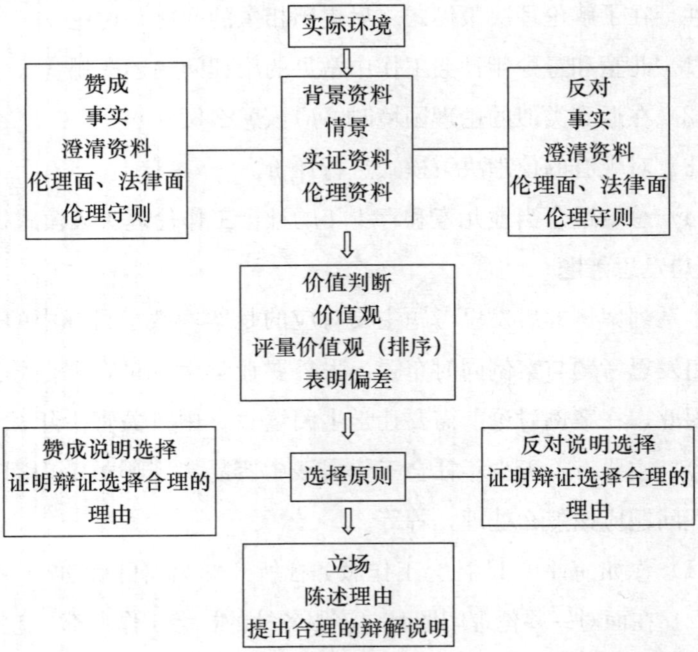

约瑟夫伦理决策模式

2. 儿童和青少年社会工作伦理困境的抉择

（1）社会工作者是否可以在朋友圈发布服务对象的照片？

作为一名社会工作者，你认为在开展活动时应不应该拍照片并把照片通过网络分享给别人？案例中，社会工作者小吴的做法符合社会工作伦理守则吗？

案例 1 所描述的伦理困境是社会工作者在为儿童和青少年服务的过程中经常会遇到的一种保护隐私与揭露资料的伦理困境。青少年社会工作者在项目开展中，经常会接触服务对象的一些隐私性的问题。这些隐私有的是服务对象主动告知社会工作者的，但他们不希望被别人知道，特别是家长和学校；还有一些是社会工作者主动发现并可以控制的，比如本案例中关于照片的问题，社会工作者在开展活动时，免不了要拍一些服务对象的照片作为文案或者项目活动存档内容使用，但是小吴将这些照片私下传播，特别是未经服务对象的同意，就上传到网络并分享给别人，这样的做法没有对服务对象进行保密，也是违反了社会工作伦理守则的。

其依据主要有①：

第一，社会工作者应尊重当事人的隐私权。一旦获取隐私资料，必须按照保密规定加以对待。

第二，在披露机密资料前，社会工作者应尽可能告知当事人会披露到何种程度以及披露可能会带来的后果。

第三，除非得到当事人的授权，否则社会工作者不得向付费的第三方披露当事人的隐私资料。

第四，社会工作者应采取防范措施，确保在使用计算机、电子邮件、录音电话以及其他电子或计算机技术向其他地方传送机密资料时不泄露当事人的隐私。任何时候都应尽可能避免暴露当事人的身份。

因此，儿童和青少年社会工作者在遇到此类伦理问题时，要向当事人和当事人的父母澄清，并说明发照片可能会带来的风险，或者对照片进行处理，确保当事人的身份信息不会被泄露，再将照片发在网络上。

对于涉及服务对象隐私的伦理问题，特别是在网络发达的时代，社会工作者在开展服务活动时如果避免不了要拍照片或者宣传，可以做好以下几个方面的工作②：

第一，获取知情同意。与服务对象签下知情同意书，将服务对象的隐私披露情况以及可能造成的后果清楚地传达给服务对象，对照片的拍摄、使用情况及其可能产生的后果做出详细阐释。在进行照片分享前，都应获得服务对象的授权。

第二，保护服务对象的隐私。机构应保护服务对象的隐私权不受侵害，在满足付费第三方的要求的同时，必须保证服务对象的隐私得到保

---

① 洛温伯格，多戈夫，哈林顿．社会工作伦理实务工作指南．7版．北京：中国人民大学出版社，2015.

② 陈艳，郭华宇，焦可娜，等．青少年社会工作伦理困境及伦理抉择——基于某市J机构的社会工作实践的质性研究．北京：中国人民大学，2016.

护。对照片做模糊化处理，使人辨别不出照片中的人物特征。

第三，做好对当事人记录的隐私保护。社会工作者应尽可能在工作记录中保护当事人的隐私，不论在何种场景之下，对任何可以识别出服务对象个人身份的信息都要进行匿名或模糊处理。

第四，强化专业规范。审批部门或其他上级部门应该在工作要求中强调对服务对象隐私的保护的重要性，并加强监管。

（2）社会工作者是否可以把自己的联系方式告知服务对象？

作为一名专业社会工作者，你觉得社会工作者小胡的做法是否违反了社会工作者伦理守则？如果你是社会工作者小胡，接下来你会怎么做？

案例 2 中，社会工作者小胡所遇到的问题是儿童和青少年社会工作者经常会遇到的专业关系和朋友关系的伦理困境。大部分的服务对象是需要获得帮助的儿童和青少年，他们本身又是外来务工人员的孩子，身处他乡，没有朋友，没有同学，使得本该与同龄朋友玩耍的儿童和青少年变得孤单。而在这时，社会工作者特别是年轻社会工作者在活动中对于儿童和青少年无条件的关怀、接纳和包容，很容易让服务对象对社会工作者产生“移情”，天真的儿童和青少年会将社会工作者看成自己的“朋友”，并进一步提出索要社会工作者的手机号、微信号等私人联系方式的要求。社会工作者如果缺乏相关的工作经验，往往会以此为契机促进专业关系的发展，但如果不能厘清社会工作伦理中的专业关系和私人关系的界限，就会发生双重关系的伦理困境。

在案例 2 中，小胡的做法违反了社会工作伦理守则，与服务对象产生了双重关系，这不仅会对服务对象造成潜在的伤害，也会对社会工作者本身产生困扰，不利于专业服务活动的开展。

其依据主要有以下两点①：

第一，社会工作者不得利用与服务对象的专业关系，谋取私人利益或

① 洛温伯格，多戈夫，哈林顿．社会工作伦理实务工作指南．7 版．北京：中国人民大学出版社，2015.

其他不当利益，损害服务对象的合法权益。

第二，社会工作者不应该同当事人或前当事人保持双重或多重关系，以免有可能对当事人造成剥削或潜在的伤害。一旦避免不了双重或多重关系，社会工作者应该采取措施，保护当事人，并有责任设定清楚的、恰当的、具有文化敏感的界限。

因此，在遇到这样的伦理困境时，社会工作者应该先跟服务对象友好地阐明，作为社会工作者是不能跟服务对象形成专业关系以外的更为亲密的关系的，并把这其中的利弊以一种容易理解、容易接受的方式陈述出来，以争取得到服务对象的理解和支持。可以告知服务对象，如果有什么疑惑，可以在服务活动中找社会工作者倾诉；如果服务对象坚持索要私人社交联系方式，社会工作者可寻求督导或者更有经验的同事的帮助和建议，但要注意保护服务对象的身份信息。

在双重关系不可避免时，应采取一些专业上的预防或保护措施，如签署正式的知情同意书、寻求专业督导、做好相关文件的记录，以确保双重关系不会干扰自己的判断并且不会对当事人造成危害。同时也要注意避免在专业机构以外的场所私下单独约见服务对象，以避免对服务对象或社工产生不可预想的人身危害。① 社会工作者在与某个案主结束专业关系或治疗关系后，至少在三年内不得与该案主发生任何亲密或性关系；在三年后如果发生此类关系，要仔细考察关系的性质，确保此关系不存在任何剥削的可能性，同时要有合法的书面记录备案（参见《美国社会工作者协会伦理守则》）。

（3）社会工作者的困惑。

出现案例3中这样的情况，社会工作者小张应该怎么处理呢？

该案例中出现的伦理问题涉及社会工作者个人价值观和社会工作专业价值观的冲突，该类伦理问题也经常出现在青少年社会工作服务过程当中。一方面是社工自己的价值观，毕竟社工也是普通人，自己常年的生活

① 陈艳，郭华宇，焦可娜，等．青少年社会工作伦理困境及伦理抉择——基于某市J机构的社会工作实践的质性研究．北京：中国人民大学，2016．

经验和自我喜好使得社工会对他人有区别对待，并且这种区别是当时的情景以及社工所担任的角色的要求导致的；另一方面是社会工作专业价值观要求每一个社会工作者尊重和关怀每个人，社会工作者在服务过程中应从内心真诚接纳而不歧视服务对象。社会工作者在实践经验不足的情况下，难免会舍弃专业价值观而顺从自己内心的选择，这样一来，就会不自觉地对案主差别对待，违背了平等的价值原则，同时也违背了服务对象利益最大化的原则。

其依据主要有①：

第一，社会工作者应平等对待和接纳服务对象。

第二，社会工作者应以服务对象的正当需求为出发点，全心全意为服务对象提供专业服务，最大限度地维护服务对象的合法权益。

第三，社会工作者应该基于社会工作实践和伦理知识——其中也包括经验知识——来开展工作。

第四，社会工作者不得让自己的私人操守妨碍专业职责的履行。

第五，社会工作者不得因个人问题而妨碍专业判断或专业表现，或者危害当事人的最佳利益。

所以，小张在处理这类伦理问题时应该首先做出自我反思，反问自己为什么会对所谓的“表现不好的服务对象”有偏见，而“偏心”那些在活动中积极表现的服务对象。其次要从服务对象利益出发，向机构督导或者其他同事寻求帮助和支持，合理调整自己的价值观，从而做出符合专业伦理操守的判断和行为。

建议：第一，当社工出现与伦理原则相悖的信念或行为时，机构应首先纠正社工价值观中不合理的地方；第二，机构要定期培训社工，强化社工的专业价值观；第三，充分评估社工与这个项目的契合性，再在机构中做相应的协调。

（4）服务对象能否自己决定是否参与项目活动？

---

① 洛温伯格，多戈夫，哈林顿．社会工作伦理实务工作指南．7版．北京：中国人民大学出版社，2015.

在案例4中，你认为社会工作者小王的做法合适吗？如果你是负责该项目的社会工作者，在招募这些特殊儿童作为服务对象时，你会怎么做？

该案例是儿童和青少年社会工作者在服务智障儿童的过程中会遇到的服务对象自决与家长制作风的伦理问题。首先，案例中的服务对象是智障儿童而非他们的监护人，但是在决定是否参加活动的时候，往往是监护人说了算。如果监护人觉得有时间，或者认为该项目活动对智障儿童的益处较大，就会带领孩子参与。从这一点来说，监护人取代了孩子的决定权，并且不考虑孩子的想法，这是不恰当的做法。其次，社工由于缺乏相关方面的知识，所以会误以为智障儿童没有足够的理性和能力决定自己是否参与活动，从而忽视了服务对象的自决权和意愿；并且在服务过程中以教育者的角色震慑某些叛逆的服务对象，没有考虑服务对象的需求和利益，这也是不符合社会工作专业价值和伦理要求的。

其依据主要有①：

第一，社会工作者应尊重当事人的自决权，协助当事人努力识别和澄清自己的目标。社会工作者按照专业判断，认为当事人的行动或者即将采取的行动对自己或他人构成了严重的、可以预见的、近在咫尺的危险，方可限制当事人的自决权。

第二，社会工作者的首要职责是增进当事人的福祉。一般情况下，应把当事人的利益放在首位。

第三，社会工作者在代表缺乏行为能力的当事人做决定时，应该采取合理的措施保障当事人的权益。

因此，作为一名专业的儿童和青少年社会工作者，在面对智障儿童时，不只要听从其监护人的安排和意愿，也要考虑服务对象自身的意愿，赋予服务对象一定的自决的权利，询问其参与活动的倾向性，并在活动中给予其平等的对待和关怀，让服务对象真正得到相应的服务。同时，社会

① 洛温伯格，多戈夫，哈林顿．社会工作伦理实务工作指南．7版．北京：中国人民大学出版社，2015.

工作者可以对服务对象的家庭做一个全面评估，为服务对象的监护人提供更加全面的信息，增加彼此的信任感，同时与监护人探讨让孩子参加活动的原因和益处。

对于不同年龄、不同智力水平的青少年，在让他们做出决定时，我们应该视情况而定，适当地赋予他们相应的权利，鼓励服务对象自己做决定（参见下图）。①

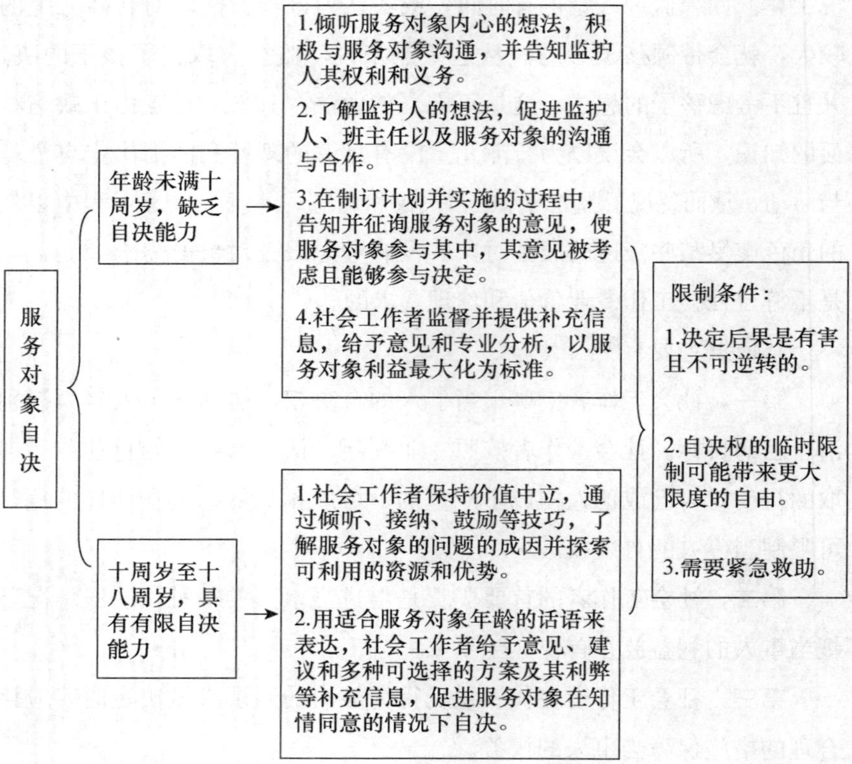

服务对象自决权的选择

（5）社会工作者的能力不足？

你认为社会工作者小陈是否应该接手该项目？

在案例 5 中，儿童和青少年社会工作者面临的问题是比较特殊的，但

① 李赟，刘安妮，夏琴，等. 学校社会工作伦理困境及应对方式——基于 M 中学驻校社会工作者的访谈. 北京：中国人民大学，2016.

也是社会工作领域的一部分，在具体实践活动中难免会遇到社会工作者的能力与项目要求之间有差距的伦理困境。案例中的社会工作者小陈之前没有接触过智障儿童，也没有相关方面的经验，机构内也没有较为适合的人员来接手这份专职工作。小陈还同时负责了其他的项目，所以在工作中也很难有时间去学习，或者接受一些专业的培训。这样就会导致社会工作者的能力与项目要求出现偏差，进而在项目开展过程中出现一些不可避免的麻烦和问题。在本案例中，虽然小陈有专业的督导，但他本人还是缺乏必备的能力，如果硬着头皮开展活动，就可能会产生一些伦理难题，甚至会伤害到服务对象，是不利于服务对象利益最大化的。

其依据主要有①：

第一，社会工作者应在自身专业能力和服务范围内提供服务。

第二，社会工作者只有在具备相应能力或者打算获得所需能力的情况下，才可以接受赋予自己的职责或者对自己的聘用。

第三，社会工作者在提供实质性服务或运用不熟悉的干预技术或方法前，必须经过适当的学习、培训、咨询，并接受精通这些干预方法或技术的人员的督导。

在本案例中，儿童和青少年社会工作者在接受新的项目之前，机构应该为其提供系统的学习、培训和督导，以帮助社会工作者提高自身的能力，更好地为服务对象提供服务。这不仅体现了社会工作的专业性，也能保证青少年社会工作者在伦理要求下提供适当的服务。

一方面，机构要根据每个社会工作者的优势和能力分配相应的工作任务，这样一来，社会工作者的能力不仅能得到很好的发挥，而且机构的管理和培训机制也能更有效率地发挥作用；另一方面，社会工作者要在适当的时间接受一定的培训和继续教育，时刻保持专业水准，以专业要求开展工作，不断寻求督导的指导，从而让专业行动更有利于服务对象的改变和发展，实现社会工作活动的价值。

① 洛温伯格，多戈夫，哈林顿．社会工作伦理实务工作指南．7版．北京：中国人民大学出版社，2015.

（6）案例6和案例7的分析思路请见下表：

案例6　真正有需求的服务对象在哪里？（资源分配问题）	案例7　我不知道该怎么拒绝她（利益冲突问题）
针对这类情况，社会工作者在开展实际活动中，是否存在不合适的做法？资源分配不公正会产生伦理问题吗？ 分析思路： ● 该项目的目标人群是否清晰？ ● 在招募服务对象时，社会工作者是否做出了最大的努力？ ● 社会工作者在处理这类问题时坚守的价值观是什么？ ● 资源是应该给有需要的人还是应该给认识的人？ ● 社会工作者的做法是否符合伦理守则？依据是什么？ ● 如果你是一名专业的青少年社会工作者，你会怎样分配有限的资源？	如果你是该项目的青少年社会工作者，你会如何处理这种利益冲突困境？ 分析思路： ● 这类伦理问题是否属于案主利益和社会工作者利益之间的冲突？ ● 根据伦理原则筛查方法决定选择。 ● 分析每一种选择的利弊及可能的后果。 ● 伦理决定的理论依据是什么？ ● 选择最佳的方案。 ● 根据方案调整服务活动，从而促进服务对象的转变和成长。

（六）关键点

这一系列案例分析的关键在于把握儿童和青少年社会工作过程中伦理问题的识别、分析和抉择，教学的关键点主要包括：

（1）正确识别常见的儿童和青少年社会工作伦理问题，如双重角色问题、利益冲突问题、隐私与保密的冲突问题、专业价值观和个人价值观的冲突问题等。

（2）明确在儿童和青少年社会工作中正确的伦理抉择。在儿童和青少年社会工作实务中，要清楚地知道专业伦理的要求。例如，社会工作者在工作中应该尽量避免双重角色、专业价值观优先于个人价值观、保护案主的利益不受侵害、应该具备从事社会工作专业的能力和要求、鼓励案主自决等。

（3）理解儿童和青少年社会工作的价值观。要尊重青少年的价值和尊严，接纳和关爱青少年，注重青少年的个别需求，强调青少年的优势和潜力，在社会工作者专业价值观的理念下服务于案主。

（4）掌握儿童和青少年社会工作专业伦理。要遵守保密协议和明确保密例外，尊重案主自决，尊重案主家人的意见，保持专业关系和私人关系的界限，保护案主的隐私。

（5）合理运用约瑟夫伦理决策模式，在现实情境中做出合理选择。

（七）参考文献

陈钟林，黄晓燕．社会工作价值与伦理．北京：高等教育出版社，2011.

谢莒莎．社会工作伦理困境及其解决方式．社会工作，2009（12）.

江娅．社会工作中的伦理困境和价值冲突．中国青年政治学院学报，2007（1）.

李然．青少年社会工作实践中的伦理困境及应对策略——基于对北京市海淀区青少年社工的访谈．中国社会工作，2015（13）.

王娅蓓．青少年社会工作的伦理困境．决策与信息（中旬刊），2015（1）.

杨桦．浅谈青少年社会工作中的保密原则．青年与社会，2015（8）.

爨宏涛．社会工作职业化背景下中国社工伦理困境和出路——以青少年实务工作为例．郑州：郑州大学，2012.

多戈夫，洛温伯格，哈林顿．社会工作伦理实务工作指南．7版．北京：中国人民大学出版社，2005.

孟海勤，翟敬敬，胡亚辉，等．青少年社会工作服务中的伦理问题研究．北京：中国人民大学，2016.

陈艳，郭华宇，焦可娜，等．青少年社会工作伦理困境及伦理抉择——基于某市J机构的社会工作实践的质性研究．北京：中国人民大学，2016.

李赟，刘安妮，夏琴，等．学校社会工作伦理困境及应对方式——基于M中学驻校社会工作者的访谈．北京：中国人民大学，2016.

老年社会工作伦理

一 案例介绍

当前我国正处于老龄化加速发展时期。作为老龄事业的一部分，近年来，老年社会工作蓬勃发展。而老年社会工作作为专业的社会服务活动，有着鲜明的伦理特质。在老年社会工作实务过程中，社会工作者经常会面临一些错综复杂的伦理议题和相互冲突的价值选择，伦理困境也由此产生。对社会工作者来说，能否正确理解并恰当地应对伦理问题和困境，决定着工作能否顺利进行和目标能否顺利达成。①

机构及社区介绍

S市X社会工作事务所（以下简称X机构）成立于2013年8月，是经该市民政局批准注册的民办非企业单位，目前共有专业社会工作者10名，志愿者20多名。成立至今，X机构一直致力于推动老年社会工作的发展。X机构运用了社会工作的多种专业方法和理论，从老年群体的特殊需求出发，为老年人提供了多项不同的服务。

X机构在成立初期即入驻S市的Z社区。Z社区建于20世纪80年代，位于S市的老城区，社区中老年人所占比重较高，且大多患有各种疾病，而其子女多数在本市新区工作，离Z社区相对较远。考虑到Z社区存在着巨大的养老需求，X机构在成立之初便与社区负责人取得联系，进而入驻Z社区，一方面为自己寻求一个较为稳定的发展空间，另一方面也可以为社区的老年人提供相应的服务，帮助其解决问题，提高其生活品质。

但在发展的过程中，X机构并不是一帆风顺的，也遇到了很多的问题，

① 孔娜. 老年社会工作的伦理困境及应对原则. 伦理学研究，2015 (2).

特别是伦理方面的问题，如保密问题、自决原则与专业判断的冲突问题、老人的安全问题、专业关系问题等。通过不断地摸索，X机构逐渐掌握了一套处理方法来应对老年社会工作中出现的伦理问题。

案例1 继续留在社区，还是去护理院？

X机构在成立初期，帮助Z社区内的老年人及其家属解决了不少问题。但在第三个月，机构遇到了一个较为棘手的问题。社区里有一位王大爷，子女都已成家。三年前王大爷的老伴去世了，从此王大爷变得郁郁寡欢，经常自言自语，身体状况也变得一天不如一天。两年前，经多家医院确诊，王大爷患有老年痴呆症，有时痴痴呆呆，有时较为清醒，勉强能够照顾自己，但需要有人在身旁照看。由于王大爷的儿子和儿媳工作繁忙无暇照顾老人，所以在与王大爷的女儿商议后，全家决定由女儿每天过去照顾王大爷，等晚上老人休息后再走。照顾老人几个月后，王大爷的女儿因家中出现突发事故，无法照看老人，故拜托邻居们代为照看。后来有一天，王大爷的儿子、儿媳下班后去看望老人，发现老人竟晕倒在地，经医院检查，王大爷为酒精中毒。为此，王大爷的儿子与女儿大吵一架，互相谴责对方不负责任，最后，他们找到社会工作者小周，要求把老人送到有专业护理人员照顾的护理院，而王大爷并不想去护理院。

对于王大爷的情况，小周认为自己应该尊重老人自己的选择，即继续留在社区里生活；但从自己的专业判断出发，小周担心王大爷继续在社区中生活很可能会危及他的身体健康甚至是生命。经过一番思索，小周认为自己应将王大爷的利益放在第一位，在确保王大爷生命安全的前提下尊重他的选择。所以，小周选择在王大爷比较清醒的时候，将有关的养老方式、福利政策以及自己能够运用的资源告知王大爷。同时小周也与王大爷及其家属共同讨论较为合适的选择，提出了以下三种方案：

(1) 王大爷在儿子家居住，每天会有社区护理中心的护理人员到家中为王大爷提供护理服务，费用由儿子以及女儿共同承担。

(2) 王大爷继续留在自己家中，小周帮助他整合社区资源，同时儿子和女儿应经常去看望王大爷，给予他足够的关怀，必要时社区邻里也会帮忙照看他。

(3) 王大爷入住护理院，子女们应经常探望王大爷并给予他精神上的安慰。

最终，经过众人的协商，王大爷及其子女选择了第一种方案。

案例 2　韩爷爷的近况要告知王奶奶吗?

Z社区有一位72岁的韩爷爷，一直一个人居住在社区。他年轻时是工程师，退休后依旧有着较为丰厚的退休金。但是韩爷爷患有多种慢性疾病，子女们也都忙于工作，无暇顾及父亲。社区里另一位王奶奶，几年前老伴去世，也是一个人在社区居住，子女们都是普通职员，家境较为一般。平常闲暇时间，两位老人都乐于参加各种社区活动，时间一长，彼此也加深了了解。前不久社区举办了一场“老年人交谊舞大赛”，两位老人为此苦练两个月，最终取得了第一名的好成绩。因长时间的相处与练习，二人培养出了默契，产生了感情，想领证结婚。可是韩爷爷的子女们并不支持，认为王奶奶是觊觎韩家的财产，也不许韩爷爷见孙子。韩爷爷因为此事而心脏病发作，医生建议他现在最好不要结婚，但韩爷爷却很坚持。王奶奶也明确表示自己不会要韩爷爷的钱。对于近来遇到的问题，韩爷爷要求机构的工作人员小夏不要告诉王奶奶，可是王奶奶却很关心韩爷爷的状况，希望小夏能够告诉她。

小夏觉得王奶奶与韩爷爷正在相处，她对于韩爷爷的情况是很关心的，也有一定的知情权，同时和王奶奶沟通也有助于解决韩爷爷当前面临的问题。但从保密原则出发，韩爷爷是明确要求小夏不要告诉王奶奶的，所以她有责任为其保守秘密。保密原则与知情需要之间的冲突，使小夏难以抉择。

小夏认为，对案主的秘密进行保密是对案主基本的尊重。尽管将韩爷爷的情况告知王奶奶不会对他人造成伤害，但这种未经案主允许而私自泄露秘密的行为同样是有违专业伦理的。韩爷爷愿意将自己的秘密告知小夏并要求其为之保密，正说明他对于小夏是很信任的，如果就这样将信息泄露出去，韩爷爷会怎么看她呢？他们之间的专业关系是否还能维系而不受影响呢？韩爷爷可能会感觉自己被曾经信任的专业人员背叛，从此不愿意向小夏讲述自己的事情，他们之间的信任关系也会因此被破坏。最终，小夏决定为韩爷爷保密，不告知王奶奶他最近的状况。同时，小夏也告诉韩爷爷一定要注意自己的身体，不要过多考虑其他事情，自己的健康是最重要的。

案例3　小武该接受老人的月饼吗？

临近中秋节，社会工作者小武遇到了一位十分“热心”的老人刘叔叔，他是独居老人，两年前丧偶，自此独自生活。子女们工作都较忙，一年中能回家看望他的次数十分有限。为避免老人过于寂寞和焦虑或出现一些其他精神方面的问题，机构的负责人安排小武来负责这位案主，嘱咐他要多注意老人的精神健康。小武经常去老人家中看望他，一方面看看老人最近的生活情况和身体状况，另一方面陪老人聊聊天和解解闷，有时候也会向老人介绍一些社区里组织的老年活动，鼓励他多去参加。时间一长，老人十分依赖小武，甚至把他当亲儿子看待。面对老人的热情，小武很感动，但同时也有些纠结，多次向老人说明他与老人之间只是工作关系，老人不应该过度依赖他，但老人依旧热情不减，特意邀请小武中秋节去他家吃月饼。

小武知道这是移情的表现。他深知自己作为一名社会工作者，不应该同当事人保持双重关系，所以，他婉言谢绝了老人，表示老人的心意他已经心领了，但他可能没有时间过去，他还有很多工作需要完成。老人对于小武的举动有些难过，觉得小武在嫌弃他，不愿意和他相处。小武看出了老人的沮丧，特意向老人说明他们之间确实只是工作关系，自己无法与老人存在别的关系，这是有违专业伦理的，而且自己这么做也是为了避免对老人产生更严重的伤害。同时，小武也向老人说明自己并没有嫌弃他，他可以放下心来，自己今后还会像以前一样常常去他家看望他，陪他聊天。

案例4　面对虐待老人问题，社工该如何做？

王阿姨是一名65岁的老人，已经在Z社区居住了30多年，平时说话较少，经常自己一个人，很少与社区里其他老人打交道，性格有些孤僻。但王阿姨与机构里的一位社会工作者小项关系较好，经常和小项拉家常，把自己最近的情况讲给小项听。在近日的某次会谈里，王阿姨无意中说出有时候儿子小李和她闹别扭，会冲她大吼大叫，甚至不给饭吃。社会工作者听到后十分惊讶，想进一步询问，王阿姨却称刚才的话都是自己瞎说的，并没有这回事，还马上转移话题。后来小项向王阿姨询问此事时，她也一口否认之前所说的情况，还让小项不要再提起此事。小项从王阿姨之前透露的信息以及后来的种种表现，猜测出她的儿子对她并不好，甚至可能有一些虐待行为。小项感觉王阿姨想要维护儿子和自己的面子，所以不愿意承认自己受到虐待的事实，更不愿意将这一情况公之于众。小项担心这样下去，王阿姨的儿子会变本加厉，甚至会威胁到她的生命安全，所以很想帮助她解决这一问题，但无奈王阿姨并不愿意多谈论此事。小项无法从王阿姨那里获得更多的信息，也不能轻易地将王阿姨的事情告知同事或督导。小项感觉自己无能为力，很是苦恼。

再三思考后，小项决定向督导咨询关于虐待老人的相关问题，但并未透露案主的相关信息。督导建议他先去查询相关法律，看看国家对于这一问题的具体条款是怎样的。小项在查询后找到了以下法律条文，如《刑法》第二百六十条："虐待家庭成员，情节恶劣的，处二年以下有期徒刑、拘役或者管制。"虐待方式主要有：肉体折磨，如捆绑、殴打、冻饿；精神摧残，如侮辱、谩骂、讥讽以及限制人身自由、禁闭等。同时虐待行为是恶劣的、长期的、一贯的。如果只是偶尔打骂、吵架，或者态度粗暴等不能视为虐待行为，不构成虐待罪，但也应予以批评教育，向老人赔礼道歉。根据王阿姨的描述，小项认为她儿子的一些行为并不是长期的、一贯的，所以应该尽早与王阿姨的儿子沟通来协调此事。但是考虑到保密原则，即社会工作者有义务为案主的隐私保密，小项决定先征求王阿姨的意见。

再一次见到王阿姨时，小项先询问了王阿姨最近的身体状况，是否有什么不适。王阿姨表示自己的身体还算不错，有一些慢性病，但都可以吃药控制，没有什么大问题。小项进一步询问近几天王阿姨与她的儿子相处是否融洽，这时候王阿姨有点警觉，小项急忙解释自己只是想了解她最近的生活状态。经过半个小时的交谈，王阿姨逐渐放松下来，也愿意和小项聊她儿子的事。虽然她儿子偶尔会与她吵架，但这样的情况只是少数，大多数情况下她与她儿子的相处还是融洽的，王阿姨也并不埋怨自己的儿子。小项在了解这些情况后，询问王阿姨自己是否可以与她儿子见一面，并向她说明自己不会与她儿子谈论此事，让她放心。在征得王阿姨的同意后，小项见到了她的儿子小李。

小项首先询问了小李最近的状态如何，是否有什么烦心事。小李说最近因为工作的事情有些烦恼，经常感觉很惆怅。小项安慰他每个人都会经历此类事情，让他不要太过抑郁，要以平常心对待。同时还谈论到自己在工作中也会遇到形形色色的人和事情，同样很苦恼。看到彼此都遇到了类似的事情，小李也逐渐敞开心扉，与小项攀谈起来。针对工作中遇到的问题，小项也把自己的一些较好的解决办法告诉小李。接着，小项和小李说到了家人的问题，小项表示自己不管在工作中遇到什么样的问题，有多忙，都会顾及自己的家人。这时候小李很不好意思地说出了最近一段时间与自己的母亲有过争吵，还会冲她大喊大叫，有一天晚上竟然一气之下不让母亲吃饭。小李表示自己很后悔，很想向母亲道歉，但又说不出口，他很希望母亲能够原谅他。小项鼓励他勇敢一点，向母亲说明自己的心意。最后小项告诫小李今后一定要平衡好生活与工作的关系，不要忽视家人，更不要伤害他们。

同时，为避免再次出现此类情况，X机构负责人要求在今后的工作中，机构社会工作者在与社区老人建立专业关系之初，就应该明确告知对方并达成统一意见，即当出现可能会危及老人生命安全或会对老人造成严重伤害的行为如子女或他人的虐待时，社会工作者会打破保密原则或是限制老人的自决权利，同时告诉老人自己将会采取的行动，如联系老人的子女或其他亲属、带老人去医院进行检查等。

案例5　社工该如何协调志愿者与案主间的矛盾？

Z社区目前有500多户，约1 300人。其中60岁以上的老年人有200多人，占到了15%以上。考虑到社区中有较多老人生活不能完全自理、需要一定的照料，以及子女不在身边的情况，Z社区于一年前成立了老年人日间照料中心（以下简称照料中心）。为给老人们提供更加专业和优质的服务，Z社区负责人联系到了X机构，打算改变社区提供服务的模式，由机构进行管理并提供相关服务，服务费用由社区、政府和个人按照35%、15%、50%的比例进行分摊。照料中心主要为社区内的半失能老年人提供膳食供应、个人照顾、保健康复、休闲娱乐等日间托养服务，形成老年人“白天入托接受照顾和参与活动，晚上回家享受家庭生活”的新模式，这能在一定程度上满足案例1中提到的老人不愿意去护理院的要求。

经过半年的重新整顿与协商，照料中心逐渐进入正轨，对社区内所有60岁以上的老年人开放。但由于机构资源有限，只提供了20张床位，重点服务高龄老人、失能失智老人等。同时入住照料中心也需要一定的申请手续，机构会进行审核，优先为最需要照顾的老人提供服务。当双方都同意后，还会签下老人入住协议书。

X机构在接手照料中心之前，Z社区负责人招募了十多名社区老人作为志愿者，这些志愿者大都是比较有威望、非常热情且活跃的老人，十分乐意帮助其他老人解决他们的问题。但同时，这些志愿者本身也是60多岁的老人，精力、思维等不比年轻人，而且并不具备良好的管理能力，这使得照料中心管理不善，出现了各种问题，也引起了社区内其他老人的不满。在X机构正式接管后，社区有些老人要求X机构将志愿者换掉，甚至直接告诉志愿者让他们离开照料中心，而这也引起了志愿者们对X机构的强烈不满，他们认为正是由于X机构的接管，使得他们无法留在照料中心，如果没有X机构，他们就可以继续当志愿者了。

X机构的社会工作者小王在遇到这个问题之后，马上联系了社区志愿者和社区的老人来对此事进行沟通。小王首先和志愿者说明，X机构的接管并不会影响他们继续留在照料中心，他们需要的只是一点改变。首先，小王特意开展了“社区课堂”，来为志愿者讲授一些较为基本的管理知识与方法，以及一些网络知识，帮助志愿者们运用网络等手段来更好地提供服务。其次便是帮助社区老人设身处地地去理解志愿者工作的辛苦与不易，对志愿者们给予更多的宽容与包含。

案例6 老人突然发病，社工该怎么办?

社区有一位李奶奶，患有心脏病和高血压，她的子女们无暇每天都照看她。为避免发生各种意外状况，李奶奶的家人和李奶奶商量后，决定将她送到照料中心。在李奶奶入住前，为能够更好地为老人服务，X机构的社会工作者小马与李奶奶及她的家属签下了入住协议。某天李奶奶在照料中心吃过饭后，突然感觉心脏很难受，甚至无法行走，瘫倒在地上，李奶奶痛苦的样子吓坏了中心的其他老人，小马看到后赶紧将老人扶到旁边的座椅上，想询问她身上有没有药，然而此时李奶奶已呼吸困难，小马只好赶快在李奶奶的口袋中寻找药物，幸运的是很快就找到了药盒，小马连忙喂药给李奶奶吃。吃过药后，李奶奶的脸色明显好转了不少，表情也没有之前那么痛苦了。随后机构的其他人员马上联系了医院和李奶奶的家属。李奶奶的家属看到李奶奶安然无恙后，十分感谢小马。

小马认为在这次应急事件中，他尽到了自己的义务和责任。在当时那种紧急情况下，自己能做的只有急救，然后再联系医院并通知家人过来。再接下来，就是与社区进一步商讨随后的行动，比如制定更详备的应急方案、在照料中心多准备一些急性疾病的药物并放在多个房间以及方便拿取的位置以备不时之需等。机构的负责人也认为小马的决策是正确且及时的，他很好地处理了老人突发疾病这一事件。

案例7 社工屈服于服务对象提出的不当要求是否违背伦理?

X机构的社会工作者小雯在为照料中心的老人提供服务时，偶然发现很多老人有着很强的人脉关系。比如有些老人在退休前曾是某个单位的局长，认识很多政府机关的领导，包括纪委书记和S市的市长。

他们曾以此要挟机构满足他们提出的条件，如果机构不同意，他们只需一个电话，机构就难以生存下去。比如一位老人告诉小雯，自己有一位亲戚想入住照料中心，让她安排一下。可是照料中心的床位十分紧张，连本社区老人的护理需求都无法满足。小雯感到很为难，她不能私自“开后门”为老人的亲戚安排床位，可又担心机构的发展会因此受到影响，不知该如何是好。

小雯担心倘若自己拒绝了老人的要求，老人可能会动用自己的社会关系，最后影响的不止她一个人，还有整个机构的发展。最终，为了保障机构的正常运行，小雯决定睁一只眼闭一只眼，答应了老人的要求。

案例8 日间照料中心是否应全年开放？

半年前，社会工作者小赵因照料中心的开放时间问题与一名老人石先生产生了争执。石先生认为照料中心应该一年365天都开放，而X机构与Z社区签下的合同上明确规定着照料中心只在工作日开放。小赵觉得很为难，一方面是老人的利益，另一方面是合同的明确规定。自己到底应该将照料中心全年开放来维护老人的利益，还是继续按照规定执行开放时间？

小赵了解到石先生有一个孙子，正在上大学，老人平日对他很是疼爱，所以在与石先生沟通时，小赵决定打“感情牌”，而不是讲各种所谓的大道理。他和石先生说：“再过几年您的孙子就大学毕业了，等正式参加工作以后，如果一年365天每天都在上班，从来没有假期，您觉得这样能行不？您肯定特心疼吧，怕是恨不得您去帮他上班了吧？”石先生被小赵的话逗乐了，先前固执的态度也有所缓解。石先生表示全年开放确实有些困难，但社区里有那么多老人，多多少少都患有一些疾病，对护理照料有很大需求，周末和节假日休息会给大家带来很多不便。小赵认为石先生说的不无道理，所以与机构的负责人及其他工作人员进行讨论，决定与社区的相关负责人及几名老年人代表共同商量此事。最终得出的结果是，照料中心在工作日正常运行，周末与节假日由社区的几位老年志愿者轮流管理，必要时他们会通知X机构的工作人员。石先生对于这样的结果很满意，称赞小赵办事能力强，想得很周到。

案例9 面对“捣蛋”老人，社工该从何入手？

照料中心出现了一位“捣蛋”老人王先生，他每天都会带着一条小狗来照料中心。既不找人，也不询问入住照料中心的事宜，只是坐在大厅里一直抽烟，还任由小狗到处大小便。虽然工作人员各种劝阻，但王先生并不为所动。到处弥漫的烟味对其他老人的身体健康有很大影响，小狗的排泄物也给照料中心带来很大的卫生问题，这自然引起了其他老人的不满。社会工作者小赵联系到王先生询问理由，王先生说最近自己心情不好，还说工作人员越是不让他来，他越是要每天来，反正工作人员也拿他没办法。小赵和机构的其他工作人员很是头疼，他们该为了维护其他老人的利益而把这位王先生赶出去，还是任由他破坏照料中心的环境卫生呢？

小赵决定再一次联系王先生，想和他商量一个较为妥当的解决办法。然而王先生的态度依然很坚决，甚至还故意避开小赵，不搭理他。经过多次与王先生沟通无果后，小赵决定改变策略。他不再与王先生提及此事，对于王先生的行为也并不制止，同时还告诉其他老人及工作人员不必理会王先生。过了两个星期，大概王先生自己也觉得没什么意思，便不再来了。

案例 10 机构是否应该选择社区推荐的老人？

当前我国的老龄化日益加剧，随之引起了各种各样的问题。其中，失智老人的增加成为一个值得重视的问题。现代医疗针对老年失智症有一些治疗措施，但是对于老年人的失智预防手段却很匮乏。基于此，X 机构决定在 Z 社区开展一项老年人失智预防项目。

X 机构最初计划招募 10 到 15 名服务对象，条件是身体健康且四肢健全，能自由活动，智力正常；此外也会挑选 3 到 5 名有轻微失智的老年人，这样既可以缓解这几位老人的病情，也可以通过对比反映出预防项目的效果。X 机构本打算在社区中按照不同的年龄段随机抽取，同时秉承自愿的原则来挑选服务对象，但社区在得知此项目后，主动提出为他们推荐老人。社区推荐的大都是平日里乐于参加社区活动，比较活跃，积极性较高的老人。机构的工作人员一方面不忍心拒绝社区的好意，另一方面也觉得积极性高的老人更适合参与活动，能为机构节省不少时间和精力，而且最终也能取得比较显著的效果。如果不太积极或不太配合的老人很多，就会给机构的工作带来很多问题，会大大加重机构的负担，而且最终的效果也会大打折扣，不利于中后期的评估。所以机构最终决定将社区推荐的老人作为服务对象。

案例 11 案主坚持要卖掉公租房，社工该介入吗？

社区推荐参与失智预防项目的老人中有一位 83 岁的李爷爷，现在独自居住在政府的公租房内，唯一的亲人就是远在外地的侄子。由于自己年岁已高又无人照料，所以李爷爷希望侄子能够照顾自己。侄子在外地工作较为繁忙，就想让李爷爷搬去和他一起住。但是李爷爷长年居住在 S 市，对 S 市十分有感情，不愿意离开，所以向侄子提议，如果侄子愿意照顾他，他就把公租房卖掉，把钱留给侄子作为回报。但是国家政策规定公租房是不能够进行市场买卖的，社区的工作人员也告诉李爷爷如果他愿意将房子奉献给国家的话，社区能够为他养老送终，但李爷爷坚持要卖掉房子。

X机构的社会工作者小海认为虽然国家规定了公租房是不能够进行市场买卖的，但他没有权利将这一情况随意透露给他人，也不能阻拦李爷爷卖掉公租房。毕竟李爷爷买卖公租房的行为与自己本身并没有利益冲突，同时也没有危害到社会安全、李爷爷自身或是其他人的生命安全。小海认为自己应该尊重李爷爷的选择，所以决定不介入此事，让李爷爷自己来考虑。

案例12　面对两个社团，机构该如何选择?

Z社区在发展中同样注重文化艺术的培养，经常组织一些文艺活动，邀请社区的老年人参加。渐渐的，社区老人们也开始成立一些自己的社团，将有着相同兴趣的老人们聚在一起。Z社区目前有两个老年艺术团，简称A团和B团。某次社区活动，X机构邀请了A团进行表演，并给予了他们一定的补贴。演出结束后，B团的老人们联系了X机构的负责人及相关工作人员，认为他们只邀请了A团是不公平的，既然邀请了A团，那么也应该邀请他们B团才对。这时候机构的工作人员很为难，在开展工作、面对多个服务对象时，社会工作者的确应该保证平等地对待每一个人，但是，机构的资源毕竟是有限的，给艺术团的补贴经费也是有限的，机构很难做到同时邀请两个艺术团并给予补贴。

机构的工作人员于是联系了B团的老人们，表明机构的经费有限，难以同时邀请两个团进行表演，不过在下一次的社区活动中，机构可以邀请B团来表演，也会照常给他们发放补贴。B团的老人接受了这一提议。但很快这个消息传到了A团老人那里，他们对机构产生了不满，认为A团比B团更加优秀，表演机会也是自己争取来的，不能这样拱手让人。机构工作人员夹在中间，不知道该如何是好。

案例13　机构能任用熟人来担任监事人员吗？

随着项目的扩展和完善，X机构开始着手建立一个有着理事会和监事会的完整的社会工作机构。三个月前，机构负责人决定正式成立这两个部门。具体的准备工作完成后，机构面临着人员选择这一问题。机构的要求是监事人员需要有社会工作的学历背景以及两到三年的实务经验，同时具有一定权威，能够对机构的社会工作者给予较好的指导。机构负责人一直未找到合适人选，这时机构的一位社会工作者小白找到负责人，告诉他自己认识一个人，完全符合机构的要求。对方和小白是大学的同班同学，在校时担任学院的学生会主席，负责组织学院的多场活动，之后还攻读了社会工作硕士，毕业后在S市的另一家社工事务所工作了两年，目前在S市民政局社会工作科工作。小白很快联系了同学，向他说明此事。对方很爽快地答应了。而机构负责人正因为找不到人而发愁，现在有一个如此合适的人选，还有什么理由拒绝呢？所以为了尽快使监事会进入正轨，同时也为了节省时间和精力，负责人决定选用小白的同学作为监事人员。

二 教学笔记

(一) 摘要

老年社会工作在实践过程中经常会面临一些伦理问题，使社会工作者难以抉择。比如，存在自决原则与专业判断之间的冲突、保密原则与知情权的冲突、平等公正原则被忽视、难以回避双重关系等常见的社会工作伦理问题；还有一些特殊的、具有老年特色的伦理问题，如虐待老人问题和老人安全问题；此外，还有多方利益群体间的矛盾、案主利益与国家政策的冲突等问题。本系列案例以一家非营利机构 X 社会工作事务所在社区开展服务的经历为背景，描述了其在服务介入、决策规划、问题解决等方面的成长与发展，展示了在以社区为依托开展老年社会工作的过程中遇到的各种伦理问题。

(二) 教学目标

本系列案例的教学使用说明是以“社会工作伦理”课程中的老年社会工作伦理部分的教学为基础撰写的，用于讲解老年社会工作中有关伦理方面的内容，案例的编写以此为出发点，对案例的分析和总结也基于这一目的。若将本系列案例用于其他课程，则需做调整，以下使用说明可作为参考。

1. 覆盖知识点

本系列案例在“社会工作伦理”课程中主要覆盖的知识点有：

- 老年社会工作中常见的伦理问题；
- 自决、保密、专业关系等概念；
- 解决伦理困境的通用方法和步骤。

2. 能力训练点

本系列案例在“社会工作伦理”课程中规划的主要能力训练点有：

- 学会识别各种不同的伦理问题；
- 学会分析伦理问题产生的原因；

- 学会尽可能减少对案主利益的伤害。

3. 观念改变点

本系列案例在“社会工作伦理”课程中规划的主要观念改变点有：

- 认识到老年社会工作中伦理问题发生的普遍性；
- 认识到除专业关系外要避免出现其他社会关系；
- 认识到老人自决权利的行使不能损害他人利益或违反相关规定。

（三）教学计划

本系列案例的课堂计划可以根据学生的差异，尤其是对案例的阅读和课前对相应知识的掌握程度来进行有针对性的施教。本课程中的案例主要按照 2 课时（共 90 分钟）进行设计。

- A 计划：学生事先预习到位，全日制研究生可以将小组讨论布置在课外进行，因为这类学生的实际工作经验少，因此，在案例讨论过程中需要教师引导的内容相对较多。
- B 计划：在职社会工作硕士学生的课前预习不一定完成得很好，或者学员间预习差异较大，因此，需要将小组讨论置于课堂之中进行。

两种课堂教学计划详细安排如下：

A 计划	B 计划
课前阅读相关资料和文献 3 小时 小组讨论 1 小时 考虑到学生的知识基础和对应用的理解，要适当增加讨论后知识总结的时间。 课堂安排如下： 案例介绍：10 分钟 集体讨论：50 分钟 知识梳理总结：20 分钟 问答与互动：10 分钟	课前阅读至少 0.5 小时 考虑到在职社会工作硕士学生课前阅读和讨论的可行性，建议将小组讨论置于课堂中进行。 课堂安排如下： 案例介绍：10 分钟 小组讨论：20 分钟 集体讨论：50 分钟 知识梳理总结：5 分钟 问答与互动：5 分钟

在课堂上讨论本系列案例前，应该要求学生至少读一遍案例全文，对案例的启发思考题进行回答。具备条件的学生还要以小组为单位，围绕着所给的案例启示题目进行讨论。

本系列案例的教学课堂讨论的提问逻辑为：

（1）老年社会工作中常见的伦理问题还有哪些？

（2）在遇到类似的伦理困境时，你应该怎么做？

（3）对现有的伦理决策模式进行评价。

（4）总结适合当地老年人社会工作的伦理决策模式。

（四）启发思考题

本系列案例的启发思考题主要对应的是案例教学目标中的知识传递目标，启发思考题与案例同时布置，另外要让学生尽量在课前熟悉相关知识点。因此，在案例讨论前需要让学生阅读教材中有关老年社会工作伦理的内容，包括老年社会工作中出现的伦理问题的类型、形式及特点，尊重老人的自决权利，对老人的隐私进行保密，避免双重关系，等等。

（1）在案例1（继续留在社区，还是去护理院？）中，机构为什么安排王大爷前往儿子家中，请社区护理中心的护理人员每天到家中提供护理家政服务，而不是直接将王大爷送到有专门的护理人员照顾的护理院？

（2）在案例2（韩爷爷的近况要告知王奶奶吗？）中，小夏未将韩爷爷的近况告知王奶奶，是否还有更为合适的解决办法能够在保密原则与知情权之间取得平衡？

（3）在案例4（面对虐待老人问题，社工该如何做？）中，社会工作者为什么没有直接去找王阿姨的儿子小李？是出于哪些方面的考虑？同时，在与小李的交谈中，社会工作者运用了哪些专业技巧？是否有不足之处？

（4）在案例3（小武该接受老人的月饼吗？）中，小武拒绝老人的做法可能会给老人造成哪些伤害？可能会因此避免哪些伤害？

（5）在案例5（社工该如何协调志愿者与案主间的矛盾？）、案例8（日间照料中心是否应全年开放？）、案例9（面对“捣蛋”老人，社工该从何入手？）中，小王和小赵的解决办法体现了哪些伦理原则或方法？长处和不足是什么？

（6）在案例6（老人突然发病，社工该怎么办？）中，面对李奶奶病情突变这一事件，小马的做法是否完全合理？对于此类突发状况，机构还能采取哪些改进措施？

(7) 在案例 7 (社工屈服于服务对象提出的不当要求是否违背伦理?) 中，小雯面对老人的社会关系，为了维护机构的正常运行，应该采取什么样的行动而不是睁一只眼闭一只眼?

(8) 在案例 10 (机构是否应该选择社区推荐的老人?) 中，对于不太积极或不太配合但同时又可能存在预防失智的需求的老人，社会工作者有哪些较好的办法能了解这一人群的具体需求?

(9) 在案例 12 (面对两个社团，机构该如何选择?) 中，面对 A、B 两个艺术团，如果你是机构的社会工作者，你会怎么解决?

(10) 在案例 13 (机构能任用熟人来担任监事人员吗?) 中，小白推荐自己同学的做法违背了哪些伦理原则? 是否只要是熟人就不能在机构里担任监事职位，甚至应聘职位呢? 如果面试合格的人员中有人是机构社会工作者的熟人，机构应该聘用吗?

(11) 在案例 11 (案主坚持要卖掉公租房，社工该介入吗?) 中，小海没有介入李爷爷出售公租房的做法体现了哪些伦理原则? 又忽视了哪些伦理原则?

(五) 问题分析

X 机构经历了三大阶段:

第一阶段，最初的挑战。X 机构遇到了伦理问题中最为常见也最为重要的伦理困境: 自决原则与保密原则。这两个原则关系着社会工作者与服务对象之间专业关系的初步建立与维持，同时也贯穿始终。如何在不损害服务对象和他人利益的情况下确保服务对象的自决权利以及对其隐私进行保护，是每个社会工作者都无法避免的问题。真正做到遵守这两大原则，是专业关系得以继续的重要基础。

第二阶段，日间照料中心的发展。为给社区老人提供更好的服务，X 机构接手了日间照料中心，能够提供更加专业的服务。此外，对于需要专业护理但又不愿意去养老院或护理院的老人来说，照料中心是一个更为合适的选择，既能为他们提供专业服务，也能让他们继续在社区生活。在这个阶段，X 机构面临了一些其他类型的伦理困境，比如涉及多方利益主体的伦理问题。

第三阶段，机构的其他尝试与探索。在解决了一些常见的伦理问题且日间照料中心也逐步进入正轨后，X机构也遇到了一些更为特殊且难以处理的伦理问题。这些问题的解决需要更加慎重的考虑与专业的判断，需要社会工作者充分发挥所学的理论知识及其他相关知识，使决策更为合法合理，并更好地维护服务对象的利益和公平原则。

1. 自决原则

社会工作者认为，每个人都有自己做决定的权利。我国民政部《社会工作者职业道德指引》第九条规定："社会工作者应培养服务对象自我决定的能力，尊重和保障服务对象对与自身利益相关的决定进行表达和选择的权利。"《美国社会工作者协会伦理守则》指出："社会工作者尊重和推动当事人的自决权，协助当事人努力识别和澄清自己的目标。"但它并不是严格执行的，具有一定的灵活性。"社会工作者按照专业判断，认为当事人的行为或者可能采取的行动对自己或他人构成了严重的、可以预见的、近在咫尺的危险，可能会限制当事人的自决权。"

在案例1（继续留在社区，还是去护理院?）中，社会工作者充分尊重了王大爷想要在社区生活的选择——尽管根据自己的专业判断，将老人送到专业的护理院可能是更好的选择。社会工作者一方面考虑到了王大爷的意愿，另一方面考虑到了他对于专业护理的需求，同时也考虑到了王大爷的子女难以照顾他的实际情况，提出了切实可行的多种可选方案，将服务对象的意愿和需求、其子女的能力和其所在社区的相关资源实现了有机结合。

2. 保密原则

除自决原则以外，最为常见的伦理问题便是社会工作者如何对服务对象的隐私进行保护。"保密意味着社会工作者在没有得到当事人在知情的情况下给予的许可时，不会向任何人披露从他那里获得的资料。"① 许多人

① 多戈夫，洛温伯格，哈林顿. 社会工作伦理实务工作指南. 7版. 北京：中国人民大学出版社，2005：70.

认为，如果服务对象意识到社会工作者对自己隐私的保密是有限的，就很可能会影响到双方的关系。“他们相信保密原则对于维护有效的专业关系至关重要。”如果社会工作者不注意保密，很可能会造成以下危险：（1）原本需要帮助的人可能因此不敢求助；（2）已经建立关系的服务对象可能不会完全地投入；（3）原本的信任关系可能遭到破坏，一些机密资料被泄露的服务对象可能会认为自己所信任的社会工作者背叛了自己。①

社会工作者在正式开展服务之前，即在与服务对象建立专业关系的时候，便会向服务对象说明保密原则。对于他们自身的隐私信息，社会工作者会为其保密，不会轻易泄露；即便在与同事或督导交流时，也会对其进行匿名化处理。然而事实上，这一原则的执行并非那么绝对，而是有些限制性条件。我国民政部《社会工作者职业道德指引》第八条规定：“社会工作者应在不违反法律、不妨碍他人正当权益的前提下，保护服务对象的隐私，对在服务过程中获取的信息资料予以保密。”《美国社会工作者协会伦理守则》指出，“当披露资料可以防止给当事人或其他可以确定的人造成严重的、可以预见的、近在咫尺的伤害时，社会工作者可以打破保密限制”，或者出于“迫不得已的专业上的理由”②。

在案例 2（韩爷爷的近况要告知王奶奶吗?）中，韩爷爷因为信任所以将秘密告诉了社会工作者小夏，并要求对方保密，小夏也很好地遵守了保密原则。对韩爷爷的近况进行保密，这件事本身并不违法或妨碍他人正当权益，不会给韩爷爷或王奶奶造成严重的、可以预见的、近在咫尺的伤害，所以小夏无须打破保密限制。同时，保密也有利于小夏与韩爷爷之间专业关系的维护，是一种较为妥当的处理办法。

在案例 4（面对虐待老人问题，社工该如何做?）中，社会工作者并没有对可能存在的老人虐待问题置之不理，或者直接去找王阿姨的儿子小李，而是先通过查询相关法律条文来了解国家对于虐待这一问题的具体规

---

① 多戈夫，洛温伯格，哈林顿. 社会工作伦理实务工作指南. 7 版. 北京：中国人民大学出版社，2005：70.

② 同①.

定；同时在联系小李之前也经过了王阿姨的允许，而没有私自去联系。这样做的合理之处在于，首先，严重的老人虐待在我国属于违法犯罪行为，它已经突破了保密原则的界限，是需要介入的；其次，如果小李本身是个脾气暴躁、有暴力倾向的人，社会工作者的贸然行动不仅会给自己带来一定的危险，同时也会给王阿姨今后的生活带来极大的隐患，小李很可能会因此迁怒于王阿姨。

在见到小李以后，社会工作者通过询问生活状况、工作等拉近了与小李的关系，在小李表达出因工作而十分烦恼后，社会工作者运用了倾听、自我披露等专业技巧，使两人的关系进一步拉近，最终小李说出了将工作的压力迁怒于母亲的事实。通过有效的沟通，小李认识到了自己的错误，并知道了今后该如何平衡好自己的工作和生活。该社会工作者的做法很好地处理了这一事件，在今后的学习、工作中，我们可以适当地借鉴其中的方法。

3. 双重关系

双重关系，就是指在社会工作者与服务对象之间，除了正常的服务关系外，还存在着别的关系，比如说朋友关系。《美国社会工作者协会伦理守则》明确表明："社会工作者不应该同当事人或前当事人保持双重或多重关系，以免有可能对当事人造成剥削或潜在的伤害。一旦避免不了双重或多重关系，社会工作者应该采取措施，保护当事人，并有责任设定清楚、恰当、具有文化敏感性的界限。"① 我国的《社会工作者职业道德指引》中没有关于双重关系的具体条文，相关的规定是第十条："社会工作者不得利用与服务对象的专业关系，谋取私人利益或其他不当利益，损害服务对象的合法权益。"

在案例 3（小武该接受老人的月饼吗?）中，我们可以看出小武对于专业关系界限的把握很到位，他意识到了老人对自己的移情，也婉言谢绝了老人的邀请。这在一定程度上避免了超越专业关系的界限可能带来的伤害。

① 多戈夫，洛温伯格，哈林顿．社会工作伦理实务工作指南．7 版．北京：中国人民大学出版社，2005：131.

抛开社会工作的专业伦理，作为一个普通人来考虑，我们很难对老人的邀请无动于衷，甚至会觉得这不过是老人的一点心意，直接拒绝似乎太无情了。但作为专业的社会工作者，我们不得不意识到，案主邀请和酬谢的举动很可能是因为其把社会工作者基于专业关系而进行的专业帮助当作了社会工作者的个人善意，进而有对这份个人善意表示物质感谢和建立友谊的诉求。所以，社会工作者如果接受邀请和物质感谢，实际上就等于默许了案主与社会工作者进一步建立朋友关系的请求。一旦社会工作者与案主之间建立了专业关系以外的其他关系，也许从短期来看会有利于案主问题的解决，也有利于关系的维持，但从长期来看，可能会产生更为严重的后果，使问题复杂化，而且，也很容易陷入伦理困境。比如当社会工作者面对多个案主时，而其中有存在友谊关系的案主时，社会工作者很难做到资源分配的公平和平等；社会工作者也可能借朋友关系让案主在其他方面帮助其得到个人利益；或者案主可能对社会工作者太过依赖，一有问题就来找社会工作者，即便不是工作时间，也会打电话给社会工作者诉苦、抱怨，这种情况会严重影响社会工作者的日常生活和休息，还可能会影响到其专业判断，最终不利于案主问题的解决。所以社会工作者必须理智把握工作中的专业界限，尽可能避免案主的移情和自己的反移情。另外，社会工作者如果有意识地允许案主把专业关系当成朋友关系，并且从中获得个人利益，这就是比较严重的违背专业伦理的行为了。

4. 多方利益冲突和最小伤害原则

利益冲突可能发生于社会工作者与案主之间，也可能发生在与服务有关的相互关联的多方主体之间。社会工作者在遇到多方利益冲突时，需要向涉及的各方明确谁是案主，以及社会工作者对各方的专业职责，并采取适当的行动尽量减少利益冲突。当不可避免会伤害到与问题有牵连的某一方时，社会工作者应该选择造成伤害最小和最容易弥补的方案。

从以上的案例可以看出，X机构在Z社区开展工作时也会遇到一些多方利益群体之间的矛盾冲突问题。在案例5（社工该如何协调志愿者与案主间的矛盾?）中，由于X机构的接手，照料中心原有的运行模式也随之改变。而X机构在接管照料中心前并未向原有的服务提供者即社区的志愿者咨询相关情况并进行协商，接管照料中心后也并未询问社区的老人们是否满意机构与志愿者的协同服务。由于没有沟通好，社区的老人们与志愿者们产生了矛盾，甚至也影响到了机构与志愿者之间的关系，进而引起了志愿者对机构的不满。面对社区老人、机构的工作人员以及社区志愿者等群体的利益冲突时，社会工作者该如何正确处理这些群体之间的关系及矛盾？如何在不影响X机构工作的正常开展、不损害其他群体的利益的情况下，更好地维护案主（社区的老年人）的利益呢？

社会工作者应该加强对此类问题的重视，做好沟通工作，在遵循最小伤害原则的基础上保障案主的利益最大化。从案例5中可以看出，选择对各主体伤害最小而案主利益最大化的方案有助于社会工作者主导促进各方相互理解，并且有助于提升志愿者的服务质量。所以，案例5中社会工作者在矛盾出现后的做法值得借鉴：他一方面在社区老人和志愿者之间进行协调，让社区老人知晓志愿者的不易，加强彼此的理解，同时也给予志愿者们继续协助管理照料中心的机会；另一方面对志愿者们进行各方面的培训，提高志愿者的工作能力。可以进一步改进的地方是机构在接管照料中心前应进行良好的沟通工作，这样可以避免矛盾发生；同时，沟通培训结束后，机构也可以适当安排几名专业人员在照料中心工作，帮助志愿者更好地协同管理和服务于照料中心。

在案例8（日间照料中心是否应全年开放？）中，小赵的处理办法既维护了日间照料中心的老人的利益，满足了他们的需求，同时也使得机构社会工作者的正常休息时间得到保障，并且调动了社区其他老人的积极性，让他们能更好地融入社区，参与到社区建设中。

当社会工作者在社区面临多方面的利益群体（如老人的家属、社区的其他老人、社区社会工作者等群体）时，社会工作者不能只考虑案主本身即日间照料中心里的老人的需求，不能为了满足老人的需求而损害到其他群体的利益，要注意协调，尽可能达到共赢的效果。

而在案例9（面对“捣蛋”老人，社工该从何入手？）中，小赵的“冷处理”方法虽然取得了一定的效果，但这一处理办法并不太合适，其结果并不是最好的。在老年社会工作实务中，社会工作者与老年人之间有较大的年龄差距，经常会出现一些价值观上的冲突。老人们会认为：“我走过的桥比你走过的路还多，我凭什么要按照你们说的来?”而且越是年龄大的老人通常越固执，很难接受社会工作者提出的一些说法或建议。所以社会工作者在协调此类事件时一定要注重方法，不能光讲大道理或是法律。

虽然“捣蛋”老人的行为影响了照料中心的其他老人和社会工作者，但社会工作者不能因为老人的行为而故意冷落他、避开他，因为该案例中的老人也是机构的案主之一，按照最小伤害原则，应该仔细询问老人最近由于何事不开心，如果条件允许，帮助老人解决当前的问题。老人的问题解决了，心情愉悦了，自然也就不会来照料中心制造麻烦了。如果老人只是在气头上，社会工作者们适当的“冷处理”是可行的，但之后，社会工作者仍然应该基于自己的专业考虑，思考老人的行为是否需要社会工作者的介入，也许老人是很需要服务的，社会工作者要积极挖掘他们的潜在需求，帮助他们走出困境。

5. 老人的安全问题

对于老年人及其家属来说，最重要的事情可能就是老人的身体健康和生命安全。当前患有各种疾病包括慢性疾病的老年人的比例逐年升高，X机构作为一个专门为老年人服务的社会工作机构，对于老年人的安全问题应更为注意和谨慎。在案例6（老人突然发病，社工该怎么办?）中，X机构的日间照料中心对于老人的安全问题有着较为完善的预防措施，小马的行动也很及时，避免了严重情况的发生。

保护生命是最高伦理原则。在老人入住照料中心前，机构会与他们签下入托协议，要求自备急救药物，这是一个很必要也很有效的做法。这个协议并不代表机构不会对老人的安全负责，机构依旧会尽到自己应尽的义务。但照料中心毕竟不是医院，无法完全保证老人的生命安全，所以一些身体不太好、长期服药的老人需要自己准备好药物，这也是对自己负责。当老人突发疾病时，社会工作者会在第一时间对老人进行急救，同时联系医院、通知家人。照料中心的这套应急方案还是比较完善的。

然而仅仅有这些还不够，机构还为照料中心配备专业的护理员，同时提供社区资源，让正规医院的医生定期过来对老人进行体检，并开展一些健康知识活动。一方面，机构采取措施增进老人对自身身体健康状况的了解；另一方面，机构也尽量避免老人在照料中心出现意外伤害。机构正是通过以上的多种措施来更好地保障老人的生命安全的。

6. 公正原则和平等原则

在案例7（社工屈服于服务对象提出的不当要求是否违背伦理?）中，小雯为了机构的生存发展而屈从了服务对象提出的不合理要求，为该服务对象不符合入住条件的亲戚提供了本就很紧缺的日间照料中心的床位，这对社区中其他有需要的老人不公平。该社工的做法违背了公正和平等的伦理原则。

小雯应该在一开始就向老人表明，基于公正原则，她需要平等对待所有有需求的社区老人，不能对不符合条件的老人提供社区资源。老人不能利用自己的人脉关系来拉拢社工或威胁社工。小雯可以在对案主信息匿名化处理的前提下，向督导咨询此类问题的解决办法。

在案例10（机构是否应该选择社区推荐的老人?）中，X机构的做法明显违背了伦理原则中的公正原则和平等原则。这一原则要求所有人应当在同等的条件下得到平等的对待。然而在X机构的失智预防项目中，机构很难了解到以下这些老人的实际需求，如腿脚不方便、平常活动较少的老人，患有抑郁症或因性格孤僻等不愿与人接触的老人，孤身一人居住、消息不太灵通的老人等。这些老人很少会被社区推荐上来。他们同样面临着患阿尔茨海默病的可能性，同样存在着预防失智的需求，但在实际操作中这些老人却为机构所忽视。社会工作者本来就致力于社会变革，目标是解决贫困、失业或其他社会不公正问题。在项目服务对象的筛选过程中，社会工作者应该确保所有有需要的人都有平等的机会参与进来。然而X机构不仅没有依照筛选流程来选择服务对象，相反还接受了社区推荐这一不平等行为，这违背了社会工作伦理原则中的平等原则。

在案例 12（面对两个社团，机构该如何选择?）中，机构面临的其实是对资源该如何进行公平分配的问题。我国《社会工作者职业道德指引》要求平等对待案主，维护社会公平正义，并且合理分配资源。《美国社会工作者协会伦理守则》规定社会工作者应遵循公开、公正的资源分配原则。当资源无法满足所有服务对象的需求时，社会工作者应对他们一视同仁，运用的原则要前后一致。

X 机构在开展各种社区活动时，应该考虑社区内的实际情况，如有 A、B 两个艺术团，要考虑如何安排才能保证平等对待两个艺术团。社会工作者可以鼓励两个艺术团发展自己的特色，这样可以根据表演活动的不同类型来决定邀请哪个艺术团，或者与两个艺术团进行协商，机构可以轮流邀请其参加活动，确保公平、公正。

案例 13（机构能任用熟人来担任监事人员吗?）也涉及公正原则。X 机构不当起用了社会工作者小白的同学为监事人员，该同学是民政局社会工作科的公务员。首先，按照相关规定，公务员就不应该兼任非营利组织的监事。其次，因为小白和他同学之间存在着多重关系，这很有可能会在以后的工作中引起其越权行为。社会工作者小白和机构的负责人明确知道监事人员不能够由公务员来担任，却依旧没有避免这种情况的发生。他们的行为是不可取的，已经违背了伦理原则。我国的《社会工作者职业道德指引》明确规定了社会工作者应在合法范围内提供服务并且促进社会公平正义。所以，X 机构应该举办监事选举大会，确保公平、公正、公开原则，选出合适的人来担任监事人员的职位。

7. 案主利益与国家政策的冲突

从案例 11（案主坚持要卖掉公租房，社工该介入吗?）来看，我们明显可以看出李爷爷想要出售公租房的行为违背了国家的“公租房买卖政策规定不得进行市场交易”的条例。而小海不介入此事的做法则违背了以案主利益为中心的社会工作的伦理守则和职业操守。公租房的相关政策规定，私自买卖公租房属于违法犯罪行为，如果李爷爷最终将公租房卖掉，则构成了违法行为，会被追究刑事责任。所以小海在面临此问题时，首先应该考虑的并不是尊重李爷爷的自决和保密原则，因为他的行为会构成犯罪。他应该真正从李爷爷的利益出发，提醒李爷爷买卖公租房是违法行为，最终会使他因此受到法律的制裁，而且他侄子也无法得到这笔财产。如果李爷爷不听小海的劝告，即便多次提醒依旧固执己见，那么小海可以去联系李爷爷的侄子，向他说明这一问题，让他劝告李爷爷打消卖掉公租房的念头。而小海毫不干涉，也不对老人进行提醒及劝告，实际上是置李爷爷的利益于不顾，有违社会工作的伦理和价值观要求。

政策规定，公租房虽不能进行市场交易，但可以以遗产的形式进行继承，在特殊情况下可以由政府回购。所以更好的解决办法是，李爷爷可以以遗嘱的形式将公租房留给自己的侄子，或是由政府进行回购。尽管收入会有所缩减，但这毕竟是一笔合法收入。

8. 总结

X 机构的社会工作者在解决伦理问题时，大都遵照了以上伦理原则或解决办法。如小马在面临李奶奶突发疾病的情况下，按照伦理原则筛查方法中的首要原则——保护生命原则，首先保证了李奶奶的生命安全；再如小武面对的老人邀请他去家中吃月饼的情况，如果他答应了老人的邀请，那么从原本单纯的专业关系中可能会演变出别的关系，而这不仅会违背伦理原则，造成双重关系的困境，也很有可能会给老人带来伤害，小武的婉言谢绝正是出于最小伤害原则，或许当时会让老人有些难以接受，但这是为了避免今后由于双重关系而可能给老人造成更为严重的伤害。

（六）关键点

本系列案例分析的关键在于把握老年社会工作中出现的伦理问题，分析每种伦理问题的类型、成因及影响因素，包括老年伦理问题中的保密原则与知情权的冲突、自决原则与专业判断的矛盾、不同主体间的利益冲突和伤害、公平和平等原则等。教学中的关键点包括：

（1）老年社会工作中伦理问题的分类。

（2）不同伦理问题的表现形式。

（3）对不同伦理原则的选择与运用。

（4）预估采取的行动可能会对老人及他人造成的影响。

（七）参考文献

孔娜．老年社会工作的伦理困境及应对原则．伦理学研究，2015（2）．

郭明军．社会工作实践中的伦理困境及解决对策．法制与社会，2008（23）．

多戈夫，洛温伯格，哈林顿．社会工作伦理实务工作指南．7版．北京：中国人民大学出版社，2005．

麦伟杰．社会工作伦理困境的抉择路径：推演与反思．山东青年，2014（6）．

库少雄．社会工作实务．北京：社会科学文献出版社，2003．

王海洲，王翠翠，万方园，等．老年社会工作伦理探究——基于太仓市Q机构的访谈研究．北京：中国人民大学，2016．

唐晓雯，刘丹，朱盼，等．老年人社会工作伦理研究状况报告．北京：中国人民大学，2016．

李晓瑾，魏创新，潘雪，等．社会工作者服务失独老人的伦理困境研究——以Y机构Z社工深度访谈为例．北京：中国人民大学，2016．

学校社会工作伦理

一 案例介绍

小D是某市一初中三年级女生，来自农村，父母因为下海经商，将她从农村接到某城市的城郊读初中。小Y是该学校社工站的一名驻校社工，学校社工站开设了小信箱服务，给平时在生活中遇到感情问题、家庭问题、学习问题、人际交往问题的学生提供一个咨询的平台。很多学生碍于自尊，不好意思来社工站寻求帮助，更愿意用写信的方式向社工咨询。

小D算是和小Y比较熟的服务对象，在小Y刚进入社工站的时候就经常收到署名为“南方有梦”的来信。她不像别的同学，会说一些生活上的问题，她只聊一些普通的话题，比如喜欢哪个明星、喜欢看哪部电视剧等。后来有一次小D问道：“如何才能交到朋友呢?”她在信中提及自己对别人好也交不到朋友。一开始小Y没有把这件事放在心上，只是将其当成普通的人际交往问题来处理，给小D回了信。一周后小D给社工站写信：“小Y姐姐，你特别像之前的燕子姐姐，长得像，说话声音也很像，而且也会像燕子姐姐那样对我很好，和我说好多话。”在后来的几封信件中，小D讲了许多关于自己的故事。

小D因为从农村转到城市上学，所以穿衣打扮比较土气，而且正值发育期，身材也比较胖，皮肤又黑。青春期的女孩子正值爱美的年纪，因为外貌问题，小D一直很自卑，性格也比较内向。初一开学报到的第一天，她穿了一条黄底粉色爱心的连衣裙。本来这是她最喜欢的一条连衣裙，她却听到周围同学说她太土了，嘲笑她的穿着。在自我介绍的时候，因为她还没有改掉自己的口音，所以刚一张嘴台下就一片大笑，连年轻的班主任都一边抿嘴忍住笑一边让大家不要嘲笑她。就在这时，一个男同学大声喊道：“你们看她是龅牙诶!”台下紧接着又是一阵大笑，几个调皮的男生还附和着。小D当时就愣在讲台上，低着头强忍着泪水，脸憋得通红。最后这件事以班主任的几句训斥告一段落。然后大家就像什么事都没有发生过一样，小D默默地走到自己的座位上。从那天起，小D就开始了噩梦般的生活。

大家都不愿意和小D做同桌，虽然她个子不算高，但还是被老师安排在教室的最后一排，身边都是不学习、上课捣乱的“差生”。每天到教室，小D都会看到自己的许多东西被别人故意破坏。下课后，几个男生经常抢过她的东西在教室里扔来扔去，小D不敢作声，同学之中也没有人站出来帮她，大家好像都习以为常了。有一次，小D的笔袋被扔到班里长得最漂亮的女生桌上，那个女生像受到惊吓一样把她的笔袋扔到地上而且一脸厌恶。初中青春期的学生，由于荷尔蒙作祟，有不少男生女生悄悄谈起恋爱，班里也经常传谁喜欢谁的故事。当时班里有一个高高帅帅的男生，是很多女生倾慕的对象，其中也包括一个“大姐大”型的女生。本来小D和他毫无交集，只是大家听说他们住在一个小区，就开始传小D喜欢他。有一天晚上放学后，几个女生把小D堵在座位上，非要她承认自己喜欢那个男生不可，然后骂了一堆不堪入耳的话。从此之后，她们有事没事就找小D麻烦，小D从此开始了被辱骂、被关进厕所里、被扯头发、被扇耳光甚至被凳子砸的噩梦般的日子。男生们给小D起各种外号——D美丽、大美，还把她推来推去，谁要是和她接触了就会被大家嘲笑。

小D也曾经想过向老师求助，但因为学习成绩不好，小D不仅受到同学的排挤，老师也戴着有色眼镜看她，甚至在课堂上当着全班同学的面说：“你不好好学习以后只能去站柜台了。”所以，小D放弃了向老师求助的想法。

小Y鼓励她把这些事告诉父母和其他老师，但小D从来没有把学校里发生的事和父母提过，她觉得这种事情很丢脸，而且母亲是一个控制欲很强并且非常好面子的人。当时学校里流行一种发型，不少女生都去做了同样的发型。小D一直认为自己是因为不够好看所以才被孤立，所以那段时间她一直在减肥，不吃早饭和晚饭，中午也只吃一点，还去理发店做了同样的发型。期末考试成绩下来之后，因为成绩不理想，小D母亲不仅数落了她，还说："你每天不把心思放在学习上，打算勾引谁去啊。"

这样的情况持续了近一年，小D每天最痛苦的事情就是去上学，而且她很自卑很无助，"不知道自己做错了什么，就一直被大家这样欺负"，"感觉生活充满了黑暗，不知道这样活下去还有什么意义"。后来她遇到了燕子姐姐，情况才有所好转，但好景不长，燕子姐姐在实习期结束后就离开了。

在与小D通信的过程中，小D多次透露出想要自杀的想法，甚至还写过遗书。"无非一死，无非一命"，她曾这样说过。通过一段时间的接触，小Y大概猜出了"南方有梦"是哪个女生。虽然小Y鼓励小D来社工站倾诉，但被她拒绝了。小Y私下去小D的班级走访，也询问了一些同学和老师，但不管老师还是同学，对于她都不愿意提及太多，有些同学甚至当着小Y的面辱骂小D。小Y尝试过在社工课堂上开展"优点大轰炸"活动，想让大家发现小D的优点，但是却听到了许多风凉话。课后，小D写信说道："你没有必要帮我，你也帮不了我。"在一次青春期讲座之后，小D写信来询问好多有关"性"的问题，在小Y的追问下，她才道出自己被一个男生侵犯过两三次，但她因为喜欢这个男生又害怕丢脸，所以没有告诉别人。小Y觉得事情重大，希望她能告诉家长和学校老师，但被小D拒绝了。小Y直接找到了小D，鼓励她说出自己长期被欺负被孤立并且被侵犯的事情，并承诺会帮助她一起解决，但是小D却说："我把你当大姐姐才告诉你，现在如果你要把这些事告诉别人，那你就是在害我，你难道和那些欺负我的人一样吗？我以为你是对我好的，我不想这些不光彩的事情让别人知道，而且别人也帮不了我。你没有必要帮我，你也根本就不理解我。你如果要告诉别人，我就去自杀。"

如果你是社会工作者小Y，你将如何处理？

附录 1

关于开展校园欺凌专项治理的通知①

发布机构：国务院教育督导委员会办公室

发布文号：国教督办函〔2016〕22 号

一、治理目的

通过专项治理，加强法制教育，严肃校规校纪，规范学生行为，促进学生身心健康，建设平安校园、和谐校园。

二、治理范围

全国中小学校（含中等职业学校）。

三、安排及要求

本次专项治理分为两个阶段。

第一阶段：2016 年 4 月—7 月

1. 开展教育。各校要集中对学生开展以校园欺凌治理为主题的专题教育，开展品德、心理健康和安全教育，邀请公安、司法等相关部门到校开展法制教育。组织教职工集中学习对校园欺凌事件预防和处理的相关政策、措施和方法等。

2. 完善制度。各校要制定完善校园欺凌的预防和处理制度、措施，建立校园欺凌事件应急处置预案，明确相关岗位教职工预防和处理校园欺凌的职责。

3. 加强预防。各校要加强校园欺凌治理的人防、物防和技防建设，充分利用心理咨询室开展学生心理健康咨询和疏导，公布学生救助或校园欺凌治理的电话号码并明确负责人。

4. 及时处理。各校要及时发现、调查处置校园欺凌事件，严肃处理实施欺凌的学生。涉嫌违法犯罪的，要及时向公安部门报案并配合立案查处。

① http://www.moe.edu.cn.

5. 监督指导。各地教育督导部门要加强对学校开展校园欺凌专项治理的指导和检查。责任督学要对责任区内学校的专项治理全程监督，发现问题及时与校方沟通，做好记录并及时向当地教育督导部门报告。

6. 组织部署。各地接到本通知后要高度重视，制定本省（市、区）开展校园欺凌专项治理的具体实施方案，抓紧部署，组织市、县两级教育督导部门和学校认真实施。

第二阶段：2016 年 9 月—12 月

各地各校要对专项治理第一阶段专题教育情况、规章制度完善情况、加强预防工作情况、校园欺凌事件发生和处理情况等，进行全面自查、督查和总结，形成报告并逐级上报。

1. 学校自查。各校按照要求进行全面自查和总结，于 2016 年 9 月 15 日前形成自查报告并报县级教育督导部门。

2. 县级普查。县级教育督导部门要组织督查组对县域内所有中小学校专项治理情况进行全面督查，于 2016 年 9 月 30 日前将督查情况报市级教育督导部门、教育行政部门及本级政府。

3. 市级复查。市级教育督导部门要组织督查组对所辖县（市、区）的专项治理情况进行复查，复查抽取县级单位比例不低于 1/3，每县抽取学校数量不少于 6 所。复查结束后，于 2016 年 10 月 20 日前将复查报告，连同所辖县（市、区）的督查报告一并报送省级教育督导部门、教育行政部门及本级政府。

4. 省级抽查。省级教育督导部门要组织督查组对本省的专项治理情况进行抽查，抽取市级单位不少于 3 个，每个市级单位抽取县级单位不少于 2 个，每县抽查学校数量不少于 6 所。抽查结束后，于 2016 年 11 月 15 日前将专项治理报告报国务院教育督导委员会办公室，同时报省级政府。

国务院教育督导委员会办公室将根据各地治理情况，组织督查组对各地专项治理情况进行实地督查。在专项治理期间仍发生校园欺凌事件，造成恶劣影响的，将予以通报、追责问责并督促整改。

2016 年 11 月，教育部联合中央综治办、最高人民法院、最高人民检察院、公安部、民政部、司法部、共青团中央、全国妇联印发了《关于防治中小学生欺凌和暴力的指导意见》，要求加强教育预防，依法惩戒和综合治理，切实防止学生欺凌和暴力事件的发生。

附录 2

关于防治中小学生欺凌和暴力的指导意见①

发布机构：教育部、中央综治办、最高人民法院、最高人民检察院、公安部、民政部、司法部、共青团中央、全国妇联

发布文号：教基一〔2016〕6 号

一、积极有效预防学生欺凌和暴力

1. 切实加强中小学生思想道德教育、法治教育和心理健康教育。各地要紧密联系中小学生的思想实际，积极培育和践行社会主义核心价值观。落实《中小学生守则（2015 年修订）》，引导全体中小学生从小知礼仪、明是非、守规矩，做到珍爱生命、尊重他人、团结友善、不恃强凌弱，弘扬公序良俗、传承中华美德。落实《中小学法制教育指导纲要》《青少年法治教育大纲》，开展“法治进校园”全国巡讲活动，让学生知晓基本的法律边界和行为底线，消除未成年人违法犯罪不需要承担任何责任的错误认识，养成遵规守法的良好行为习惯。落实《中小学心理健康教育指导纲要（2012 年修订）》，培养学生健全人格和积极心理品质，对有心理困扰或心理问题的学生开展科学有效的心理辅导，提高其心理健康水平。切实加强家庭教育，家长要注重家风建设，加强对孩子的管教，注重孩子思想品德教育和良好行为习惯培养，从源头上预防学生欺凌和暴力行为发生。

2. 认真开展预防欺凌和暴力专题教育。各地要在专项整治的基础上，结合典型案例，集中开展预防学生欺凌和暴力专题教育。要强化学生校规校纪教育，通过课堂教学、专题讲座、班团队会、主题活动、编发手册、

① http：//www.moe.edu.cn.

参观实践等多种形式，提高学生对欺凌和暴力行为严重危害性的认识，增强自我保护意识和能力，自觉遵守校规校纪，做到不实施欺凌和暴力行为。研制学校防治学生欺凌和暴力的指导手册，全面加强教职工特别是班主任专题培训，提高教职工有效防治学生欺凌和暴力的责任意识和能力水平。要通过家访、家长会、家长学校等途径，帮助家长了解防治学生欺凌和暴力知识，增强监护责任意识，提高防治能力。要加强中小学生违法犯罪预防综合基地和人才建设，为开展防治学生欺凌和暴力专题教育提供支持和帮助。

3. 严格学校日常安全管理。中小学校要制定防治学生欺凌和暴力工作制度，将其纳入学校安全工作统筹考虑，健全应急处置预案，建立早期预警、事中处理及事后干预等机制。要加强师生联系，密切家校沟通，及时掌握学生思想情绪和同学关系状况，特别要关注学生有无学习成绩突然下滑、精神恍惚、情绪反常、无故旷课等异常表现及产生的原因，对可能的欺凌和暴力行为做到早发现、早预防、早控制。严格落实值班、巡查制度，禁止学生携带管制刀具等危险物品进入学校，针对重点学生、重点区域、重点时段开展防治工作。对发现的欺凌和暴力事件线索和苗头要认真核实、准确研判，对早期发现的轻微欺凌事件，实施必要的教育、惩戒。

4. 强化学校周边综合治理。各级综治组织要加大新形势下群防群治工作力度，实现人防物防技防在基层综治中心的深度融合，动员社会各方面力量做好校园周边地区安全防范工作。要依托全国社会治安综合治理信息系统，整合各有关部门信息资源，发挥青少年犯罪信息数据库作用，加强对重点青少年群体的动态研判。进一步加强校园及周边地区社会治安防控体系建设，作为公共安全视频监控建设联网应用示范工作的重要内容，推进校园及周边地区公共安全视频监控系统全覆盖，加大视频图像集成应用力度，实现对青少年违法犯罪活动的预测预警、实时监控、轨迹追踪及动态管控。把学校周边作为社会治安重点地区排查整治工作的重点，加强组织部署和检查考核。要对中小学生欺凌和暴力问题突出的地区和单位，根据《中共中央办公厅 国务院办公厅关于印发〈健全落实社会治安综合治理领导责任制规定〉的通知》要求，通过通报、约谈、挂牌督办、实施一票否决权制等方式进行综治领导责任督导和追究。公安机关要在治安情况复杂、问题较多的学校周边设置警务室或治安岗亭，密切与学校的沟通协作，积极配合学校排查发现学生欺凌和暴力隐患苗头，并及时预防处置。要加强学生上下学重要时段、学生途经重点路段的巡逻防控和治安盘查，对发现的苗头性、倾向性欺凌和暴力问题，要采取相应防范措施并通知学校和家长，及时干预，震慑犯罪。

二、依法依规处置学生欺凌和暴力事件

5. 保护遭受欺凌和暴力学生的身心安全。各地要建立中小学生欺凌和暴力事件及时报告制度，一旦发现学生遭受欺凌和暴力，学校和家长要及时相互通知，对严重的欺凌和暴力事件，要向上级教育主管部门报告，并迅速联络公安机关介入处置。报告时相关人员有义务保护未成年人合法权益，学校、家长、公安机关及媒体应保护遭受欺凌和暴力学生以及知情学生的身心安全，严格保护学生隐私，防止泄露有关学生个人及其家庭的信息。特别要防止网络传播等因素导致事态蔓延，造成恶劣社会影响，使受害学生再次受到伤害。

6. 强化教育惩戒威慑作用。对实施欺凌和暴力的中小学生必须依法依规采取适当的矫治措施予以教育惩戒，既做到真情关爱、真诚帮助，力促学生内心感化、行为转化，又充分发挥教育惩戒措施的威慑作用。对实施欺凌和暴力的学生，学校和家长要进行严肃的批评教育和警示谈话，情节较重的，公安机关应参与警示教育。对屡教不改、多次实施欺凌和暴力的学生，应登记在案并将其表现记入学生综合素质评价，必要时转入专门学校就读。对构成违法犯罪的学生，根据《刑法》《治安管理处罚法》《预防未成年人犯罪法》等法律法规予以处置，区别不同情况，责令家长或者监护人严加管教，必要时可由政府收容教养，或者给予相应的行政、刑事处罚，特别是对犯罪性质和情节恶劣、手段残忍、后果严重的，必须坚决依法惩处。对校外成年人教唆、胁迫、诱骗、利用在校中小学生违法犯罪行为，必须依法从重惩处，有效遏制学生欺凌和暴力等事件发生。各级公安、检察、审判机关要依法办理学生欺凌和暴力犯罪案件，做好相关侦查、审查逮捕、审查起诉、诉讼监督、审判和犯罪预防工作。

7. 实施科学有效的追踪辅导。欺凌和暴力事件妥善处置后，学校要持续对当事学生追踪观察和辅导教育。对实施欺凌和暴力的学生，要充分了解其行为动机和深层原因，有针对性地进行教育引导和帮扶，给予其改过机会，避免歧视性对待。对遭受欺凌和暴力的学生及其家人提供帮助，及时开展相应的心理辅导和家庭支持，帮助他们尽快走出心理阴影，树立自信，恢复正常学习生活。对确实难以回归本校本班学习的当事学生，教育部门和学校要妥善做好班级调整和转学工作。要认真做好学生欺凌和暴力典型事件通报工作，既要充分发挥警示教育作用，又要注意不过分渲染事件细节。

三、切实形成防治学生欺凌和暴力的工作合力

8. 加强部门统筹协调。各地要把防治学生欺凌和暴力工作作为全面依法治国，建设社会主义和谐社会的重要任务。教育、综治、人民法院、人民检察院、公安、民政、司法、共青团、妇联等部门组织，应成立防治学生欺凌和暴力工作领导小组，明确任务分工，强化工作职责，完善防治办法，加强考核检查，健全工作机制，形成政府统一领导、相关部门齐抓共管、学校家庭社会三位一体的工作合力。

9. 依法落实家长监护责任。管教孩子是家长的法定监护职责。引导广大家长要增强法治意识，掌握科学的家庭教育理念，尽量多安排时间与孩子相处交流，及时了解孩子的日常表现和思想状况，积极与学校沟通情况，自觉发挥榜样作用，切实加强对孩子的管教，特别要做好孩子离校后的监管看护教育工作，避免放任不管、缺教少护、教而不当。要落实监护人责任追究制度，根据《民法》等相关法律法规，未成年学生对他人的人身和财产造成损害的，依法追究其监护人的法律责任。

10. 加强平安文明校园建设。中小学校要把防治学生欺凌和暴力作为加强平安文明校园建设的重要内容。学校党组织要充分发挥政治核心作用，加强组织协调和教育引导。校长是学校防治学生欺凌和暴力的第一责任人，分管法治教育副校长和班主任是直接责任人，要充分调动全体教职工的积极性，明确相关岗位职责，将学校防治学生欺凌和暴力的各项工作落实到每个管理环节、每位教职工。要努力创造温馨和谐、积极向上的校园环境，重视校园绿化、美化和人文环境建设。加强优良校风、教风、学风建设，开展内容健康、格调高雅、丰富多彩的校园活动，形成团结向上、互助友爱、文明和谐的校园氛围，激励学生爱学校、爱老师、爱同学，提高校园整体文明程度。要健全各项管理制度、校规校纪，落实《义务教育学校管理标准》，提高学校治理水平，推进依法依规治校，建设无欺凌和暴力的平安文明校园。

11. 全社会共同保护未成年学生健康成长。要建立学校、家庭、社区（村）、公安、司法、媒体等各方面沟通协作机制，畅通信息共享渠道，进一步加强对学生保护工作的正面宣传引导，防止媒体过度渲染报道事件细节，避免学生欺凌和暴力通过网络新媒体扩散演变为网络欺凌，消除暴力文化通过不良出版物、影视节目、网络游戏侵蚀、影响学生的心理和行为，引发连锁性事件。要依托各地12355青少年服务台，开设自护教育热线，组织专业社会工作者、公益律师、志愿者开展有针对性的自护教育、心理辅导和法律咨询。坚持标本兼治、常态长效，净化社会环境，强化学校周边综合治理，切实为保护未成年人平安健康成长提供良好社会环境。

二 教学笔记

(一) 摘要

由农村进入城市上学的小 D，因为身份、穿着和长相等问题受到同学们的嘲笑和排挤，她长期受到同辈的恶作剧、谣言、肢体接触、人身攻击等欺凌，学习成绩不是很理想，老师对其有偏见，而且在家里也得不到父母的理解，没有来自家人和朋友的安慰和温暖，情绪一度很低沉，写过遗书，多次想到自杀。她把对之前社工燕子姐姐的感情转移到现任社工小 Y 身上，通过一段时间的信件往来，俩人建立了一定的信任关系。在一次学校开展的青春期讲座之后，小 D 向社工小 Y 透露自己遭到异性的侵犯，小 Y 鼓励小 D 将自己受欺凌的遭遇告诉学校和老师，并承诺会帮助她一起解决问题。但是小 D 拒绝了她的帮助，并情绪激动地说她把小 Y 当姐姐，不希望她把这些事说出去，如果说出去她就去自杀。如果你是社会工作者小 Y，你将如何处理？

(二) 教学目标

近年来，校园暴力事件问题日益突出，学校和社区需要积极干预，以防造成严重的后果。就中国而言，校园暴力事件比较常见的形式是校园欺凌、教师体罚学生等。校园暴力的后果除了显性的身体伤害，还有隐性的心理伤害。在处理相关事件时，社会工作者有时会遇到伦理抉择的困境。基于一个实际的校园欺凌案例中遇到的伦理抉择的困境，该案例为学生提供了在遇到此类困境并进行伦理抉择时所应遵循的主要原则以及相应的伦理抉择过程。

当社会工作者在具体专业服务中遇到伦理困境和冲突的时候，要遵循一定的价值、原则和标准做出决定。因而，伦理抉择所遵循的价值、原则和标准对于解决复杂的伦理问题具有重要的指引作用。在这个案例中，社会工作者所面临的困境是，服务对象小 D 由于长期受到欺凌并且得不到来自外界的关爱，内心敏感自卑，不认为他人可以帮助其改变现状，所以当社会工作者小Y提出要帮助她时遭到了拒绝。这时出现了保护服务对象利益与服务对象自决原则之间的相互冲突。另外，由于这件校园欺凌事件中有对服务对象人身的侵犯，涉及服务对象的隐私问题，因此，当社会工作者介入事件时，就要面临如何在尊重小D隐私权和帮助其摆脱现状的基础上解决问题的困境。

因而，社会工作者小Y在为小D提供专业服务的时候，需要慎重考虑其能否以保护服务对象利益为由去干预服务对象的自我决定，而且要考虑服务对象的自决权是否在一定程度上受到限制。在小D明显遭受校园欺凌和他人侵犯，甚至日后可能会有生命安全的威胁的情况下，她还拒绝社会工作者的帮助，在此情境下，社会工作者是否应该介入以及如何介入？社会工作者能否处理好私人关系和专业关系的边界？另外，事关服务对象的隐私问题，会涉及学校、医院、司法等机构，在与同事或其他领域合作时，如何界定共享受害人的隐私资料的范围和程度？如何在帮助服务对象与保护其隐私之间取得平衡？

1. 覆盖知识点

本案例在“社会工作伦理”课程中主要覆盖的知识点有：

- 校园欺凌事件中服务对象的特殊性和服务过程中的伦理责任；
- 服务对象的需求；
- 处理伦理困境的基本逻辑和一般程序；
- 伦理抉择的价值和原则在应对伦理困境时的运用。

2. 能力训练点

本案例在“社会工作伦理”课程中规划的主要能力训练点有：

- 学会分析校园欺凌事件中受害对象的需求；
- 学会针对特定服务对象履行伦理职责；
- 学会根据伦理困境的基本逻辑和一般程序厘清主要的伦理困境问题；
- 学会依据伦理抉择的价值和原则做出决定。

（三）教学计划

在课堂上讨论本案例前，教师和学生进行互动，询问其身边是否有校园欺凌事件，引入主题，然后要求学生在课前预习案例，在课上对案例启发思考题进行回答。围绕所给的案例，以小组为单位讨论问题并进行深度交流，各小组对讨论的结果进行梳理总结，最后在全班范围内开展问答与互动。课堂教学详细安排如下：

课堂安排	时间（共90分钟）
提问互动	5分钟
案例回顾	30分钟
小组/集体讨论	20分钟
问答与互动	25分钟
知识梳理总结	10分钟

课堂讨论问题有：

(1) 本案例中服务对象面临的困境和需求是什么？

(2) 本案例中涉及了哪些伦理困境？

(3) 按照伦理抉择的价值和原则，对于这类案件，处理伦理困境的基本逻辑和一般程序应该是怎样的？

(4) 如果你是社会工作者，面对小D的困境，应该做出怎样的伦理抉择？

(5) 在社会工作实务中，应该如何处理与服务对象的关系？如何区分私人关系和专业关系？

(6) 社会工作者的价值观和伦理观在决策时会发挥什么作用？

(四) 启发思考题

这个案例将对涉及的伦理问题和困境在遵循伦理价值和原则的基础上做出可能的伦理决定。首先明确服务对象的需求，然后分析涉及的伦理问题和困境，并做出相关的伦理决定，最后对伦理决定进行评估。总体来说，涉及以下问题：

(1) 在面对伦理困境时如何运用伦理抉择的价值和原则？

(2) 处理伦理困境的基本逻辑和一般程序是什么？

(3) 如何理解服务对象的需求以及社会工作者面临的伦理困境？

(4) 如何做出最后的伦理决定？

(五) 问题分析

目前学术界普遍应用的伦理原则筛查方法是由洛温伯格和多戈夫于1992年提出的。基于社会工作强调人的价值和尊严,伦理原则筛查方法是建立在生命优先之上的。在本案例中,出于对以上几个伦理困境的考虑,抉择时应遵循的伦理原则排序体现为以下四个方面。

1. 保护生命原则

无论何时,人的生命都是应该受到尊重和保护的。在遇到伦理困境时,社会工作者应该始终将保护生命放在第一位。在严重的校园欺凌案件中,受害者的生命安全会受到威胁,因此,遏制轻微的欺凌以防发展成严重的校园暴力,保护受害者的生命安全是最为紧迫的任务。在本案例中,人身攻击有可能会发展为严重的身体伤害,而且服务对象小D有潜在的自杀倾向,生命安全会受到威胁,因此,社会工作者在干预过程中要将保护其生命安全放在首要位置,评估小D已经受到的伤害和未来可能会继续受到的伤害,再做出选择。

2. 基于对服务对象负责的自决原则

强调服务对象自决是对其个人价值的尊重,有助于培养服务对象的独立自主性和对自身潜能的认识。自决包括消极和积极的自决:消极的自决指不强迫服务对象接受特定价值或单方面为服务对象做出决定;积极的自决是指服务对象在知情同意的情况下做出理性选择。也就是说,服务对象的选择是在充分理解信息的基础上做出的。因此,社会工作者要尽可能详细地提供相关信息。在学校社会工作实务中,服务对象大多为未成年人,在生理上或心理上缺乏做决定的能力,所以在一定情况下,其自决权是受到限制的。同时,如果社会工作者按照专业判断,认为服务对象对自己或他人构成了可预见的、近在咫尺的危险,自决原则同样也会被限制。

在本案例中,小D长期受到伤害,其个人利益已经被侵犯并且很有可能会危害到她的生命,而且她在情绪和心理上很不稳定,在这种情况下,不能完全任由小D自主决定。社会工作者小Y应当协助服务对象小D认清她自己的处境，让她认识到自己的选择可能产生的一些结果；同时，因为小D敏感自卑，所以社会工作者要表达对其意志和能力的尊重，并协助她挖掘成长和改变的潜能。

3. 最小伤害原则

当面临的困境有造成伤害的可能性时，社会工作者应该避免或防止这样的伤害，尽量不造成二次伤害。当伤害不可避免的时候，社会工作者应该选择造成的伤害最小、带来的永久性伤害最小和伤害最容易弥补的方案。在本案例中，基于小D目前的处境，社会工作者小Y明白如果让其继续在这样的困境中生活下去，日后会造成更严重的伤害，甚至造成永久性伤害。而如果小Y介入这件事并且处理妥当，就会终止小D目前以及未来会受到的伤害。同时，在社会工作者小Y决定干预之后，如何既能有效解决问题，又能降低二次伤害，是她面临的问题。

4. 保密与隐私原则

社会工作的基本原则之一是对个体隐私权的尊重，这是现代社会文明进步的象征，也体现了社会工作者与服务对象之间建立的一种默契的信任关系。在满足“保护生命原则”的基础上，社会工作者要保守服务对象的秘密，尊重服务对象的隐私权利。在学校社会工作实务中，社会工作者应像尊重成年人一样尊重未成年人。我国《未成年人保护法》笼统地规定“任何组织或者个人不得披露未成年人的个人隐私”，只针对未成年人的信件、日记、电子邮件等隐私问题有所规定。按照我国法律，十岁以下公民由其法定代理人代理民事活动，而对十到十八岁之间的公民的民事行为能力需要区别对待，这都容易使社会工作者在界定保密界限时缺乏法律依据。但同时，在决定保密程度时，未成年人的年龄和成熟水平是最直接的相关因素。在服务对象为未成年人时，社会工作者应对服务对象进行仔细评估。有学者建议应考虑以下四个方面：年龄（包括发展的历史和成熟的过程）、认知水平（包括记忆、语言、推理能力和逻辑思维能力）、情绪情况（包括气质、稳定性、依恋、教育适应程度和态度）、社会文化因素

（包括家庭价值和宗教信仰）。[①] 在本案例中，社会工作者小 Y 经过专业判断，明确服务对象小 D 会遭遇可预见的、严重的伤害，社会工作者有打破保密原则并承担警告和保护的义务。但在基于前三个原则的同时，保密原则也是格外重要的。

（六）处理本案例时应遵循的伦理价值原则

1. 服务对象的利益与服务对象自决

服务对象自决是服务对象的一项基本权利，服务对象有自己做出决定的权利和能力，服务对象自决体现了社会工作对个人价值、潜能和主观能动性的尊重。作为社会工作者，不能无故剥夺服务对象自决的权利。在本案例中，小 D 由于长期受到欺凌又没有来自外界的关爱，在遭受侵犯之后担心丢脸又觉得没有人可以帮助她，所以在社会工作者提出要帮助她解决问题时，她的第一反应是拒绝并且威胁了社工小 Y。这时，社会工作者面临着保护服务对象利益与服务对象自决原则之间的相互冲突。从保护服务对象利益出发，社会工作者既要保障服务对象的权益，又要考虑服务对象的自决权。在有的情况下，如果一味强调服务对象自决，可能会产生不可控制的后果；反之，社会工作者若是强行干预，就不仅违反了社会工作伦理，也会破坏已经建立起的关系，还会让服务对象做出伤害自己的行为。在本案例中，服务对象小 D 的自主选择不利于个人利益，并且她将很有可能再次长期受到伤害，甚至个人的生命健康安全也会受到威胁，而社会工作者能否根据专业判断，以保护服务对象利益为由去限制服务对象的自我决定？小 D 为严重校园欺凌的受害者，长期遭受欺辱却不愿意接受别人的帮助，虽然社会工作者知道如果不进行干预，欺凌和侵犯会继续甚至会造成更严重的后果，但小 D 不仅拒绝帮助，还用自杀进行威胁。在此情境下，是否应该介入以及如何介入是社会工作者面临的最主要的伦理困境。

2. 保密和隐私的价值两难

社会工作伦理中一项重要的基本原则是，社会工作者有义务和责任保

① 维尔福．心理咨询与治疗伦理．北京：世界图书出版社，2010：112.

护服务对象的隐私不受侵犯。由于校园欺凌案件的受害者大多为未成年人，而且可能不仅是言语、精神上的伤害，还涉及人身、生命安全，例如基于性别的暴力行为，社工在干预过程中不可避免地会涉及服务对象的个人隐私问题，如何保护未成年服务对象的隐私使其不受到伤害，是学校社会工作者要特别注意的问题。同时，校园欺凌事件需要借助外界的力量来解决，比如同辈群体、家庭、学校、社区等，尤其当涉及性别暴力时，司法、医疗等机构也会介入。

在本案例中，小D认为自己遭到他人的侵犯是一件不光彩的事情，而且如果大家知道了这件事，自己的处境将会更加艰难；小D也不敢告诉父母，她认为这是自己的隐私。但在小D有自杀倾向的前提下，如果社会工作者对此保密，也会导致一些不可预料的后果。因此，社会工作者在介入时，就要面临如何在尊重小D隐私权和使其在不受到二次伤害的情况下得到帮助之间做出平衡的问题，这将会让社会工作者在一定程度上陷入伦理抉择的困境。

3. 私人关系和专业关系的边界

在学校社会工作服务中，由于服务对象的特殊性，社会工作者很容易和服务对象产生除专业关系之外的其他关系，诸如友情、亲情甚至是爱情。但我们知道，多重关系很可能会让服务对象产生不属于专业关系的情感、认知、期待等，会违反社会伦理，导致社会工作者做出不客观的决定，进而对整个服务过程产生负面影响。但我们又知道，建立良好关系对于开展社会工作十分重要，尤其在中国传统的差序格局模式中，不同于西方的契约关系，中国社会工作者为了更好地开展服务，更容易与服务对象建立一种亲密的朋友关系。

在本案例中，小D不仅把对之前社工的情感转移到小Y身上，而且把她当作可以信任的大姐姐，对其产生了潜在的不合理的期待。小D认为小Y已经是她的姐姐了，是会站在她这一方的，而小Y在服务过程中也与其建立了感情。现在，如果小Y违背小D的意愿，将真实情况说出来，则不仅会伤害到小D的感情，而且可能会产生更严重的后果；但如果小Y不说出来，又违背了自己的专业伦理。在这种情境下，小Y怎样才能做出既不伤害小D又能遵守专业伦理的抉择呢？

（七）关键点

本案例的伦理决定需要处理几个关键问题，具体如下：

首先，社工应将保护生命原则放在第一位。在本案例中，社会工作者在面对服务对象自决与服务对象利益这样的冲突时就有了一些必须考虑的因素，如服务对象的生命安全。如果让服务对象自决，她会继续忍受校园欺凌和他人的侵犯，日后可能会有生命危险，更多的利益也将无从谈起。同时，根据专业判断，服务对象目前属于未成年人，而且情绪尚未稳定。综合以上考虑，社会工作者要在一定程度上合理干预服务对象的自决。但是社会工作者不能全凭个人意愿替服务对象做出决定，而要与服务对象进行协商，帮助其分析现在的情况，否则反而会让服务对象有逆反心理，也不利于其日后的成长。但是在这个过程中，要注意对服务对象的相关信息保密。

其次，针对服务对象小D的性格、心理等情况，社会工作者在帮助服务对象解决问题的同时，要激发其改变的潜能，尊重其个人价值。

再次，在本案例中，由于前期社会工作者小Y未能处理好与服务对象小D的关系边界，所以让小D产生了感情依赖和不合理的期待。对于此，小Y要梳理自己的情感，向小D澄清自己的职责角色，帮助小D认识她的不合理的认知，将专业关系和私人情感区分开来。

最后，社工应该在充分收集信息和资料之后征询相关同事、专家的意见，在此基础上找出各种可能的行动方案，并对这些方案的利弊得失进行权衡，考虑对每种行动赞成与反对的理由，进而选择最适当的行动，最后对伦理抉择行动方案的执行过程和结果进行监督、记录和评估。

（八）参考文献

陈钟林，黄晓燕．社会工作价值与伦理．北京：高等教育出版社，2011.

高鉴国，赵新彦，张健．社会工作价值与伦理．济南：山东人民出版社，2012.

多戈夫，洛温伯格，哈林顿. 社会工作伦理实务工作指南. 7 版. 北京：中国人民大学出版社，2005.

妇女社会工作伦理

一 案例介绍

来自农村的A女士，从小就生活在一个充满了争吵和眼泪的家庭中。为了她和妹妹，妈妈一直忍受着父亲的拳头和责骂，只为了给孩子们一个完整的家。小时候的A女士读书很努力，并且在高考报志愿时报考了省城的大学。“当时，我只有一个念头：离家远远的。”考上大学之后，A女士终于逃离了那个虽然完整但却令人心惊胆战的家，并且毕业后经人介绍认识B先生，两人迅速产生感情。“那个男生对我很好，好到常常让我觉得所有的一切都像是在做梦一样，而梦中的我就像一块干涸的海绵，源源不断地吸收着他对我的爱。”

大学毕业之后，B先生和A女士都留在了这座城市，B先生在银行工作，A女士在某企业上班。彼此相爱的两人既有着深厚的感情基础，又有了稳定的工作，结婚便是水到渠成的事。2006年的一天，A女士身着优雅婚纱，与B先生携手走进婚姻的殿堂，在亲朋好友的见证下，B先生承诺永远爱护妻子、保护妻子，永不欺瞒。那一刻的A女士认为自己是这世上最幸福的女人，满怀期待地开始了自己的婚姻生活。

婚后小夫妻俩更加恩爱、相敬如宾，感情很不错。2008年，A女士与B先生迎来了他们的爱情结晶，一个可爱的男孩来到了他们的生命中，这个小家庭更加美满。为了带给孩子更好的生活条件，在银行任职的B先生拼命工作力求晋升，A女士也辞掉工作，成为家庭主妇，全心全意扑在家庭上，为他们料理好一切。但随着时间慢慢推移，夫妻俩的关系逐渐发生了变化。热情褪去后，回到家的B先生不愿与A女士有过多交流，渐渐对妻子变得冷漠，很多时候都不理不睬。虽然丈夫不爱和自己说话了，但是

A女士并没有多想，不仅对丈夫和孩子更加好了，还主动搞好邻里关系，帮助周围的人做力所能及的事。大家都说，隔壁的B先生娶了一个贤惠的好媳妇。

渐渐的，A女士认为自己为家庭付出这么多，却得到丈夫这样的冷漠对待，便开始了抱怨，这时的B先生甚至会出手打她，还会进行言语上的侮辱，这是A女士没想到的，她的勤俭持家并没有换来丈夫的青睐，反而丈夫对自己动起了手，这加剧了双方的矛盾。从2010年开始，丈夫每每遇到不如意的事，总要通过言语和身体对自己进行攻击，从一开始的小吵小闹到后面的自己被打，A女士已经记不清自己做了多少次让步。B先生第一次打了A女士之后，不停地道歉，A女士选择了原谅。但是，这逐渐变成了"家常便饭"，施暴后B先生已经不会道歉了。这时她也终于明白母亲之前所受的伤害，A女士非常痛苦，但她觉得家丑不可外扬，如果大家知道这事，她会很没面子，所以没有敢对任何人说，继续过着苦不堪言的日子。

A女士记得有一次丈夫要出门喝酒，她说了一句少喝一点，喝多了伤身体，却换来了丈夫的一顿暴打，这让A女士伤透了心。左右邻居也渐渐知道隔壁B先生爱打老婆的事情，本来以为他们夫妻是"床头打架床尾和"的，但是近两年来，B先生出手越来越重，邻居经常看到A女士的脸上带伤。邻居曾试图劝A女士，但是换来的却是A女士的一句："我家的事你们别管！"

由于银行工作忙且竞争压力大，B先生时不时会以在外应酬为由不回家，A女士也没多想，单纯地以为丈夫忙于工作，深感更应照顾好家庭，令丈夫没有后顾之忧，全身心投入工作。然而，不久，她从朋友那里得知自己的丈夫有了外遇，这使她陷入深深的痛苦中。原来半年前，B先生在休闲中心认识了一名洗脚妹，很快他们发展为同居关系，夫妻俩为这件事争吵不休。随着外遇事件的曝光，B先生行为更为猖狂和明目张胆，甚至会时不时带着洗脚妹出现在公众面前。有一次在朋友的聚会上，A女士撞见了B先生和洗脚妹，她气不过，冲上前打了洗脚妹，被B先生强行拉开。当晚 A 女士被丈夫掐着脖子打得遍体鳞伤。

A 女士以为自己的忍耐可以使丈夫回心转意，没想到反而给自己带来更大的伤害。想起自己所受的委屈和为家庭的付出，A 女士心中对丈夫萌生恨意。为报复 B 先生，她故意出轨，本以为这可以帮自己寻找到存在感，谁承想这让她自己的内心更加痛苦。她满怀愤怒，同时也因为背叛家庭而充满悔恨。可怕的是，B 先生在知道 A 女士出轨后，对她的身体和言语的攻击更加频繁，她经常被打伤。A 女士想反抗。却又不敢反抗。一方面她担心这对自己的孩子会有不好的影响，另一方面因为自己是家庭主妇，没有独立的经济来源，也很难在社会上立足。她十分后悔自己报复性的出轨，也不想同 B 先生离婚，所以她依旧艰难地维持着自己残破的婚姻。

一次 B 先生对 A 女士的家暴很严重，当地的反家暴社会工作机构介入，将 A 女士救出，安置在受暴妇女避难所。社会工作者引导她说出自己的遭遇，A 女士说自从被家暴以来她就再没穿过短袖，怕被别人发现自己身上的伤。“我最怕的不是挨打，而是不知道什么时候挨打。”一次，B 先生打牌输了，回家后看到她正在睡觉，便跳上床，穿着皮鞋踩她的脸。“他把床都跳塌了，我摔在地上，他还不放过，跳起来踢我。”A 女士悲伤地讲述着一件又一件自己遭遇家暴的经历。她曾想过求助：“我爸妈都在老家，弟弟和妹妹还在上学，这个城市只有我一个人，我孤立无援。”最绝望的时候，她哭着给母亲打电话，母亲对 A 女士说：“你有孩子，要给孩子一个完整的家。”有几次她打定主意离婚，起诉到法院后又申请撤诉，因为她离不开自己的丈夫，这是她在这个城市唯一的支撑，没有了 B 先生，她就没有收入没有亲人，而自己的孩子也需要父亲。社工问 A 女士为什么依旧坚持。“他哭着求我，然后写保证书，我还有个孩子，为了孩子，我不忍心。”这大概是所有遭受家暴的妇女都不忍反抗的原因。说到这里，她哭了，但没有一点声音。这种无声的哭泣，是多年婚姻生活折磨的结果，“我即使想要放声大哭，也哭不出来了”。

工作人员极力想帮助她脱离苦海，告诉她可以报警，也可以通过法律手段结束这段不堪忍受的婚姻，但 A 女士拒绝了，她坚持要回到丈夫的身边，宁愿维持这段残破的婚姻，也不想警察或是舆论给B先生造成任何不利的影响。

作为社会工作者，应该如何回应A女士的诉求？

附　录

中华人民共和国反家庭暴力法①

《中华人民共和国反家庭暴力法》已由中华人民共和国第十二届全国人民代表大会常务委员会第十八次会议于2015年12月27日通过，现予公布，自2016年3月1日起施行。

中华人民共和国主席

习近平

2015年12月27日

目　录

第一章　总　则

第一条　为了预防和制止家庭暴力，保护家庭成员的合法权益，维护平等、和睦、文明的家庭关系，促进家庭和谐、社会稳定，制定本法。

第二条　本法所称家庭暴力，是指家庭成员之间以殴打、捆绑、残害、限制人身自由以及经常性谩骂、恐吓等方式实施的身体、精神等侵害

① http://politics.people.com.cn/n1/2015/1227/c70731-27982233.html.

行为。

第三条　家庭成员之间应当互相帮助，互相关爱，和睦相处，履行家庭义务。

反家庭暴力是国家、社会和每个家庭的共同责任。

国家禁止任何形式的家庭暴力。

第四条　县级以上人民政府负责妇女儿童工作的机构，负责组织、协调、指导、督促有关部门做好反家庭暴力工作。

县级以上人民政府有关部门、司法机关、人民团体、社会组织、居民委员会、村民委员会、企业事业单位，应当依照本法和有关法律规定，做好反家庭暴力工作。

各级人民政府应当对反家庭暴力工作给予必要的经费保障。

第五条　反家庭暴力工作遵循预防为主，教育、矫治与惩处相结合原则。

反家庭暴力工作应当尊重受害人真实意愿，保护当事人隐私。

未成年人、老年人、残疾人、孕期和哺乳期的妇女、重病患者遭受家庭暴力的，应当给予特殊保护。

第二章　家庭暴力的预防

第六条　国家开展家庭美德宣传教育，普及反家庭暴力知识，增强公民反家庭暴力意识。

工会、共产主义青年团、妇女联合会、残疾人联合会应当在各自工作范围内，组织开展家庭美德和反家庭暴力宣传教育。

广播、电视、报刊、网络等应当开展家庭美德和反家庭暴力宣传。

学校、幼儿园应当开展家庭美德和反家庭暴力教育。

第七条　县级以上人民政府有关部门、司法机关、妇女联合会应当将预防和制止家庭暴力纳入业务培训和统计工作。

医疗机构应当做好家庭暴力受害人的诊疗记录。

第八条　乡镇人民政府、街道办事处应当组织开展家庭暴力预防工作，居民委员会、村民委员会、社会工作服务机构应当予以配合协助。

第九条 各级人民政府应当支持社会工作服务机构等社会组织开展心理健康咨询、家庭关系指导、家庭暴力预防知识教育等服务。

第十条 人民调解组织应当依法调解家庭纠纷，预防和减少家庭暴力的发生。

第十一条 用人单位发现本单位人员有家庭暴力情况的，应当给予批评教育，并做好家庭矛盾的调解、化解工作。

第十二条 未成年人的监护人应当以文明的方式进行家庭教育，依法履行监护和教育职责，不得实施家庭暴力。

第三章 家庭暴力的处置

第十三条 家庭暴力受害人及其法定代理人、近亲属可以向加害人或者受害人所在单位、居民委员会、村民委员会、妇女联合会等单位投诉、反映或者求助。有关单位接到家庭暴力投诉、反映或者求助后，应当给予帮助、处理。

家庭暴力受害人及其法定代理人、近亲属也可以向公安机关报案或者依法向人民法院起诉。

单位、个人发现正在发生的家庭暴力行为，有权及时劝阻。

第十四条 学校、幼儿园、医疗机构、居民委员会、村民委员会、社会工作服务机构、救助管理机构、福利机构及其工作人员在工作中发现无民事行为能力人、限制民事行为能力人遭受或者疑似遭受家庭暴力的，应当及时向公安机关报案。公安机关应当对报案人的信息予以保密。

第十五条 公安机关接到家庭暴力报案后应当及时出警，制止家庭暴力，按照有关规定调查取证，协助受害人就医、鉴定伤情。

无民事行为能力人、限制民事行为能力人因家庭暴力身体受到严重伤害、面临人身安全威胁或者处于无人照料等危险状态的，公安机关应当通知并协助民政部门将其安置到临时庇护场所、救助管理机构或者福利机构。

第十六条　家庭暴力情节较轻，依法不给予治安管理处罚的，由公安机关对加害人给予批评教育或者出具告诫书。

告诫书应当包括加害人的身份信息、家庭暴力的事实陈述、禁止加害人实施家庭暴力等内容。

第十七条　公安机关应当将告诫书送交加害人、受害人，并通知居民委员会、村民委员会。

居民委员会、村民委员会、公安派出所应当对收到告诫书的加害人、受害人进行查访，监督加害人不再实施家庭暴力。

第十八条　县级或者设区的市级人民政府可以单独或者依托救助管理机构设立临时庇护场所，为家庭暴力受害人提供临时生活帮助。

第十九条　法律援助机构应当依法为家庭暴力受害人提供法律援助。

人民法院应当依法对家庭暴力受害人缓收、减收或者免收诉讼费用。

第二十条　人民法院审理涉及家庭暴力的案件，可以根据公安机关出警记录、告诫书、伤情鉴定意见等证据，认定家庭暴力事实。

第二十一条　监护人实施家庭暴力严重侵害被监护人合法权益的，人民法院可以根据被监护人的近亲属、居民委员会、村民委员会、县级人民政府民政部门等有关人员或者单位的申请，依法撤销其监护人资格，另行指定监护人。

被撤销监护人资格的加害人，应当继续负担相应的赡养、扶养、抚养费用。

第二十二条　工会、共产主义青年团、妇女联合会、残疾人联合会、居民委员会、村民委员会等应当对实施家庭暴力的加害人进行法治教育，必要时可以对加害人、受害人进行心理辅导。

第四章　人身安全保护令

第二十三条　当事人因遭受家庭暴力或者面临家庭暴力的现实危险，向人民法院申请人身安全保护令的，人民法院应当受理。

当事人是无民事行为能力人、限制民事行为能力人，或者因受到强制、威吓等原因无法申请人身安全保护令的，其近亲属、公安机关、妇女联合会、居民委员会、村民委员会、救助管理机构可以代为申请。

第二十四条 申请人身安全保护令应当以书面方式提出；书面申请确有困难的，可以口头申请，由人民法院记入笔录。

第二十五条 人身安全保护令案件由申请人或者被申请人居住地、家庭暴力发生地的基层人民法院管辖。

第二十六条 人身安全保护令由人民法院以裁定形式作出。

第二十七条 作出人身安全保护令，应当具备下列条件：

（一）有明确的被申请人；

（二）有具体的请求；

（三）有遭受家庭暴力或者面临家庭暴力现实危险的情形。

第二十八条 人民法院受理申请后，应当在七十二小时内作出人身安全保护令或者驳回申请；情况紧急的，应当在二十四小时内作出。

第二十九条 人身安全保护令可以包括下列措施：

（一）禁止被申请人实施家庭暴力；

（二）禁止被申请人骚扰、跟踪、接触申请人及其相关近亲属；

（三）责令被申请人迁出申请人住所；

（四）保护申请人人身安全的其他措施。

第三十条 人身安全保护令的有效期不超过六个月，自作出之日起生效。人身安全保护令失效前，人民法院可以根据申请人的申请撤销、变更或者延长。

第三十一条 申请人对驳回申请不服或者被申请人对人身安全保护令不服的，可以自裁定生效之日起五日内向作出裁定的人民法院申请复议一次。人民法院依法作出人身安全保护令的，复议期间不停止人身安全保护令的执行。

第三十二条 人民法院作出人身安全保护令后，应当送达申请人、被申请人、公安机关以及居民委员会、村民委员会等有关组织。人身安全保护令由人民法院执行，公安机关以及居民委员会、村民委员会等应当协助执行。

第五章 法律责任

第三十三条 加害人实施家庭暴力，构成违反治安管理行为的，依法给予治安管理处罚；构成犯罪的，依法追究刑事责任。

第三十四条 被申请人违反人身安全保护令，构成犯罪的，依法追究刑事责任；尚不构成犯罪的，人民法院应当给予训诫，可以根据情节轻重处以一千元以下罚款、十五日以下拘留。

第三十五条 学校、幼儿园、医疗机构、居民委员会、村民委员会、社会工作服务机构、救助管理机构、福利机构及其工作人员未依照本法第十四条规定向公安机关报案，造成严重后果的，由上级主管部门或者本单位对直接负责的主管人员和其他直接责任人员依法给予处分。

第三十六条 负有反家庭暴力职责的国家工作人员玩忽职守、滥用职权、徇私舞弊的，依法给予处分；构成犯罪的，依法追究刑事责任。

第六章 附 则

第三十七条 家庭成员以外共同生活的人之间实施的暴力行为，参照本法规定执行。

第三十八条 本法自 2016 年 3 月 1 日起施行。

二 教学笔记

（一）摘要

A女士（家庭主妇）、B先生（银行职员）于2006年结婚，婚后一段时间内两人感情不错，并于2008年生育一子。随着日子的推移，B先生对妻子逐渐变得冷漠，很多时候都不理不睬，甚至有时候在A女士抱怨时，会出手打A女士并夹杂着言语上的侮辱。而随着B先生工作日渐繁忙，晋升压力增大，他有时候会以工作为由好多天不回家，A女士非常痛苦，但她觉得这是家务事，如果大家知道这事她会很没面子，所以没有敢对任何人说。不久，A女士从朋友那里得知自己的丈夫有了外遇，这使她陷入深深的痛苦中，心中对丈夫萌生恨意，为报复丈夫她故意出轨，但是这让她自己的内心更加痛苦，丈夫知道后对她的身体和言语的攻击更加频繁，A女士经常被打伤。而A女士考虑到孩子，也考虑到自己没有工作的处境，很后悔出轨，也不想与丈夫离婚。在一次严重家暴后，当地的反家暴社会工作机构介入，将A女士救出，安置在受暴妇女避难所。但是，A女士在数日后向社工提出自己要维持自己的婚姻，不想对丈夫造成不利影响，并想回到丈夫身边。作为社会工作者，应该如何回应A女士的诉求？

（二）教学目标

我国最高人民法院对“家庭暴力”进行了界定：“家庭暴力，是指行为人以殴打、捆绑、残害、强行限制人身自由或者其他手段，给其家庭成员的身体、精神等方面造成一定伤害后果的行为。”在介入家庭暴力的案例时，由于家庭暴力的复杂性和一定的隐蔽性，社会工作者有时会遇到伦理抉择的困境。该案例为学生提供了在遇到此类困境并进行伦理抉择时所应遵循的主要原则以及相应的伦理抉择过程。

当社会工作在具体专业服务中遇到伦理困境和冲突的时候，会遵循一定的价值、原则和标准以做出决定。因而，进行伦理抉择时所遵循的价值、原则和标准对于解决复杂的伦理困境具有重要的指引作用。在这个案例中，社会工作者所面临的困境在于，A女士受传统的社会性别意识和“家丑不外扬”等观念的影响，在遭受暴力后的表现极为被动，不愿公共力量介入，即使社会工作者依法主动介入或提供保护措施，A女士也选择为施暴者B先生寻找合理的理由，这时出现了介入与被害人期待的冲突。对于A女士这样的服务对象，社会工作者将会面临着保护服务对象利益与服务对象自决原则之间的冲突。另外，由于家暴事件大多发生在家庭私生活领域，在介入过程中难免涉及服务对象的家庭隐私问题，A女士觉得丈夫打自己是家务事，如果大家知道这事她会很没面子，所以没敢对任何人说，她认为这是自己生活的隐私。因此，社会工作者在介入时就要面临如何在尊重A女士的隐私权和使得A女士得到更好的资源与帮助之间做出平衡的问题，这会让社会工作者在一定程度上陷入伦理抉择的困境。

因而，社会工作者在为A女士提供专业服务的时候，需要慎重考虑能否以保护服务对象利益为由去干预服务对象的自我决定。虽然A女士很有可能会再度遭受暴力，甚至会有生命危险，但A女士拒绝接受建议，一直想重回B先生身边，在此情境下，社会工作者是否应该介入以及如何介入？社会工作者的个人立场和价值观是什么？在提供服务的过程中能否保持价值中立？另外，家暴介入是一项系统工程，社会工作者有可能要与妇联、司法、医疗等机构合作，在与同事或其他领域合作时，如何界定共享受害人的隐私资料的范围和程度？如何在帮助服务对象与保护其隐私间取得平衡？

1. 覆盖知识点

本案例在“社会工作伦理”课程中主要覆盖的知识点有：

- 家庭暴力案件中当事人的需求；
- 处理伦理困境的基本逻辑和一般程序；
- 伦理抉择的价值和原则在应对伦理困境时的运用。

2. 能力训练点

本案例在“社会工作伦理”课程中规划的主要能力训练点有：

● 学会分析家庭暴力案件中受害当事人的需求；

● 学会根据伦理困境的基本逻辑和一般程序厘清主要的伦理困境问题；

● 学会依据伦理抉择的价值和原则做出伦理抉择。

（三）教学计划

在课堂上讨论本案例前，应该要求学生至少读一遍案例全文，对案例的启发思考题进行回答。可考虑以小组为单位，围绕着所给的案例进行深度交流，各小组对讨论的结果进行梳理总结，最后在全班范围内开展问答与互动。课堂教学详细安排如下：

课堂安排	时间（共90分钟）
案例回顾	10分钟
小组/集体讨论	50分钟
知识梳理总结	20分钟
问答与互动	10分钟

课堂讨论问题有：

（1）本案例涉及了哪些伦理困境？

（2）按照伦理抉择的价值和原则，处理这类伦理困境的基本逻辑和一般程序应该是怎样的？

（3）如果你是社会工作者，针对服务对象A女士的诉求，应该做出怎样的伦理抉择？

（4）让遭遇家庭暴力的A女士 离开丈夫是否符合她的最佳利益？判断的标准是什么？

（5）社会工作者的价值观和伦理观在决策时会发挥什么作用？

（6）如何平衡社会利益与服务对象利益之间的关系？

（7）如何对待传统文化观念的冲突？

（四）启发思考题

这个案例将根据伦理抉择的价值和原则对所涉及的伦理问题和困境做出可能的伦理决定。首先明确当事人和工作目标，即主要服务对象及其需求；然后分析所涉及的不同类型的伦理问题和困境，并做出相关的伦理决定；最后评估伦理决定的效果。主要涉及以下问题：

（1）伦理抉择的价值和原则在应对伦理困境时的运用；

（2）处理伦理困境的基本逻辑和一般程序；

（3）如何理解当事人的需求以及社会工作者面临的伦理困境；

（4）如何做出最后的伦理决定；

（5）《中华人民共和国反家庭暴力法》对处理家庭暴力案件的具体要求。

（五）问题分析

1. 服务对象的利益与服务对象自决

服务对象自决是社会工作者对服务对象做出选择和决定的自由和需要的实际认同，服务对象有自己做出决定的权利和能力，作为社会工作者，不能剥夺服务对象做决定的权利，亦不能将自己视为权威，替服务对象做决定。但是基于本案例，A 女士受传统的社会性别意识和“家丑不外扬”等观念的影响，在遭受暴力后的表现极为被动，不愿公共力量介入，即使社会工作者依法主动干预或提供保护措施，A 女士仍为施暴者 B 先生寻找合理的理由，这时出现了干预与被害人期待的冲突。对于 A 女士这样的服务对象，社会工作者将会面临着保护服务对象利益与服务对象自决原则之间的冲突。从保护服务对象利益出发，社会工作者既要充分运用专业知识和技巧帮助服务对象，又要考虑服务对象的自决权。同时，当服务对象 A 女士的自由选择并不利于她本人时，很有可能使 A 女士再次陷入家暴的危险，生命健康安全会受到威胁。此时社会工作者能否以保护服务对象利益为由去干预服务对象的自我决定？A 女士作为家庭暴力的受害者，却在被救后仍然想回到丈夫身边，虽然社会工作者知道 A 女士很有可能会再度遭受暴力，甚至会有生命危险，但 A 女士拒绝接受建议，一直想重回 B 先生身边，在此情境下，是否应该介入以及如何介入是社会工作者面临的最主要的伦理困境。

2. 社会工作者个人价值观与专业价值观的冲突

社会工作者干预家庭暴力事件的过程，也是专业社会工作者和服务对象建立良性互动的开始，互动的基础建构在双方的沟通和理解之上。在社会工作实务过程中，一些学者强调专业人员应秉承价值中立原则，避免个人价值和情感的涉入。而在家暴实务工作中，社会工作者可能会面临本人的价值观与专业价值观冲突引发的伦理两难。这在本案例中可能体现在以下几方面。首先，服务对象A女士为家暴受害人，但是她自己也有出轨行为，并且这一行为让她自己陷入了更加严重的家庭暴力中。如果社会工作者对婚外恋持反对态度，那么社会工作者对夫妻或家庭伦理的看法，会在一定程度上影响其干预这一个案的态度和行动。其次，A女士传统观念较强，竭力地迁就她的丈夫，性别意识缺乏。如果社会工作者是激进的女权主义者，也可能会影响其在服务过程中对服务对象的看法和态度，进而影响实际的干预行动的效果。

3. 保密和隐私的价值两难

由于家暴事件大多发生在家庭私生活领域，在干预过程中不可避免地会涉及服务对象的家庭隐私问题，如何保护其隐私是社会工作者要特别注意的问题。同时，家暴介入是一项系统工程，社会工作者有可能要与妇联、司法、医疗等机构合作，在与同事或其他领域合作时，如何界定共享受害人的隐私资料的范围和程度、如何在帮助服务对象与保护其隐私间取得平衡，在一定程度上都涉及伦理问题。

在本案例中，A女士觉得丈夫打自己是家务事，如果大家知道这事，她会很没面子，所以没敢对任何人说，她认为这是自己生活的隐私。因此，社会工作者在介入时就要面临如何在尊重A女士隐私权和使A女士得到更好的帮助之间做好平衡的问题，这会让社会工作者在一定程度上陷入伦理抉择的困境。

（六）处理本案例时应遵循的伦理价值原则

洛温伯格和多戈夫于1992年提出了伦理原则筛查方法。在实施社会工作时，在普通个案中，应该采用普遍性原则；但是一旦有伦理冲突，伦理原则筛查方法将有助于为社会工作者提供考察标准。具体的操作规则为：对较高位置的义务的满足优先于对较低位置的义务的满足。在本案例中，伦理原则筛查方法体现为以下六个方面。

1. 保护生命原则

无论何时，人的生命都是应该受到尊重和保护的。在遇到伦理困境时，社会工作者应该始终将保护生命放在第一位。在家暴案件中，受暴者的生命安全受到很大的威胁，因此，最紧迫的任务就是保障受暴者的生命安全。在本案例中，服务对象A女士遭受了家暴，生命健康安全受到威胁，因此，社会工作者在介入时要考虑服务对象A女士的人身安全，其他的事情都要让位于对生命的保护，而A女士立即回家的要求还是需要社会工作者继续与其商榷，以避免她回家后继续遭受家暴且面临生命危险。

2. 基于对服务对象负责的自决原则

服务对象有自主权是社会工作的重要价值观，每一个个体都有其独特的需求和想法，强调自决有助于提高服务对象对自身价值的认识，培养服务对象的独立自主性。自决包括积极的自决和消极的自决。消极的自决指不在压迫下被动行动，意味着不强迫服务对象接受特定价值或单方面为服务对象做出决定；积极的自决是与知情同意联系在一起的，是指服务对象在知情同意的情况下做出理性的选择，具体来说，服务对象的选择是在信息充分并能有效理解的基础上做出的，为避免由于信息缺乏可能引发的选择盲目性，社会工作者要尽可能详细地提供相关信息。在家庭暴力实务工作中，社会工作者不仅要注意到服务对象的消极自决权，也要积极维护及争取服务对象的权益，协助服务对象获得有利的信息与资源，包括协助服务对象获得法律上的援助或心理上的调适等。

在本案例中，社会工作者应当对服务对象A女士的自决负责。社会工作者应当协助服务对象A女士认清自己的处境，使其认识到自己的选择可能产生的一些结果，澄清社会工作者的目标和内心的愿望；同时，社会工作者应帮助服务对象提升性别意识和做决定的能力，这样才能有助于其更好地做出决定，实现真正的自决。

3. 尊重女性的价值与尊严

尊重人的价值和尊严是社会工作者应恪守的价值理念。家庭暴力问题与社会中“男尊女卑”的传统思想有很大的关系，这在很大程度上对女性的发展有着严重的制约作用。社会工作者应该有一定的社会性别意识，能够运用女性主义的相关理论知识，站在女性的立场，维护女性正当合法的权益。因此，对社会工作者而言，增进服务对象的福祉是其重要的使命，尤其要关注女性的权利，尊重女性的尊严和价值。社会工作者在处理家暴事件时，要充分关怀和尊重受暴女性，理解受暴女性的感受与情感，给予她们人性的关怀。当社会上存在着歧视女性的现象时，社会工作者要扮演倡导者角色，以免女性受到额外伤害。

在本案例中，家暴的发生在一定程度上受到了传统的“男尊女卑”思想的影响，家暴是在此思想基础上形成的婚姻家庭观念和相处模式的结果。A女士没有自己的工作，将所有的精力都注入家庭中，而其丈夫也说一定要成为“成功的男人”以更好地养活家庭并主宰家庭。这样的一个结果就是，B先生随意对A女士施暴，而A女士只将其看作家务事并持续忍耐。因此，社会工作者一定要有社会性别意识，能够对服务对象给予足够的理解和认同，避免将所有问题个人化，避免先入为主的偏见，确保服务对象的人格尊严和价值得到肯定和尊重。

4. 生活质量原则

生活质量原则是指增加服务对象的福祉。社会工作者做出的各种努力都应有助于服务对象问题的解决和生活质量的提升。因此，社会工作者不仅应关注问题的解决，更应积极引导服务对象认清问题产生的根源，启发服务对象挖掘潜能，寻求生活的方向和进一步发展的空间，不断促进服务对象在其文化和社会环境中获得成长、发展。在此类家暴案件中，社会工作者在介入时应当既顾及服务对象的眼前利益，又放眼服务对象的长远利益。因此，在本案例中，社会工作者一方面要帮助受暴妇女免于继续遭受暴力，另一方面也应积极为服务对象赋权增能，使A女士摆脱传统性别观念的束缚，激发其潜能，不断提升其各方面的能力，使其获得成长。

5. 保密与隐私原则

社会工作的基本原则之一是对个体隐私权的尊重，这也是现代社会文明进步的象征，是社会工作者与服务对象之间建立的一种默契的信任关系。在满足“保护生命原则”的基础上，社会工作者要保守服务对象的秘密，尊重服务对象的隐私权利。家庭暴力涉及家庭这个高度隐私的领域，国家在司法层面对于家庭的隐私有特别保护。如最高人民法院规定：“涉及个人隐私的案件，经当事人申请，人民法院决定不公开审理离婚案件”。《中华人民共和国反家庭暴力法》的第五条也明确规定：“反家庭暴力工作应当尊重受害人真实意愿，保护当事人隐私。”这一规定体现了对当事人隐私权的尊重和保护。同样，在家庭暴力社会工作实务中，社会工作者要特别注意保护服务对象的隐私和信息，在未得到服务对象或服务对象的法定代理人许可的情况下，社会工作者不得泄露服务对象的隐私资料，即使法律规定要公开资料，也应建立在服务对象知情同意的基础之上。在与同事及其他领域合作需公开资料时，社会工作者都要事先予以审慎考虑，以免对当事人及相关人员造成无谓的干扰和伤害。然而保密原则并不是绝对的，在特定的情况下泄密是正当的，例如，当服务对象以正式的形式授权社会工作者传递或披露其相关信息时，当法庭要求社会工作者提供证词时，当服务对象向法庭起诉社会工作者的工作给服务对象带来伤害和损失时，当服务对象威胁要自杀而社会工作者不得不泄露服务对象的秘密以保护服务对象的生命安全时，当服务对象威胁要伤害他人时。

6. 真诚原则

这一原则要求社会工作者遵循以人为本的助人原则，无论个案的特性及特质怎么样、遭遇的问题及陷入的困境如何，都必须真诚面对，给予协助，摒除个人价值观及理念，尊重及诚实面对服务对象，确保为案主提供专业、敬业的服务。

在本案例中，服务对象A女士为家暴受害人，但是她自己也有出轨行为，此外，A女士传统观念较强，竭力地迁就她的丈夫，性别意识缺乏。因此，社会工作者应摒除个人价值观及理念，接纳服务对象的出轨行为和传统观念，充分尊重A女士，并为A女士赋权，激发她的潜能，从而帮助A女士获得更大的个人成长。

（七）关键点

本案例的伦理决定也是遵循相应原则的结果，主要解决以下关键问题：

首先，社工应将保护生命原则放在第一位。在本案例中，社会工作者在面对服务对象自决与服务对象利益冲突这样的困境时，就必须考虑一些因素，如服务对象的生命安全。如果让服务对象自决，她会选择回到施虐的丈夫身边，而回家可能会导致继续遭受家暴，带来生命的威胁，更多的利益将无从实现。所以此时社会工作者要在一定程度上合理限制服务对象的自决，与此同时还要继续与服务对象协商，同服务对象一起对其所处的现实情况进行理性分析，在服务对象A女士能够做出对其自身有利并且较为理性的决定时再由其自己做决定。

其次，在本案例中，社工在面对个人价值观与社会工作价值观或者服务对象价值观发生冲突的困境时，应该增强自己的社会性别意识，尊重女性的价值与尊严。

最后，社工应该征询相关专家的意见，在此基础上找出各种可能的行动方案，并对这些方案进行思考和权衡，审慎地检视每个方案的利弊得失及赞成与反对的理由，选择最适当的行动，并对伦理抉择行动方案的执行过程和结果进行监督、评估和记录。

（八）参考文献

多戈夫，洛温伯格，哈林顿．社会工作伦理实务工作指南．7版．北京：中国人民大学出版社，2005.

罗肖泉．践行社会正义：社会工作价值与伦理研究．北京：社会科学文献出版社，2005.

秦燕．社会工作伦理．台北：华都文化事业有限公司，2013.

FREDERIC G R. Social work values and ethics. 4th ed. New York：Columbia University Press，2013.

LEVY C S. Social work ethics. New York：Human Sciences Press，1982.

特定领域中的伦理议题

一 案例介绍

王小姐是大山里的一位姑娘，年轻、漂亮，父母靠务农养活自己和弟弟妹妹，一家人生活十分贫寒，院里的两间破平房是他们所有的家产。因为贫穷，王小姐读完初中就已无法继续读书，她便在村里随便找了个差事挣钱。但是她工资太低，家里弟弟妹妹需要钱上学，父母年纪大了干不动重体力农活，家里越发贫寒。

那一年冬天，王小姐才16岁。因为快要过春节，家里又特别困难，孝顺的王小姐想为家里置办一些年货让家人过个好年，她在想怎么能挣到更多的钱。有一天，王小姐的闺密桃子（化名）来找王小姐闲聊。王小姐看到桃子身上穿了新衣服，便问她哪里来的钱买的。桃子偷偷告诉王小姐，最近她找到了一个发财的路子，钱来得很快，也不费什么体力。听到这等好事，王小姐立马追问桃子到底是什么方法能这么容易挣钱。桃子耐不住王小姐的追问，终于告诉她，这生钱的路子就是去县里一家血站献血。说是献血，其实就是卖血，“献”一次给50元。听到这么快来钱的方法，王小姐也动了心，俩人约好第二天就一起去血站卖血，连续“献”了六次。虽然身体不适，有些头晕恶心，但是一上午就挣了300元，她们觉得这笔买卖太划算！

之后，王小姐也自己去“献”了几次血，但是后来因为家里需要用钱的地方越来越多，王小姐决定去省城打工挣钱。就这样她来到了省城的一家餐馆做起了服务员，每个月工资比在村里高很多。一个人在外打工了几年，眼看到了谈婚论嫁的年龄，同乡的伙伴给王小姐介绍了一个男孩，和王小姐是老乡，家庭条件也可以，人虽然长得一般，但是家里的独子。两个人一见如故，十分聊得来。接触了一段时间，二人就建立了恋爱关系，并且不久就同居了。过了一年，双方都觉得彼此合适，准备过年就回家把婚礼给办了。王小姐一直喜滋滋地在心里计划自己的婚礼应该如何操办。

有一次，王小姐感冒发烧一直不退烧，很不舒服，就到当地的小诊所去看，吃药打针都治不好。王小姐心想：是天气不适应吗？天气太冷了吗？接着淋巴就开始发炎、肿大，低烧一个多星期烧就退了。她问医生淋巴为什么会发炎，医生说淋巴发炎其实很正常，没有什么。“虽然我的男朋友很照顾我，但是那时我非常想家，想我的爸妈、弟弟妹妹，想一切亲人。”王小姐伤心地说。之后，王小姐天天吃药打针。因为身体原因，工作单位辞退了她，但是男朋友没有埋怨王小姐，依旧对她很好，每天下班就回来照顾她，这点让她十分欣慰：能找到一个真心对自己好的男人是自己最大的幸运，自己一定要和他相伴到老。

有一天，桃子来省城找王小姐玩。桃子看见王小姐，第一句话就是：“哎呀，你怎么那么瘦呀，脸色也不好看，你去检查过没有，当时咱那儿献过血的人大部分染上了艾滋病，我也得上啦！别提了，简直想死！”听到这里王小姐浑身发麻，赶紧在网上搜索艾滋病的早期症状，一看真的吓了一跳：为什么这么多的症状都和自己的这么相符呀！桃子这么一说，王小姐心里非常难受，一天都没吃饭，晚上也不睡觉，想想如果真的染上了那种病怎么办呀！但是关于和桃子的对话以及自己的猜测，一切的一切王小姐都没有告诉男朋友，因为她害怕。

王小姐想，自己今年才23岁，还那么年轻，还没有结婚生孩子，还没有孝敬父母，还没有供完弟弟妹妹上学。她也害怕告诉了男朋友之后，自己生命中最爱的男人会抛弃自己，以后的日子一个人可怎么办。她越想思想压力越大，病情就越重，高烧仍然不退。男朋友也奇怪，为什么过了这么久王小姐的病都不好。没办法，王小姐只能答应男朋友去大医院检查。她自己去了医院进行抽血化验。半个月后检查结果出来了，王小姐被确认为HIV阳性。拿到检查结果后的她仿佛五雷轰顶，觉得自己的生活完全失去了希望。男朋友问她结果如何，她隐瞒了自己的病情，欺骗男朋友说自己就是普通的感冒，没有大碍。而她一次又一次说谎，就是怕自己失去现在拥有的幸福。

王小姐也没有告诉任何一个家人，因为家里已经如此贫寒，自己又得上这种病，上了年纪的父母也帮不到自己，这个消息只会让这个家庭更加趋于崩溃。所以她向所有人隐瞒了真相，但这种隐瞒是痛苦的，身体上的病痛和心理上的高压使得王小姐趋于崩溃的边缘。她在走投无路的时候走向了社会工作者。

王小姐告诉社工自己的故事，希望社工能够对自己有所帮助，但是她也不止一次强调不要将自己已患艾滋病的事情告诉任何人，包括她的男朋友和她的家人。目前，王小姐并未接受任何艾滋病的专业治疗，所以病情恶化很迅速，身体状况也是一天不如一天，她没有钱，没办法治病，也没办法向家里寻求帮助。同时因为没有了工作，所以王小姐只能依靠男朋友养她，她害怕告诉男朋友自己的病情。她觉得男朋友是自己在这个城市的唯一的依靠，是自己的希望，是自己期望相守一生的人，她害怕失去他，所以她撒谎了，但是这种欺骗也让她常常处于负罪感中。而王小姐的男朋友看到王小姐精神状态一天不如一天，知道了她找社会工作者聊天的事，他很担心王小姐，所以也找到社会工作者询问王小姐的情况，但是王小姐希望社会工作者能帮她隐瞒自己的病情。

作为社会工作者，应该如何帮助处于矛盾中的王小姐呢?

附录

艾滋病防治条例①

第一章 总 则

第一条 为了预防、控制艾滋病的发生与流行，保障人体健康和公共卫生，根据传染病防治法，制定本条例。

① http://wjj.zunyi.gov.cn/zcfg/gjflfg/201706/t20170620_482211.html.

第二条 艾滋病防治工作坚持预防为主、防治结合的方针，建立政府组织领导、部门各负其责、全社会共同参与的机制，加强宣传教育，采取行为干预和关怀救助等措施，实行综合防治。

第三条 任何单位和个人不得歧视艾滋病病毒感染者、艾滋病病人及其家属。艾滋病病毒感染者、艾滋病病人及其家属享有的婚姻、就业、就医、入学等合法权益受法律保护。

第四条 县级以上人民政府统一领导艾滋病防治工作，建立健全艾滋病防治工作协调机制和工作责任制，对有关部门承担的艾滋病防治工作进行考核、监督。

县级以上人民政府有关部门按照职责分工负责艾滋病防治及其监督管理工作。

第五条 国务院卫生主管部门会同国务院其他有关部门制定国家艾滋病防治规划；县级以上地方人民政府依照本条例规定和国家艾滋病防治规划，制定并组织实施本行政区域的艾滋病防治行动计划。

第六条 国家鼓励和支持工会、共产主义青年团、妇女联合会、红十字会等团体协助各级人民政府开展艾滋病防治工作。

居民委员会和村民委员会应当协助地方各级人民政府和政府有关部门开展有关艾滋病防治的法律、法规、政策和知识的宣传教育，发展有关艾滋病防治的公益事业，做好艾滋病防治工作。

第七条 各级人民政府和政府有关部门应当采取措施，鼓励和支持有关组织和个人依照本条例规定以及国家艾滋病防治规划和艾滋病防治行动计划的要求，参与艾滋病防治工作，对艾滋病防治工作提供捐赠，对有易感染艾滋病病毒危险行为的人群进行行为干预，对艾滋病病毒感染者、艾滋病病人及其家属提供关怀和救助。

第八条 国家鼓励和支持开展与艾滋病预防、诊断、治疗等有关的科学研究，提高艾滋病防治的科学技术水平；鼓励和支持开展传统医药以及传统医药与现代医药相结合防治艾滋病的临床治疗与研究。

国家鼓励和支持开展艾滋病防治工作的国际合作与交流。

第九条　县级以上人民政府和政府有关部门对在艾滋病防治工作中做出显著成绩和贡献的单位和个人，给予表彰和奖励。

对因参与艾滋病防治工作或者因执行公务感染艾滋病病毒，以及因此致病、丧失劳动能力或者死亡的人员，按照有关规定给予补助、抚恤。

第二章　宣传教育

第十条　地方各级人民政府和政府有关部门应当组织开展艾滋病防治以及关怀和不歧视艾滋病病毒感染者、艾滋病病人及其家属的宣传教育，提倡健康文明的生活方式，营造良好的艾滋病防治的社会环境。

第十一条　地方各级人民政府和政府有关部门应当在车站、码头、机场、公园等公共场所以及旅客列车和从事旅客运输的船舶等公共交通工具显著位置，设置固定的艾滋病防治广告牌或者张贴艾滋病防治公益广告，组织发放艾滋病防治宣传材料。

第十二条　县级以上人民政府卫生主管部门应当加强艾滋病防治的宣传教育工作，对有关部门、组织和个人开展艾滋病防治的宣传教育工作提供技术支持。

医疗卫生机构应当组织工作人员学习有关艾滋病防治的法律、法规、政策和知识；医务人员在开展艾滋病、性病等相关疾病咨询、诊断和治疗过程中，应当对就诊者进行艾滋病防治的宣传教育。

第十三条　县级以上人民政府教育主管部门应当指导、督促高等院校、中等职业学校和普通中学将艾滋病防治知识纳入有关课程，开展有关课外教育活动。

高等院校、中等职业学校和普通中学应当组织学生学习艾滋病防治知识。

第十四条　县级以上人民政府人口和计划生育主管部门应当利用计划生育宣传和技术服务网络，组织开展艾滋病防治的宣传教育。

计划生育技术服务机构向育龄人群提供计划生育技术服务和生殖健康服务时，应当开展艾滋病防治的宣传教育。

第十五条 县级以上人民政府有关部门和从事劳务中介服务的机构，应当对进城务工人员加强艾滋病防治的宣传教育。

第十六条 出入境检验检疫机构应当在出入境口岸加强艾滋病防治的宣传教育工作，对出入境人员有针对性地提供艾滋病防治咨询和指导。

第十七条 国家鼓励和支持妇女联合会、红十字会开展艾滋病防治的宣传教育，将艾滋病防治的宣传教育纳入妇女儿童工作内容，提高妇女预防艾滋病的意识和能力，组织红十字会会员和红十字会志愿者开展艾滋病防治的宣传教育。

第十八条 地方各级人民政府和政府有关部门应当采取措施，鼓励和支持有关组织和个人对有易感染艾滋病病毒危险行为的人群开展艾滋病防治的咨询、指导和宣传教育。

第十九条 广播、电视、报刊、互联网等新闻媒体应当开展艾滋病防治的公益宣传。

第二十条 机关、团体、企业事业单位、个体经济组织应当组织本单位从业人员学习有关艾滋病防治的法律、法规、政策和知识，支持本单位从业人员参与艾滋病防治的宣传教育活动。

第二十一条 县级以上地方人民政府应当在医疗卫生机构开通艾滋病防治咨询服务电话，向公众提供艾滋病防治咨询服务和指导。

第三章 预防与控制

第二十二条 国家建立健全艾滋病监测网络。

国务院卫生主管部门制定国家艾滋病监测规划和方案。省、自治区、直辖市人民政府卫生主管部门根据国家艾滋病监测规划和方案，制定本行政区域的艾滋病监测计划和工作方案，组织开展艾滋病监测和专题调查，掌握艾滋病疫情变化情况和流行趋势。

疾病预防控制机构负责对艾滋病发生、流行以及影响其发生、流行的因素开展监测活动。

出入境检验检疫机构负责对出入境人员进行艾滋病监测，并将监测结果及时向卫生主管部门报告。

第二十三条　国家实行艾滋病自愿咨询和自愿检测制度。

县级以上地方人民政府卫生主管部门指定的医疗卫生机构，应当按照国务院卫生主管部门会同国务院其他有关部门制定的艾滋病自愿咨询和检测办法，为自愿接受艾滋病咨询、检测的人员免费提供咨询和初筛检测。

第二十四条　国务院卫生主管部门会同国务院其他有关部门根据预防、控制艾滋病的需要，可以规定应当进行艾滋病检测的情形。

第二十五条　省级以上人民政府卫生主管部门根据医疗卫生机构布局和艾滋病流行情况，按照国家有关规定确定承担艾滋病检测工作的实验室。

国家出入境检验检疫机构按照国务院卫生主管部门规定的标准和规范，确定承担出入境人员艾滋病检测工作的实验室。

第二十六条　县级以上地方人民政府和政府有关部门应当依照本条例规定，根据本行政区域艾滋病的流行情况，制定措施，鼓励和支持居民委员会、村民委员会以及其他有关组织和个人推广预防艾滋病的行为干预措施，帮助有易感染艾滋病病毒危险行为的人群改变行为。

有关组织和个人对有易感染艾滋病病毒危险行为的人群实施行为干预措施，应当符合本条例的规定以及国家艾滋病防治规划和艾滋病防治行动计划的要求。

第二十七条　县级以上人民政府应当建立艾滋病防治工作与禁毒工作的协调机制，组织有关部门落实针对吸毒人群的艾滋病防治措施。

省、自治区、直辖市人民政府卫生、公安和药品监督管理部门应当互相配合，根据本行政区域艾滋病流行和吸毒者的情况，积极稳妥地开展对吸毒成瘾者的药物维持治疗工作，并有计划地实施其他干预措施。

第二十八条　县级以上人民政府卫生、人口和计划生育、工商、药品监督管理、质量监督检验检疫、广播电影电视等部门应当组织推广使用安全套，建立和完善安全套供应网络。

第二十九条　省、自治区、直辖市人民政府确定的公共场所的经营者应当在公共场所内放置安全套或者设置安全套发售设施。

第三十条 公共场所的服务人员应当依照《公共场所卫生管理条例》的规定，定期进行相关健康检查，取得健康合格证明；经营者应当查验其健康合格证明，不得允许未取得健康合格证明的人员从事服务工作。

第三十一条 公安、司法行政机关对被依法逮捕、拘留和在监狱中执行刑罚以及被依法收容教育、强制戒毒和劳动教养的艾滋病病毒感染者和艾滋病病人，应当采取相应的防治措施，防止艾滋病传播。

对公安、司法行政机关依照前款规定采取的防治措施，县级以上地方人民政府应当给予经费保障，疾病预防控制机构应当予以技术指导和配合。

第三十二条 对卫生技术人员和在执行公务中可能感染艾滋病病毒的人员，县级以上人民政府卫生主管部门和其他有关部门应当组织开展艾滋病防治知识和专业技能的培训，有关单位应当采取有效的卫生防护措施和医疗保健措施。

第三十三条 医疗卫生机构和出入境检验检疫机构应当按照国务院卫生主管部门的规定，遵守标准防护原则，严格执行操作规程和消毒管理制度，防止发生艾滋病医院感染和医源性感染。

第三十四条 疾病预防控制机构应当按照属地管理的原则，对艾滋病病毒感染者和艾滋病病人进行医学随访。

第三十五条 血站、单采血浆站应当对采集的人体血液、血浆进行艾滋病检测；不得向医疗机构和血液制品生产单位供应未经艾滋病检测或者艾滋病检测阳性的人体血液、血浆。

血液制品生产单位应当在原料血浆投料生产前对每一份血浆进行艾滋病检测；未经艾滋病检测或者艾滋病检测阳性的血浆，不得作为原料血浆投料生产。

医疗机构应当对因应急用血而临时采集的血液进行艾滋病检测，对临床用血艾滋病检测结果进行核查；对未经艾滋病检测、核查或者艾滋病检测阳性的血液，不得采集或者使用。

第三十六条 采集或者使用人体组织、器官、细胞、骨髓等的，应当进行艾滋病检测；未经艾滋病检测或者艾滋病检测阳性的，不得采集或者使用。但是，用于艾滋病防治科研、教学的除外。

第三十七条 进口人体血液、血浆、组织、器官、细胞、骨髓等，应当经国务院卫生主管部门批准；进口人体血液制品，应当依照药品管理法的规定，经国务院药品监督管理部门批准，取得进口药品注册证书。

经国务院卫生主管部门批准进口的人体血液、血浆、组织、器官、细胞、骨髓等，应当依照国境卫生检疫法律、行政法规的有关规定，接受出入境检验检疫机构的检疫。未经检疫或者检疫不合格的，不得进口。

第三十八条 艾滋病病毒感染者和艾滋病病人应当履行下列义务：

（一）接受疾病预防控制机构或者出入境检验检疫机构的流行病学调查和指导；

（二）将感染或者发病的事实及时告知与其有性关系者；

（三）就医时，将感染或者发病的事实如实告知接诊医生；

（四）采取必要的防护措施，防止感染他人。

艾滋病病毒感染者和艾滋病病人不得以任何方式故意传播艾滋病。

第三十九条 疾病预防控制机构和出入境检验检疫机构进行艾滋病流行病学调查时，被调查单位和个人应当如实提供有关情况。

未经本人或者其监护人同意，任何单位或者个人不得公开艾滋病病毒感染者、艾滋病病人及其家属的姓名、住址、工作单位、肖像、病史资料以及其他可能推断出其具体身份的信息。

第四十条 县级以上人民政府卫生主管部门和出入境检验检疫机构可以封存有证据证明可能被艾滋病病毒污染的物品，并予以检验或者进行消毒。经检验，属于被艾滋病病毒污染的物品，应当进行卫生处理或者予以销毁；对未被艾滋病病毒污染的物品或者经消毒后可以使用的物品，应当及时解除封存。

第四章 治疗与救助

第四十一条 医疗机构应当为艾滋病病毒感染者和艾滋病病人提供艾

滋病防治咨询、诊断和治疗服务。

医疗机构不得因就诊的病人是艾滋病病毒感染者或者艾滋病病人，推诿或者拒绝对其其他疾病进行治疗。

第四十二条 对确诊的艾滋病病毒感染者和艾滋病病人，医疗卫生机构的工作人员应当将其感染或者发病的事实告知本人；本人为无行为能力人或者限制行为能力人的，应当告知其监护人。

第四十三条 医疗卫生机构应当按照国务院卫生主管部门制定的预防艾滋病母婴传播技术指导方案的规定，对孕产妇提供艾滋病防治咨询和检测，对感染艾滋病病毒的孕产妇及其婴儿，提供预防艾滋病母婴传播的咨询、产前指导、阻断、治疗、产后访视、婴儿随访和检测等服务。

第四十四条 县级以上人民政府应当采取下列艾滋病防治关怀、救助措施：

（一）向农村艾滋病病人和城镇经济困难的艾滋病病人免费提供抗艾滋病病毒治疗药品；

（二）对农村和城镇经济困难的艾滋病病毒感染者、艾滋病病人适当减免抗机会性感染治疗药品的费用；

（三）向接受艾滋病咨询、检测的人员免费提供咨询和初筛检测；

（四）向感染艾滋病病毒的孕产妇免费提供预防艾滋病母婴传播的治疗和咨询。

第四十五条 生活困难的艾滋病病人遗留的孤儿和感染艾滋病病毒的未成年人接受义务教育的，应当免收杂费、书本费；接受学前教育和高中阶段教育的，应当减免学费等相关费用。

第四十六条 县级以上地方人民政府应当对生活困难并符合社会救助条件的艾滋病病毒感染者、艾滋病病人及其家属给予生活救助。

第四十七条 县级以上地方人民政府有关部门应当创造条件，扶持有劳动能力的艾滋病病毒感染者和艾滋病病人，从事力所能及的生产和工作。

第五章　保障措施

第四十八条　县级以上人民政府应当将艾滋病防治工作纳入国民经济和社会发展规划，加强和完善艾滋病预防、检测、控制、治疗和救助服务网络的建设，建立健全艾滋病防治专业队伍。

各级人民政府应当根据艾滋病防治工作需要，将艾滋病防治经费列入本级财政预算。

第四十九条　县级以上地方人民政府按照本级政府的职责，负责艾滋病预防、控制、监督工作所需经费。

国务院卫生主管部门会同国务院其他有关部门，根据艾滋病流行趋势，确定全国与艾滋病防治相关的宣传、培训、监测、检测、流行病学调查、医疗救治、应急处置以及监督检查等项目。中央财政对在艾滋病流行严重地区和贫困地区实施的艾滋病防治重大项目给予补助。

省、自治区、直辖市人民政府根据本行政区域的艾滋病防治工作需要和艾滋病流行趋势，确定与艾滋病防治相关的项目，并保障项目的实施经费。

第五十条　县级以上人民政府应当根据艾滋病防治工作需要和艾滋病流行趋势，储备抗艾滋病病毒治疗药品、检测试剂和其他物资。

第五十一条　地方各级人民政府应当制定扶持措施，对有关组织和个人开展艾滋病防治活动提供必要的资金支持和便利条件。有关组织和个人参与艾滋病防治公益事业，依法享受税收优惠。

第六章　法律责任

第五十二条　地方各级人民政府未依照本条例规定履行组织、领导、保障艾滋病防治工作职责，或者未采取艾滋病防治和救助措施的，由上级人民政府责令改正，通报批评；造成艾滋病传播、流行或者其他严重后果的，对负有责任的主管人员依法给予行政处分；构成犯罪的，依法追究刑事责任。

第五十三条 县级以上人民政府卫生主管部门违反本条例规定，有下列情形之一的，由本级人民政府或者上级人民政府卫生主管部门责令改正，通报批评；造成艾滋病传播、流行或者其他严重后果的，对负有责任的主管人员和其他直接责任人员依法给予行政处分；构成犯罪的，依法追究刑事责任：

（一）未履行艾滋病防治宣传教育职责的；

（二）对有证据证明可能被艾滋病病毒污染的物品，未采取控制措施的；

（三）其他有关失职、渎职行为。

出入境检验检疫机构有前款规定情形的，由其上级主管部门依照本条规定予以处罚。

第五十四条 县级以上人民政府有关部门未依照本条例规定履行宣传教育、预防控制职责的，由本级人民政府或者上级人民政府有关部门责令改正，通报批评；造成艾滋病传播、流行或者其他严重后果的，对负有责任的主管人员和其他直接责任人员依法给予行政处分；构成犯罪的，依法追究刑事责任。

第五十五条 医疗卫生机构未依照本条例规定履行职责，有下列情形之一的，由县级以上人民政府卫生主管部门责令限期改正，通报批评，给予警告；造成艾滋病传播、流行或者其他严重后果的，对负有责任的主管人员和其他直接责任人员依法给予降级、撤职、开除的处分，并可以依法吊销有关机构或者责任人员的执业许可证件；构成犯罪的，依法追究刑事责任：

（一）未履行艾滋病监测职责的；

（二）未按照规定免费提供咨询和初筛检测的；

（三）对临时应急采集的血液未进行艾滋病检测，对临床用血艾滋病检测结果未进行核查，或者将艾滋病检测阳性的血液用于临床的；

（四）未遵守标准防护原则，或者未执行操作规程和消毒管理制度，发生艾滋病医院感染或者医源性感染的；

（五）未采取有效的卫生防护措施和医疗保健措施的；

（六）推诿、拒绝治疗艾滋病病毒感染者或者艾滋病病人的其他疾病，或者对艾滋病病毒感染者、艾滋病病人未提供咨询、诊断和治疗服务的；

（七）未对艾滋病病毒感染者或者艾滋病病人进行医学随访的；

（八）未按照规定对感染艾滋病病毒的孕产妇及其婴儿提供预防艾滋病母婴传播技术指导的。

出入境检验检疫机构有前款第（一）项、第（四）项、第（五）项规定情形的，由其上级主管部门依照前款规定予以处罚。

第五十六条　医疗卫生机构违反本条例第三十九条第二款规定，公开艾滋病病毒感染者、艾滋病病人或者其家属的信息的，依照传染病防治法的规定予以处罚。

出入境检验检疫机构、计划生育技术服务机构或者其他单位、个人违反本条例第三十九条第二款规定，公开艾滋病病毒感染者、艾滋病病人或者其家属的信息的，由其上级主管部门责令改正，通报批评，给予警告，对负有责任的主管人员和其他直接责任人员依法给予处分；情节严重的，由原发证部门吊销有关机构或者责任人员的执业许可证件。

第五十七条　血站、单采血浆站违反本条例规定，有下列情形之一，构成犯罪的，依法追究刑事责任；尚不构成犯罪的，由县级以上人民政府卫生主管部门依照献血法和《血液制品管理条例》的规定予以处罚；造成艾滋病传播、流行或者其他严重后果的，对负有责任的主管人员和其他直接责任人员依法给予降级、撤职、开除的处分，并可以依法吊销血站、单采血浆站的执业许可证：

（一）对采集的人体血液、血浆未进行艾滋病检测，或者发现艾滋病检测阳性的人体血液、血浆仍然采集的；

（二）将未经艾滋病检测的人体血液、血浆，或者艾滋病检测阳性的人体血液、血浆供应给医疗机构和血液制品生产单位的。

第五十八条　违反本条例第三十六条规定采集或者使用人体组织、器官、细胞、骨髓等的，由县级人民政府卫生主管部门责令改正，通报批评，给予警告；情节严重的，责令停业整顿，有执业许可证件的，由原发证部门暂扣或者吊销其执业许可证件。

第五十九条 未经国务院卫生主管部门批准进口的人体血液、血浆、组织、器官、细胞、骨髓等，进口口岸出入境检验检疫机构应当禁止入境或者监督销毁。提供、使用未经出入境检验检疫机构检疫的进口人体血液、血浆、组织、器官、细胞、骨髓等的，由县级以上人民政府卫生主管部门没收违法物品以及违法所得，并处违法物品货值金额3倍以上5倍以下的罚款；对负有责任的主管人员和其他直接责任人员由其所在单位或者上级主管部门依法给予处分。

未经国务院药品监督管理部门批准，进口血液制品的，依照药品管理法的规定予以处罚。

第六十条 血站、单采血浆站、医疗卫生机构和血液制品生产单位违反法律、行政法规的规定，造成他人感染艾滋病病毒的，应当依法承担民事赔偿责任。

第六十一条 公共场所的经营者未查验服务人员的健康合格证明或者允许未取得健康合格证明的人员从事服务工作，省、自治区、直辖市人民政府确定的公共场所的经营者未在公共场所内放置安全套或者设置安全套发售设施的，由县级以上人民政府卫生主管部门责令限期改正，给予警告，可以并处500元以上5 000元以下的罚款；逾期不改正的，责令停业整顿；情节严重的，由原发证部门依法吊销其执业许可证件。

第六十二条 艾滋病病毒感染者或者艾滋病病人故意传播艾滋病的，依法承担民事赔偿责任；构成犯罪的，依法追究刑事责任。

第七章 附 则

第六十三条 本条例下列用语的含义：

艾滋病，是指人类免疫缺陷病毒（艾滋病病毒）引起的获得性免疫缺陷综合征。

对吸毒成瘾者的药物维持治疗，是指在批准开办戒毒治疗业务的医疗卫生机构中，选用合适的药物，对吸毒成瘾者进行维持治疗，以减轻对毒品的依赖，减少注射吸毒引起艾滋病病毒的感染和扩散，减少毒品成瘾引起的疾病、死亡和引发的犯罪。

标准防护原则，是指医务人员将所有病人的血液、其他体液以及被血液、其他体液污染的物品均视为具有传染性的病原物质，医务人员在接触这些物质时，必须采取防护措施。

有易感染艾滋病病毒危险行为的人群，是指有卖淫、嫖娼、多性伴、男性同性性行为、注射吸毒等危险行为的人群。

艾滋病监测，是指连续、系统地收集各类人群中艾滋病（或者艾滋病病毒感染）及其相关因素的分布资料，对这些资料综合分析，为有关部门制定预防控制策略和措施提供及时可靠的信息和依据，并对预防控制措施进行效果评价。

艾滋病检测，是指采用实验室方法对人体血液、其他体液、组织器官、血液衍生物等进行艾滋病病毒、艾滋病病毒抗体及相关免疫指标检测，包括监测、检验检疫、自愿咨询检测、临床诊断、血液及血液制品筛查工作中的艾滋病检测。

行为干预措施，是指能够有效减少艾滋病传播的各种措施，包括：针对经注射吸毒传播艾滋病的美沙酮维持治疗等措施；针对经性传播艾滋病的安全套推广使用措施，以及规范、方便的性病诊疗措施；针对母婴传播艾滋病的抗病毒药物预防和人工代乳品喂养等措施；早期发现感染者和有助于危险行为改变的自愿咨询检测措施；健康教育措施；提高个人规范意识以及减少危险行为的针对性同伴教育措施。

第六十四条 本条例自2006年3月1日起施行。1987年12月26日经国务院批准，1988年1月14日由卫生部、外交部、公安部、原国家教育委员会、国家旅游局、原中国民用航空局、国家外国专家局发布的《艾滋病监测管理的若干规定》同时废止。

二 教学笔记

(一) 摘要

王小姐被查出是 HIV 病毒携带者，她现在正与交往两年的男友同居，感情尚好。因为害怕男友知道病情后会离开她，她恳求社工不要将自己的病情通知男友，否则，一旦男友离开，她将在这个城市举目无亲，只有死路一条。作为社工，你该怎么办？

(二) 教学目标

针对这个案例，应根据伦理抉择的价值和原则，对所涉及的伦理问题和困境做出可能的伦理决定。首先明确当事人和工作目标，即主要服务对象及其需求；然后分析所涉及的不同类型的伦理问题和困境，并做出相关的伦理决定；最后评估伦理决定的效果。

1. 覆盖知识点

本案例在“社会工作伦理”课程中主要覆盖的知识点有：

- 本案例中当事人的需求；
- 伦理困境的基本逻辑和一般程序；
- 抉择的价值和原则在应对伦理困境时的运用。

2. 能力训练点

本案例在“社会工作伦理”课程中的主要能力训练点有：

- 分析艾滋病案主的需求；
- 根据伦理困境的基本逻辑和一般程序，厘清主要的伦理困境问题；
- 根据伦理抉择的价值和原则做出伦理决定。

(三) 教学计划

在讨论本案例前，应该要求学生至少读一遍案例全文，对案例的启发思考题进行回答。可考虑以小组为单位，围绕所给的案例进行深度交流，各小组对讨论的结果进行梳理总结，最后在全班范围内开展问答与互动。课堂教学详细安排如下：

课堂安排	时间（90分钟）
案例回顾 小组/集体讨论 知识梳理总结 问答与互动	10分钟 50分钟 20分钟 10分钟

（四）启发思考题

（1）本案例涉及了哪些伦理困境？

（2）按照伦理抉择的价值和原则，处理这类伦理困境的基本逻辑和一般程序应该是怎样的？

（3）如果你是社会工作者，针对服务对象王小姐的诉求，你应该做出怎样的伦理抉择？

（4）告诉其男友王小姐感染艾滋病是否符合王小姐的最佳利益？判断的标准是什么？

（5）社会工作者的价值观和伦理观在决策时会发挥什么作用？

（6）如何平衡社会利益与服务对象利益之间的关系？

（7）如何与艾滋病案主进行正常、有礼貌的接触？

（五）问题分析

1. 谁是当事人

在本案中，我们很多人会认为当事人是王小姐，因为王小姐是叙述整个案例故事的人，是主动找社工寻求帮助的对象，所以我们理所应当将王小姐作为我们的案主，并且从王小姐的角度出发去发现问题。但是作为社工，存在的问题是：我们的案主是否还包括王小姐的男朋友？因为如今感染艾滋病的王小姐隐瞒自己的病情并继续与男友同居，这会使得男友在不知情的情况下依旧有极大风险通过性或是血液感染艾滋病，在这段关系中，男友是无辜的，他不应该在被隐瞒的情况下承担这一切有损自己生命健康的风险。社工应该站在男友的角度考虑整个事件，应该帮助男友预防艾滋病，但这又与王小姐的需求相悖。谁的利益应该被优先考虑？王小姐和其男友的期望及目标不同，有可能相互冲突，所以谁是当事人或者谁的利益应当被优先考虑成了社工工作过程中的伦理问题。

2. 隐私权、保密权、最小伤害原则的冲突

艾滋病患者的隐私权是指艾滋病患者享有与其他公民相同的私生活安宁，私生活信息依法受到保护，不受他人侵扰、知悉、使用、披露和公开的权利。隐私权作为一项基本道德规则，目的在于确保个体身心的自由发展不受任何拘束，这也是自律原则在尊重个体尊严和价值的基础上对个体自我决定的肯定。社会工作者在开展专业关系前就应向案主阐述保密性原则，让服务对象处于一个安全的环境是开展服务的前提。正因为有了保密原则，王小姐才会毫无保留地向社工讲述自己的问题和困惑。如果让当事人意识到保密是有限制的，就会伤害当事人与社会工作者的专业关系。在本案例中，王小姐已经承受了很大的心理压力，如果发现自己信任的社工向其他人泄露自己的病情，就会产生极大的心理创伤，更加危害她的生命。但从王小姐男友和她家人的角度出发，他们有权知道王小姐的身体状况。同时，社工也必须认识到王小姐男友越晚知道实情，他染上艾滋病的概率就会越大。一旦王小姐男友因为王小姐隐瞒病情而染上艾滋病，社工岂不成了这场悲剧的“帮凶”？当面临的困境有造成伤害的可能性时，社会工作者应该避免或防止这样的伤害，但这样必然会使保密原则被打破。

3. 艾滋病患者隐私权与大众公共卫生安全的冲突

艾滋病患者的病历和健康信息作为个体不愿公开的一部分，社会工作者必须给予尊重，这是对个体隐私权的尊重，也是社会工作保密性的要求。但身患艾滋病的王小姐在外表上与常人无异，王小姐每天接触的人（包括医务工作者）却随时可能通过隐秘的血液传播等途径感染，这对公众健康无疑会产生巨大威胁。因此，从公共卫生的角度来讲，公共健康所关注的不是单独的个体，而是整个社会的健康状况和健康水平，是一种社会性和集体性的选择。此时，就有必要为保障社会公众的知情权和维护社会公众的公共健康而要求艾滋病患者放弃部分权利。但从王小姐的角度来讲，病情信息的公开会使公众给王小姐贴上“必须远离”的标签，她的社会地位会受到严重影响，甚至王小姐获取公共医疗资源的权利也会因为一些医务工作者担心被感染拒绝救治而受到影响。

4. 价值观冲突

在本案例中，王小姐希望社工能帮她一起隐瞒她的病情，但是社工基于自己的原则，难以帮助王小姐继续欺骗。社工认为，应当立即告诉王小姐的男友她的病情，而不应加大男友的生命危险。但王小姐现在是一个家境贫寒又身患艾滋病的弱势者，她需要社工给予她支持、理解和宽容。所以社工的价值观和王小姐的价值观也会出现冲突。

（六）处理本案例时应遵循的伦理价值原则

针对本案例而言，可以遵循伦理原则筛查方法，伦理原则顺序应为：保护生命原则，减少伤害原则，隐私和保密原则，平等与差别平等原则，真诚原则。

1. 保护生命原则

无论何时，人的生命都是应该受到尊重和保护的。在遇到伦理困境时，社会工作者应该始终将保护生命放在第一位。艾滋病是致命的疾病，危险性极高，但如今王小姐因为没有钱而没有接受任何有关艾滋病的专业治疗，这样将会导致病情拖延甚至无法控制。而保护生命是第一位的，社工应该最先着眼于保护案主的生命，及时提供治疗。

2. 减少伤害原则

从公共卫生安全和伴侣的生命安全出发，需要将减少伤害原则作为保护他人生命安全的伦理指导。《美国社会工作者协会伦理守则》规定，“社会工作者应尊重案主的隐私权，一旦隐私信息提供出来，保密标准就要用上”；但同时又规定，“在预防案主或可确认的第三者遭遇严重的、可预见的、立即的伤害时，或是法律或法规要求揭露时就不需要案主同意”。通过伦理守则的运用，我们可以明白，虽然艾滋病患者的隐私权不容侵犯，但在某些特殊的危害他人或者违背法律要求的情况下，社会工作者可以最低程度地公开相关信息，所以我们可以选择针对特定人群进行小范围的信息公开，保证他们的生命安全。在本案例中，应该及时获取信息的是王小姐的男友。

3. 隐私和保密原则

隐私和保密原则对于艾滋病案主来说异常重要，他们不希望别人用异样的眼光看待自己、排斥自己，所以社会工作者对于为案主保密的承诺应当高度重视。在不危害他人生命安全的情况下，应对保密原则严格坚守；但在对第三者有生命危害时，保密原则应该做出部分让步。

4. 平等与差别平等原则

案主在接受公共资源时，不应该被歧视或得到差别待遇。因为大多数人对艾滋病有着错误的认识，所以艾滋病患者一旦被公众了解病情，就会立马被贴上标签排除在人群之外。社会工作者需要完全平等地对待他们，为他们争取理应拥有的资源。

5. 真诚原则

这一原则要求社会工作者遵循以人为本的助人原则，无论个案的特质怎么样、问题及困境如何，都必须真诚面对，给予协助，摒除个人价值观及理念，尊重及诚实面对服务对象，确保为案主提供专业、敬业的服务。

社会工作者应摒除个人价值判断，理解服务对象隐瞒病情的不得已之处，充分尊重王小姐，并为王小姐赋权，激发她的潜能，从而帮助王小姐获得更快的心理成长。

（七）关键点

本案例的伦理决定需要处理几个关键问题，具体如下：

首先，社工应将保护生命原则放在第一位。在本案例中，社会工作者最应该注意的就是帮助王小姐积极进行治疗，控制病情。艾滋病是可致命的疾病，保护生命原则不得马虎。社会工作者可以作为资源的链接者，帮助服务对象寻求政府的帮助，并寻找其他可行渠道控制病情。

其次，社会工作者需要向王小姐的男友做出有限度的信息公开，但前提一定是征得王小姐的同意。社会工作者必须向王小姐讲解关于艾滋病的医学常识，分析王小姐男友可能面临的危险，给予她勇气和力量，争取征得她的书面同意并跟她详细敲定可透露的范围和内容。至于王小姐的隐私是否要向其他人透露，取决于她的意愿，社会工作者无须强求。

最后，对于王小姐的心理疏导也十分关键。社会工作者需要向案主提供心理辅导和咨询，帮助王小姐放下压力，坦然面对病情，积极配合治疗，以理智的心态面对疾病，帮助王小姐重塑生活的信心。

（八）参考文献

多戈夫，洛温伯格，哈林顿. 社会工作伦理实务工作指南. 7版. 北京：中国人民大学出版社，2005.

王逸君. 社会工作伦理：艾滋病患者案例分析. 科学与财富，2013（3）.

朱海林，韩跃红. 艾滋病患者权利保障面临的伦理冲突及其协调. 大连理工大学学报（社会科学版），2009，30（1）.

附录：伦理决定的主要依据

一 中国《社会工作者职业道德指引》

在我国，社会工作者在遇到伦理困境时，可以先查看民政部《社会工作者职业道德指引》里是否有什么准则适用。这些准则（比如追求服务对象最大利益、平等接纳原则、尊重服务对象知情权、保护服务对象隐私、尊重服务对象自决、不得以专业关系谋取个人利益等）是优于社会工作者的个人价值观的。如果《社会工作者职业道德指引》没有提到相关准则，可以进一步查看所在地的社会工作者职业道德守则。比如，北京市于2015年发布了《北京社会工作者职业道德守则》，北京市的社会工作者就可以按照道德守则行动。如果地方性的道德守则或者伦理守则也没有涉及相关伦理问题，可以参照美国的社会工作者伦理守则和伦理原则筛查方法进行思考和选择。

二 《美国社会工作者协会伦理守则》

美国社会工作者伦理守则中的伦理标准共涉及六个方面，分别是：(1）社会工作者对当事人的伦理责任（如当事人的承诺、自决、知情情况下的授权、隐私和保密、性关系等）；（2）社会工作者对同事的伦理责任（如尊重、保密、咨询、跨学科合作等）；（3）社会工作者对工作机构的伦理责任（如督导和咨询、教育和培训、工作表现评估等）；（4）社会工作者作为专业人员的伦理责任（如能力、歧视、私人操守、功劳归属等）；（5）社会工作者对社会工作专业的伦理责任（如专业诚信、评估和研究等）；（6）社会工作者对广大社会的伦理责任（如社会福利、公众参与、社会和政治行动等)。①

三 多戈夫、洛温伯格和哈林顿的伦理决定工具指南②

多戈夫、洛温伯格和哈林顿为帮助社会工作者进一步解决在社会工作实务中遇到的伦理困境问题，整理出了一套伦理评估筛查方法，具体操作流程如下图所示。

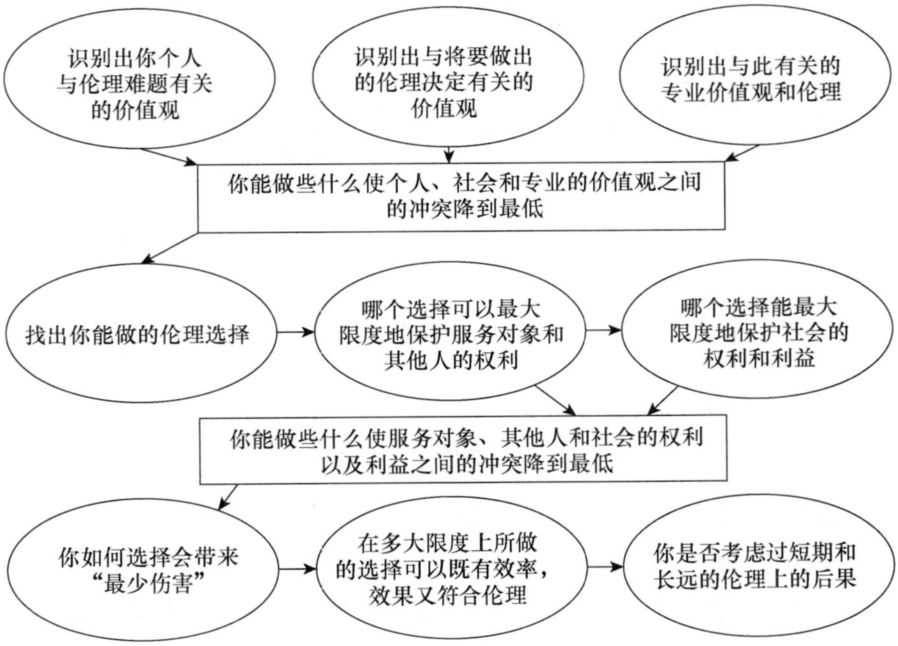

伦理评估筛查方法

伦理评估筛查方法给予了社会工作者一个清晰的思维模式去解决所面临的伦理困境，其中涉及了几个伦理原则，但没有设定优先顺序。社会工作者在具体工作中，经常会涉及因两个或更多伦理原则发生冲突而

① 郭明军. 社会工作实践中的伦理困境及解决对策. 法制与社会，2008，8（中）.

② 多戈夫，洛温伯格，哈林顿. 社会工作伦理实务工作指南. 7版. 北京：中国人民大学出版社，2005：57-61.

产生的伦理困境。多戈夫、洛温伯格、哈林顿为此提出了两个指南，即伦理准则筛查方法（ERS）和伦理原则筛查方法（EPS）来进行更加具体的指导。

在运用两个指南时，社会工作者应先运用伦理准则筛查方法，具体如下图所示。

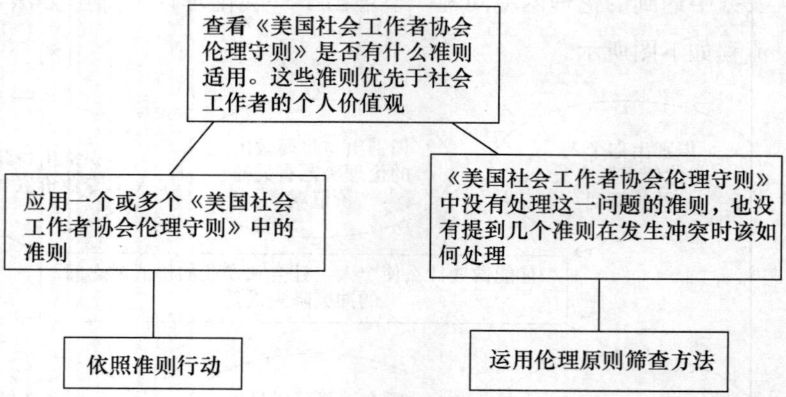

伦理准则筛查方法

伦理原则筛查方法如下图所示，包括：保护生命、平等与差别平等、自主和自由、最少伤害、生活质量、隐私和保密、真诚和毫无保留地公开信息。这些原则按等级次序由高至低依次排列。当社会工作者遇到伦理困境时，可以对照伦理原则次序，优先遵循等级较高的伦理原则。当满足了等级较高的伦理原则后，才可以继续按照等级较低的原则采取行动。如果说伦理是准则，那么这种等级式的伦理原则便是“准则上之准则”。这是解决社会工作伦理困境的最为重要的依据，也是解决社会工作实践中的伦理难题的一项重要评估工具。①

① 麦伟杰．社会工作伦理困境的抉择路径：推演与反思．山东青年，2014（6）．

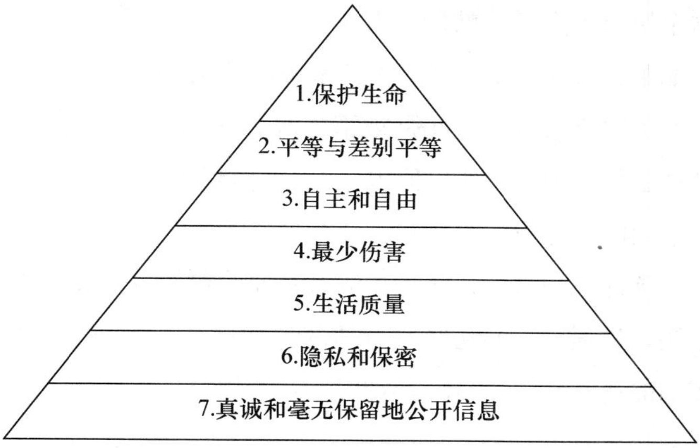

伦理原则筛查方法

四　雷默的伦理抉择过程

雷默的伦理抉择过程主要是：步骤一，厘清伦理议题，包括冲突的社会工作价值观与职责；步骤二，找出可能被伦理抉择影响的个人、团体与组织；步骤三，找出可能采取的行动及参与者，并评估每种行动的利弊得失；步骤四，审慎检视赞成或反对的理由，考虑相关议题［（1）伦理守则与法律原则；（2）伦理理论、原则与指导方针（如义务论与目的论——效益主义的观点及其所衍生的伦理原则）；（3）社会工作实务理论与原则；（4）个人的价值观（包括宗教的、文化的、种族的价值观与政治的意识形态等），尤其要注意与自己价值观相冲突的部分］；步骤五，询问同辈以及专家（如机构工作人员、督导、行政人员、律师、伦理专家等）的意见；步骤六，做抉择并记录其过程；步骤七，监督、评估与记录抉择所带来的结果。①

五　洛温伯格和多戈夫的伦理抉择模式

洛温伯格和多戈夫整理出了关于伦理抉择过程的十一个步骤：（1）确

① 秦燕．社会工作伦理．台北：华都文化事业有限公司，2013：177-178．

认这个抉择产生影响的问题和因素；（2）确认与这个问题相关的人和机构，如服务对象、受害者、支持系统、其他专业人员等；（3）确认与这个问题有关的价值观，这些是被第二步确认的那些参与者所持有的价值观，包括社会价值观、职业价值观、工作者个人价值观等；（4）确认目标和目的，它们的实现被认为能解决或至少能缓解这个问题；（5）确认各种可替代的干预计划和目标；（6）评估每一种计划的效率和效果；（7）决定谁被卷入抉择过程；（8）选择最合适的计划；（9）实施选择的计划；（10）监测实施的情况；（11）评估结果并确认附加的问题。

六 库瑞的伦理抉择模式

库瑞认为，在伦理抉择的过程中，应将服务对象的需求评估包含在其中。库瑞的伦理抉择过程分六个步骤：（1）厘清伦理问题和困境。解决伦理问题的第一步就是要确定问题和困境的存在并厘清其特性。社会工作者可尽量收集与所面对的问题相关的各种资料和信息，厘清伦理、法律、临床、专业或是以上多种情况的混合以及冲突的社会工作的价值与职责。（2）思考相关的潜在问题。在完成资料的收集并陈述出主要的问题后，社会工作者要做的便是详细地评估可能被此情境及伦理抉择影响的个人、团体与组织的权利、义务与福祉等。（3）找出各种行动的可能性，并评估其利弊。社会工作者可发展出各种可能的行动选择方案，并对这些方案进行权衡和思考，审慎地检视每个方案的利弊得失及赞成与反对的理由。（4）征询同事及专家的意见。有时在面对复杂的伦理困境时，社会工作者还需要对外寻求咨询，包括机构工作人员、督导、机构行政人员、律师、伦理学家等。这样不仅可以得到许多有用的看法，而且可以突破社会工作者的思想限制，并使社会工作者避免专业诉讼等。（5）选择最适当的行动。在抉择阶段，社会工作者需要重新检视整个过程，审慎思考从各个层面收集的信息。（6）监督、评估与记录伦理抉择的结果。社会工作者在最后还需要监督伦理抉择的行动方案的执行过程和结果，并不断评估和记录伦理抉择的各种信息和资料，以便不断评估是否真正增进了案主的福祉，使社会工作者获得专业上的成长和发展。

七　社会工作价值序列

库少雄在《社会工作实务》一书中提出了社会工作的价值序列，如下：（1）保护生命；（2）维护独立性、自主性和自由；（3）营造平等的机会；（4）提高生活质量；（5）保护每一个社会成员的隐私权；（6）讲真话并开放所有的信息；（7）根据自愿原则行动。①

库少雄提出的价值序列，与多戈夫、洛温伯格等学者的伦理原则筛查方法较为类似，同样将保护生命原则放至第一位。这也提醒社会工作者，当遇到两种或多种原则相互冲突的情况时，一般应优先考虑保护生命原则，将服务对象的生命安全放在首位。此外，这一价值序列同样注重维护并尊重服务对象的自主性和自由；平等对待服务对象；注重提高服务对象的生活质量，增进其生活福祉；对服务对象的秘密进行保守，维护他们的个人隐私权；讲究坦诚对待服务对象，不对他们有所隐瞒。稍微不同之处是平等原则和自主原则的排序不同。

八　通用决策模式

通用决策模式能够帮助社会工作者简化其所面临的复杂的伦理困境，帮其认清现状，使问题更加明晰，便于社会工作者采取相应步骤来解决这一问题，避免其陷入其中而难以抉择。此外，这一模式不仅仅局限于伦理困境的解决，也可以帮助服务对象确定接下来需要采取的介入行动等（如下页图所示）。②

---

① 库少雄．社会工作实务．北京：社会科学文献出版社，2003：78.

② 多戈夫，洛温伯格，哈林顿．社会工作伦理实务工作指南．7版．北京：中国人民大学出版社，2005：53.

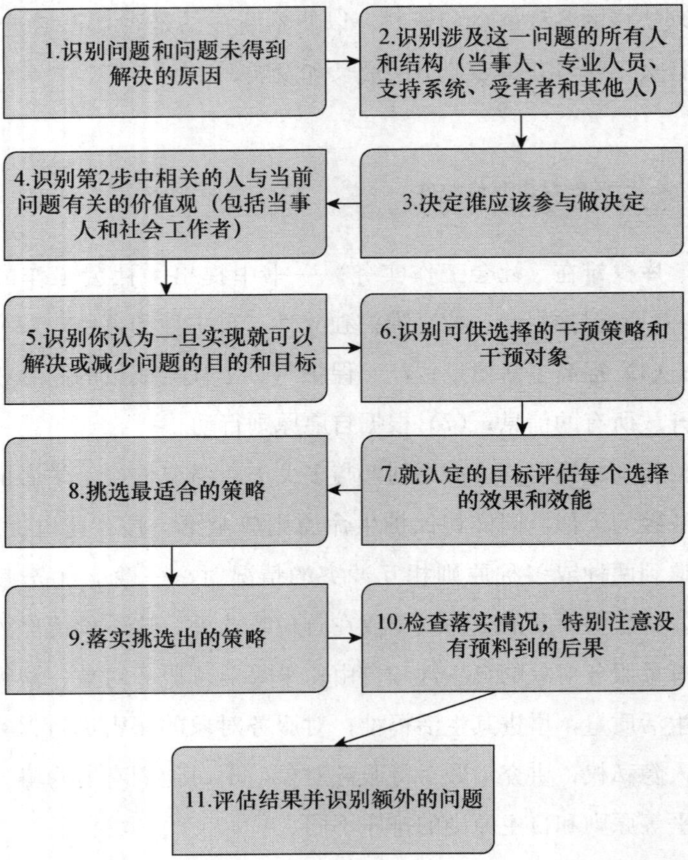

通用决策模式

九 儿童和青少年社会工作者应有的价值观

（1）尊重儿童和青少年的价值和尊严。

儿童和青少年作为独立的个体，有其与生俱来的尊严和价值，从这一点来看，它们不能因为儿童和青少年曾经犯过的错误或者存在智力和身体缺陷而被否定。儿童和青少年在成长过程的每一个阶段，对其是否受到尊重都非常敏感，社会工作者在实践操作中，应该把尊重放在第一位，不仅尊重儿童和青少年的共性，还要尊重一些儿童和青少年的个性特质，从内心真正做到尊重。

（2）接纳和关爱儿童和青少年。

不被理解和不被接纳是儿童和青少年阶段容易出现偏差行为的重要原因，而儿童和青少年阶段也是最为敏感和脆弱的时期，因此，社会工作者的接纳和关怀对儿童和青少年来说显得尤为重要。接纳表示对儿童和青少年的不评判，不论其拥有什么样的价值观和世界观。对儿童和青少年无条件接纳也会促进专业关系的建立和发展，会得到更多儿童和青少年的信任，从而可以激发儿童和青少年的价值感和积极向上发展的可能性。理解表示对儿童和青少年的同情和关怀，可以帮助儿童和青少年分担成长所带来的麻烦和痛苦的经历，有利于进一步帮助儿童和青少年调整偏差行为，促进儿童和青少年回归正常生活。

（3）注重儿童和青少年的个别需要。

每一个儿童或者青少年都有着和成年人类似的人类需要，这些需要应该得到满足；同时儿童和青少年又有不同于成年人的特殊需要，这些需要也应该得到满足。另外，儿童和青少年之间是有差异的，需要也是有所不同的，我们应该尊重这种有差异的需要。社会工作者在实际工作中要注意把握儿童和青少年的个别需要。社会工作者要把儿童和青少年当作独立的个体认真对待，了解每一个独立个体的需要。同时，社会工作者也要尊重儿童和青少年的个性，深入了解儿童和青少年个体化的需要，从而根据不同的需要对其进行适当满足。

（4）强调儿童和青少年的优势和潜力。

儿童和青少年社会工作的一个基本价值观就是相信儿童和青少年的潜力，充分挖掘每一个儿童和青少年所具备的优势，这也是运用专业关系和专业服务促使儿童和青少年做出改变的前提。相信儿童和青少年的潜力，意味着社会工作者要相信儿童和青少年自我成长的本能。因此当儿童和青少年遇到问题时，我们要从他们所处的环境中寻找问题的原因，帮助他们摆脱成长过程中的障碍，从而促使儿童和青少年充分发挥潜力。相信儿童和青少年的潜力，挖掘他们的优势，不仅可以促进专业关系，也能促进儿童和青少年在服务过程中的改变。[①]

十　儿童和青少年社会工作专业伦理

（1）遵守保密协议和保密例外。

为案主保密是社会工作的一项基本伦理守则，但在具体实施过程中，社会工作者也要根据当时的情景和条件做出相应的调整和变通。对于一些青少年案主，社会工作者需要坚决遵守保密原则，避免不必要的伤害。但保密也是有限制和例外的，做出准确的专业判断需要社会工作者拿捏其中的分寸，这也是社会工作者需要面对的伦理问题。社会工作者在告知儿童和青少年案主保密原则的同时，也要告知他们保密例外的情况。例如，在遇到同案主人身安全相关的问题或者涉及违法、会对他人造成伤害的问题时，社会工作者有责任告知青少年的监护人及相关人员，从而避免危险和伤害。

（2）尊重案主自决。

社会工作强调案主自决，保护当事人的权利，尊重当事人的自由。但在实际工作中，社会工作者又不可避免地会遇到由社会工作者掌控抉择的方向或者由监护人选择某些意愿的情况，特别是一些智力有缺陷的儿童和青少年，因为他们没有完全的自决能力，或多或少会受到社会工作者或者监护人的干预。因此，社会工作者在面对这类问题时，应该考虑在多大程度上尊重案主自决、在哪种情况下应该尊重案主自决等问题。而对于一般的儿童和青少年，社会工作者应该尽量尊重他们的选择权利，将社会工作者或者监护人的控制降到最低。

（3）尊重案主监护人的意见。

当提到社会工作者面临的伦理困境时，一般都会想到社会工作者夹在儿童或青少年案主和案主监护人之间的困境。社会工作者在开展服务中，很可能会遇到来自机构、同事、督导、案主和案主监护人等不同群体的要求，这

① 陈钟林，黄晓燕. 社会工作价值与伦理. 北京：高等教育出版社，2011.

些要求有些是相通的，但也有一部分是相冲突的。按照不同的要求采取处理方法，有可能导致不同的行为结果，所以这也给社会工作者增加了处理困境的难度。在中国目前的社会文化背景下，社会工作者在做出决定时，要充分考虑案主和案主监护人的意见。案主的监护人有责任也有权利了解并参与到对案主的服务过程中，如果能协调好案主与监护人的关系，也会对案主的服务起到促进作用。因此，社会工作者在服务青少年案主的过程中，要合理协调案主与监护人的关系，尊重监护人的意见，尽量争取监护人的理解与配合。

（4）保持专业关系和私人关系的界限。

社会工作者的专业训练有一个很重要的部分就是学会控制与案主之间的关系，保持一定的界限。这种界限具有多重作用，既能保护专业关系不被破坏，又能保护社会工作者个人，同时也出于对案主利益最大化的考量。如果社会工作者和案主存在多重关系，且是具有破坏性的，那么将会对服务产生消极影响。在服务过程中，很多案主可能会想与社会工作者变成“朋友”关系而主动接触社会工作者或者索要其联系方式，如果社会工作者同意这样的做法，就会对专业关系造成影响和破坏，进而会侵犯社会工作者的个人隐私空间。在中国的社会文化背景下，很多案主可能在服务活动结束后还想与社会工作者保持一定的联系，即便这样，社会工作者作为一名专业人员，也要向案主澄清他们之间的界限，以免给案主带来不必要的损失和伤害。

（5）保护案主的隐私。

社会工作者的专业伦理守则中的一条重要的原则就是尊重案主的隐私权，保护案主的隐私不被侵犯。社会工作者在服务过程中可能会了解一些青少年的隐私和秘密，有部分青少年会主动分享自己的秘密给社会工作者。而社会工作者在了解这些之后，要对案主的隐私保密，未经案主的同意不得私自传授给他人或者分享到网络上，也不能随意在公开场合曝光案主的个人信息，或者与他人讨论案主的隐私。注重隐私一方面是对案主的保护，另一方面也是一名专业青少年社会工作者的专业素养和职责的体现。①

① 陈钟林，黄晓燕. 社会工作价值与伦理. 北京：高等教育出版社，2011.

图书在版编目（CIP）数据

社会工作伦理案例分析/张会平主编. —北京：中国人民大学出版社，2019.1
ISBN 978-7-300-26450-9

Ⅰ.①社… Ⅱ.①张… Ⅲ.①社会工作-伦理学-案例 Ⅳ.①C916-05

中国版本图书馆 CIP 数据核字（2018）第 266167 号

社会工作硕士（MSW）系列教材
社会工作伦理案例分析
主　编　张会平
副主编　祝玉红　刘晨男
Shehui Gongzuo Lunli Anli Fenxi

出版发行	中国人民大学出版社		
社　　址	北京中关村大街 31 号	**邮政编码**	100080
电　　话	010－62511242（总编室）		010－62511770（质管部）
	010－82501766（邮购部）		010－62514148（门市部）
	010－62515195（发行公司）		010－62515275（盗版举报）
网　　址	http://www.crup.com.cn		
	http://www.ttrnet.com（人大教研网）		
经　　销	新华书店		
印　　刷	北京鑫丰华彩印有限公司		
规　　格	185 mm×260 mm　16 开本	**版　　次**	2019 年 1 月第 1 版
印　　张	16.5 插页 1	**印　　次**	2019 年 1 月第 1 次印刷
字　　数	232 000	**定　　价**	45.00 元